ADVOGAR
NO DIREITO AMBIENTAL

FABIANO NEVES MACIEYWSKI

Prefácio
Rodrigo Sánchez Rios

Apresentação
Manoel Caetano Ferreira Filho

ADVOGAR
NO DIREITO AMBIENTAL

Belo Horizonte

Fórum
CONHECIMENTO JURÍDICO

2017

© 2017 Editora Fórum Ltda.

É proibida a reprodução total ou parcial desta obra, por qualquer meio eletrônico, inclusive por processos xerográficos, sem autorização expressa do Editor.

Conselho Editorial

Adilson Abreu Dallari
Alécia Paolucci Nogueira Bicalho
Alexandre Coutinho Pagliarini
André Ramos Tavares
Carlos Ayres Britto
Carlos Mário da Silva Velloso
Cármen Lúcia Antunes Rocha
Cesar Augusto Guimarães Pereira
Clovis Beznos
Cristiana Fortini
Dinorá Adelaide Musetti Grotti
Diogo de Figueiredo Moreira Neto
Egon Bockmann Moreira
Emerson Gabardo
Fabrício Motta
Fernando Rossi
Flávio Henrique Unes Pereira

Floriano de Azevedo Marques Neto
Gustavo Justino de Oliveira
Inês Virgínia Prado Soares
Jorge Ulisses Jacoby Fernandes
Juarez Freitas
Luciano Ferraz
Lúcio Delfino
Marcia Carla Pereira Ribeiro
Márcio Cammarosano
Marcos Ehrhardt Jr.
Maria Sylvia Zanella Di Pietro
Ney José de Freitas
Oswaldo Othon de Pontes Saraiva Filho
Paulo Modesto
Romeu Felipe Bacellar Filho
Sérgio Guerra
Walber de Moura Agra

Luís Cláudio Rodrigues Ferreira
Presidente e Editor

Coordenação editorial: Leonardo Eustáquio Siqueira Araújo

Av. Afonso Pena, 2770 – 15º andar – Savassi – CEP 30130-012
Belo Horizonte – Minas Gerais – Tel.: (31) 2121.4900 / 2121.4949
www.editoraforum.com.br – editoraforum@editoraforum.com.br

M152a	Macieywski, Fabiano Neves
	Advogar no Direito Ambiental/ Fabiano Neves Macieywski.– Belo Horizonte : Fórum, 2017.
	204 p.
	ISBN: 978-85-450-0272-7
	1. Direito Ambiental. 2. Direito Constitucional. 3. Direito Processual Civil. I. Título.
	CDD 344.046
	CDU 349.6

Informação bibliográfica deste livro, conforme a NBR 6023:2002 da Associação Brasileira de Normas Técnicas (ABNT):

MACIEYWSKI, Fabiano Neves. *Advogar no Direito Ambiental*. Belo Horizonte: Fórum, 2017. 204 p. ISBN 978-85-450-0272-7.

Agradeço à minha esposa Bárbara,
Meus filhos Brenda e Bernardo,
Meus pais, meus sogros,
Minha família, minha irmã e meus cunhados,
Meus professores da graduação e do mestrado, em especial
Vladimir Passos de Freitas, Rodrigo Sanchez Rios e
Carlos Frederico Marés de Souza Filho,
Aos meus sócios de escritórios e parceiros da advocacia em especial
Fernando Murilo Costa Garcia e Manoel Caetano Ferreira Filho,
Ao advogado Gabriel Ciríaco Lira.

SUMÁRIO

PREFÁCIO 11

APRESENTAÇÃO 17

INTRODUÇÃO 21

1 A EVOLUÇÃO CULTURAL DA SOCIEDADE DE CONSUMO 23

1.1 As raízes do sujeito moderno 24

1.1.1 As raízes do capitalismo 26

1.1.2 Subjetividade moderna 26

1.1.3 Sobre modernidade e subjetividade 27

1.2 A cultura da modernidade e da pós-modernidade: as bases da sociedade de consumo 28

1.2.1 O surgimento da modernidade 29

1.2.2 Modernidade e modernismo 30

1.2.3 A ideia da pós-modernidade 32

1.3 A cultura e o sujeito pós-moderno 34

1.3.1 A indústria da cultura 36

1.3.2 A indústria cultural, o sujeito moderno e o Direito pós-moderno 38

1.3.3 A cultura afirmativa "gera" o sujeito moderno, confirmado pelo Direito 39

1.3.4 A tecnicidade na cultura e sua influência sobre o Direito 40

1.3.5 As influências da indústria cultural sobre o pensamento jurídico 41

2 A IDEOLOGIA LIBERAL E A LÓGICA DE MERCADO 43

2.1 A evolução da sociedade de mercado e a política de estabilidade social 46

3 O HOMEM PÓS-MODERNO E A NATUREZA 51

3.1 Meio ambiente 53

3.2	O Direito ambiental e a qualidade de vida	56
3.2.1	Aspectos objetivos do Direito ambiental	57
3.2.2	Aspectos jurídicos do Direito ambiental brasileiro	59
3.3	A internacionalização do Direito ambiental	60
4	O DIREITO FUNDAMENTAL AMBIENTAL, SUAS RELAÇÕES COM O ESTADO E COM OS PARTICULARES	65
4.1	O direito fundamental ao meio ambiente	65
4.2	Relações entre Direito, Estado e particulares	68
4.3	Os direitos particulares que decorrem do Direito fundamental ambiental	73
5	PRINCÍPIOS DE DIREITO AMBIENTAL	75
5.1	Princípio da precaução	77
5.2	Princípio da informação	79
5.3	Princípio da participação	80
6	DANO AMBIENTAL E SUAS CARACTERÍSTICAS	83
6.1	O dano no Direito civil	83
6.2	Responsabilidade civil	86
6.2.1	A evolução da responsabilidade civil	87
6.2.2	A evolução da Teoria Subjetiva à Objetiva	90
6.2.3	Responsabilidade civil por dano ambiental: responsabilidade objetiva	92
6.3	O dano no Direito Ambiental	96
6.4	O alcance do dano ambiental	103
7	DANO AMBIENTAL INDIVIDUAL	107
7.1	Reparação do dano individual ambiental	111
7.2	Dano moral ambiental ou dano extrapatrimonial ambiental	113
7.2.1	Dano moral	113
7.2.2	O dano moral ambiental: aspectos gerais	115
7.2.3	O dano extrapatrimonial ambiental: aspectos específicos	122
7.2.4	Dano ambiental individual em sua esfera extrapatrimonial	124

8	TUTELAS JURISDICIONAIS DO MEIO AMBIENTE	127
8.1	A crise jurídica do processo civil clássico defronte aos interesses difusos, com ênfase no Direito ambiental	129
8.2	Das tutelas jurisdicionais próprias à defesa do meio ambiente	134
8.2.1	Lei de Ação Civil Pública	138
8.2.2	Ação popular como forma individual de exercício da tutela ambiental com vistas ao interesse coletivo	148
8.2.3	Ações indenizatórias individuais	151
9	A NOVA FONTE DO DIREITO	169
9.1	O meio ambiente e seu novo Direito	174
9.2	A interpretação do Direito ambiental	176
9.3	Da atitude de interpretação para a eficaz aplicação	183
10	ADVOGAR: PRERROGATIVAS E *LAWFARE*	187
10.1	Advocacia é uma atividade de risco	187
10.2	O advogado empreendedor	188
10.3	*Lawfare,* pós verdade e o abuso de autoridade	189
CONCLUSÃO		193
REFERÊNCIAS		195

PREFÁCIO

Qualquer observador atento a sua realidade poderá constatar os momentos delicados pelos quais atravessam nossas instituições. Um dado significativo capaz de demonstrar essa assertiva é o fato de novamente discutir-se a respeito de eventual vacância do chefe do executivo após assistirmos, há pouco mais de um ano, a um processo de *Impeachment*. As leituras a este fenômeno essencialmente político são diversas e beiram o pessimismo em relação à experiência democrática vivenciada a partir de 1988. Acrescente-se, à incógnita do surgimento de líderes carismáticos propensos a nos conduzir por uma aventura desastrosa, as orientações que confiam plenamente nas premissas registradas na atual Carta Magna como norte para a busca de uma reforma política plena, exigindo por parte dos demais poderes uma reavaliação do seu papel diante do dinamismo social e dos impactos econômicos atrelados a um orçamento comprometido com a realização da função pública. Sem dúvida, aderimos a este último entendimento.

Outro ponto assaz alarmante — não dissociado do anterior — é a constatação da corrupção sistêmica instalada entre certos setores públicos e privados que comprometeu o desenvolvimento econômico e social do país. Não é preciso ser um *expert* para evidenciar que a estrutura dos dois maiores eventos esportivos do mundo, sediados em menos de uma década, estiveram lastreadas em relações perniciosas e fraudulentas por parte das maiores empreiteiras do país irradiando seus efeitos à deturpação da prática política. Esta conjectura já seria suficiente para demonstrar que o "capitalismo de compadrio" (na feliz expressão de Luigi Zingales), além de emperrar o desenvolvimento, afeta sensivelmente a eficiência e a transparência das instituições. Contudo, a gestão da *res publica* nos últimos anos não deixa de surpreender. Pensar que o Banco Nacional de Desenvolvimento tenha "optado" por beneficiar a um agente econômico para seu crescimento e futura contraprestação ao país seria próprio das escolhas refletidas por parte destes agentes públicos. O que ultrapassa essa linha de legalidade e planejamento econômico é o verniz ilícito do financiamento da relação entre o agente privado e o agente político. Uma leitura acurada da homologação da colaboração deferida pelo Supremo Tribunal Federal no marco da denominada operação *Patmos* exemplifica o contexto debatido.

Pretender a solução de todos os males mediante o exclusivo recrudescimento da norma jurídico-penal, sem a devida compreensão da imperiosa necessidade de uma reforma política integral e de uma criteriosa revisão de particulares benesses conferidas aos titulares dos Poderes, incidiremos em meros recortes inócuos impeditivos do desenvolvimento e ao alcance de uma sociedade justa.

O momento crítico atual propiciou um entorpecimento da percepção de outros males que, de igual modo, dificultam o desenvolvimento sustentável do país. Recente estudo apresentado pela ONG *Global Witness* contabilizou 50 assassinatos de ativistas apenas em 2015, conferindo ao Brasil o título de nação mais perigosa do mundo para as atividades dos ambientalistas.[1] Segundo um estudo do Observatório do Clima,[2] no âmbito da preservação da floresta, os resultados são assustadores: em 16 anos perdemos aproximadamente 190.000 quilômetros de áreas verdes equivalentes a vários Estados da Federação. No plano Legislativo não deixa de surpreender a rapidez de duas propostas que tramitam no Senado Federal e cuja eventual aprovação modificaria substancialmente o marco legal do Licenciamento Ambiental. Trata-se do Projeto de Lei do Senado (PLS) nº 654, de 2015, que dispõe sobre o procedimento de licenciamento ambiental para empreendimentos de infraestrutura considerados estratégicos e da PEC nº 65 de 2012, a qual acrescenta o §7º ao art. 225 da Constituição para assegurar a continuidade da obra pública após a concessão da licença ambiental. A redação original da PEC nº 65 estabelece: "A apresentação do Estudo Prévio do Impacto Ambiental importa autorização para a execução da obra que não poderá ser suspensa ou cancelada pelas mesmas razões a não ser em face de fato superveniente". Esta proposta de emenda retornou à Comissão de Constituição e Justiça do Senado para nova análise. Diante desses dois projetos não faltaram vozes que oportunamente apontaram vícios de constitucionalidade, denotando uma flagrante relativização do licenciamento ambiental e do próprio Estudo do Impacto Ambiental e de Relatório de Impacto ao Meio Ambiente, prerrogativas do poder público em suas atividades de controle ambiental.[3]

---

[1] Disponível em: <www.globalwitness.org/en/campaigns/environmental-activists/deadly-environment/>. Acesso em: 12 jun. 2017.

[2] Disponível em: <www.mapbiomas.org>. Acesso em: 12 jun. 2017.

[3] *Vide* MOREIRA, Egon Bockmann. *Licenciamento "a jato"*: o caminho mais curto para desastres ambientais. Disponível em: <http://www.direitodoestado.com.br/colunistas/egon-bockmann-moreira/licenciamento-a-jato-o-caminho-mais-curto-para-desastres-ambientais>. Acesso em: 13 jun. 2017. Ainda KASSMAYER, Karin. O licenciamento

PREFÁCIO | 13

É nesse contexto que recebemos a incumbência de prefaciar a obra *Advogar no Direito Ambiental*, do advogado e mestre em Direito pela Pontifícia Universidade Católica do Paraná, Fabiano Neves Macieywski. A obra perpassa diversos temas de relevância do Direito Ambiental, contexto este em que se comemoram 25 anos da Conferência Rio 92 e no qual o País ratificou e promulgou o Acordo de Paris. Importante rememorar que em 1992 o Brasil assumiu uma posição de liderança na política ambiental e a ECO 92 foi uma aliança virtuosa e fundamental para consolidar o conceito de desenvolvimento sustentável e lançar uma plataforma global com novas regras de convívio, mais justas e solidárias. Em 2015, em Paris, o Acordo Climático aponta para outra direção certa — em que pese a saída recente dos EUA — na qual as partes, de forma voluntária e conforme suas capacidades, comprometeram-se com suas contribuições determinadas em prol de um objetivo comum, que é o de alcançar a meta de *manter o aumento da temperatura média global bem abaixo de 2 °C em relação aos níveis pré-industriais*, tendo sido incluído um segundo objetivo prevendo que as Partes *envidem esforços para limitar esse aumento da temperatura a 1,5 °C em relação aos níveis pré-industriais* (art. 2º). Assim, cada Estado apresenta objetivos e une esforços para reduzir suas emissões de gases de efeito estufa, na medida do quanto possa comprometer-se, sendo tais objetivos submetidos a uma revisão cada vez mais ambiciosa.

Tais temas globais, assentados no *princípio das responsabilidades comuns, porém diferenciadas e respectivas capacidades, à luz das diferentes circunstâncias nacionais*, não ofuscam, todavia, as tarefas domésticas da causa ambiental, que envolvem as reflexões acadêmicas e a evolução jurisprudencial na concretização do direito fundamental ao meio ambiente, além da superação do próprio Direito em tutelar de forma efetiva o meio ambiente em si, a sadia qualidade de vida das presentes e futuras gerações, sem olvidar do dever de reparação integral do dano reflexo gerado a indivíduos, lesados por atividades poluidoras.

A obra de Fabiano Neves Macieywski volta-se, justamente, à reflexão sobre esta temática que versa sobre a efetividade do Direito Ambiental brasileiro, na medida em que lança uma perspectiva crítica sobre a reparação integral do dano ambiental, especificamente do dano ambiental individual, que é a lesão ao cidadão, geralmente o hipossuficiente,

---

ambiental em debate: considerações sobre o projeto de lei do Senado n. 654, de 2015, e a proposta de emenda à Constituição n. 65, de 2012. In: *Licenciamento ambiental e governança territorial*: registros e contribuições do seminário internacional. No Prelo.

que está à mercê dos deletérios efeitos climáticos, da poluição gerada por grandes empresas, dos acidentes ambientais que atingem diretamente os biomas e afeta os ecossistemas. Concomitantemente, causa prejuízos incomensuráveis e de ordem material e moral a comunidades que dependem de atividades como o extrativismo, a pesca, enfim, dos recursos naturais para sua sobrevivência.

Portanto, prefaciar uma obra que aprofunda as questões de vulnerabilidades e riscos socioambientais — já que é disso que estamos a tratar — é, para mim, honrar o princípio da dignidade da pessoa humana e lançar luzes a uma efetividade tutela processual e material dos mais vulneráveis.

Sabe-se que o Direito Ambiental é uma disciplina ainda em construção, com contornos próprios, princípios em constante evolução e com características multi e interdisciplinares. Trata-se de um direito do futuro, do porvir e, por tal razão, enfrenta desafios ao encontrar seu tempo e espaço na lógica jurídica patrimonialista e individualista. Ao depender da relação com outros institutos clássicos já estabelecidos, como o da responsabilidade civil, enfrenta o desafio de compatibilizar e de neles embutir a lógica preventiva. Ainda, o dano, dadas as suas características de irreparabilidade, cumulatividade e incomensurabilidade, gera consideráveis polêmicas quando da análise de sua efetiva reparação.

Nas fronteiras das diversas áreas do saber, o tema proposto na obra — a responsabilidade ambiental individual — somada à advocacia ambiental que não pode ser desassociada do contexto da crise jurídica do processo civil clássico, é atual, latente e visa suprir a lacuna doutrinária que envolve a reparação do dano patrimonial e extrapatrimonial ambiental individual.

A população brasileira não pode vivenciar calamidades ambientais de proporções alarmantes, como a ocorrida em 05 de novembro de 2015, com o rompimento da barragem da mineradora Samarco, que provocou uma enxurrada de lama devastando diversos municípios, alastrando-se pelo Rio Doce até o Oceano Atlântico, causando a morte de um número considerável de vítimas. Afora os danos ambientais *per se*, que denunciaram a fragilidade do licenciamento ambiental como instrumentos de monitoramento dos impactos, está-se diante de efeitos nocivos à saúde humana, além de danos a cada um dos moradores dessas localidades, e das suas futuras gerações.

Logo, a indagação é transparente: como reparar tais danos? Atividades de utilidade pública ou interesse social não podem se tornar subterfúgio para deixar em desamparo os lesados pela poluição, pelo descaso e desobediência aos padrões ambientais, inclusive perpetrados pelo próprio Estado. A demanda por desenvolvimento não deve, igualmente, aumentar os potenciais conflitos — já existentes — entre as questões socioambientais e econômicas.

A obra que ora prefacio perpassa por esses temas: sociedade de consumo, o homem pós-moderno e a natureza; o direito fundamental ao meio ambiente, os princípios norteadores do Direito Ambiental. E deságua nesta difícil tarefa: advogar em tempos de crise, de incertezas e contradições. O advogado empreendedor, os riscos e as incompreensões da advocacia em causas ambientais, e a difícil resolução dos conflitos ambientais são tema do último capítulo da obra.

É por demais sabido que o prefácio a uma obra não pode se alongar, bastando uma descrição sumária da proposta de pesquisa e de reflexão trazida pelo autor. Todavia, sua conclusão se complementa com uma nota de cunho pessoal. Fabiano foi meu aluno na graduação na Pontifícia Universidade Católica do Paraná e pude acompanhar de perto, já no programa de Mestrado da mesma instituição, a sua predileção pela matéria de Direito Ambiental, conduzida com muito zelo e rigor pelo Professor Doutor Vladimir Passos de Freitas. Desde aquele então acompanho sua trajetória profissional e posso asseverar que uma de suas qualidades mais marcantes — mesmo nas adversidades — é sua perseverança na busca pela justiça.

Curitiba/PR, Junho de 2017.

Rodrigo Sánchez Rios

Graduado em Direito pela Universidade Federal do Paraná (1986). Doutorado em Direito Penal e Criminologia pela Universitá Degli Studi Di Roma Tre, "La Sapienza" (1991). Desde 1992 é professor de Direito Penal da Pontifícia Universidade Católica do Paraná, lecionando no Curso de Graduação e no Programa de Pós-Graduação (Mestrado e Doutorado). Possui ampla experiência acadêmica e profissional em Direito Penal, atuando principalmente nas seguintes áreas: direito penal econômico, ciência penal, direito tributário e direito penal moderno. É membro do Conselho Editorial da *Revista Brasileira de Ciências Criminais*, do IBCCRIM, e do Conselho Editorial da Revista Jurídica *Justiça e Sistema Criminal*.

APRESENTAÇÃO

A moderna ciência processual civil, afastando-se do clássico modelo do processo ordinário, que seria em tese suficiente à solução jurisdicional de todos os conflitos que surgem na sociedade, revelou a necessidade de técnicas processuais diferenciadas e adequadas ao enfrentamento de determinados litígios. Para além disso, em uma sociedade complexa como essa em que vivemos, organizada em um Estado que não mais se limita a assegurar os direitos individuais, os interesses juridicamente protegidos passam a ser de titularidade, também, de conjuntos maiores ou menores de pessoas a depender do caso e, não raro, de toda a sociedade.

O modelo tradicional de processo civil, do qual não se afastou o atual CPC, embora este contenha alguma vantagem em relação ao anterior, não se mostrou adequado à solução dos chamados conflitos coletivos, em que pelo menos alguns dos interesses antagônicos pertencem à coletividade como um todo.

Dentre os interesses coletivos, na sociedade moderna, assumem relevância extraordinária os atinentes ao meio ambiente. Preservar o planeta e defendê-lo da voracidade do capitalismo exacerbado constitui uma das principais preocupações de todas as nações. Finalmente, o homem despertou para sua indeclinável missão de cuidar da "Mãe Terra". A rigor, percebeu o óbvio: como ele é parte integrante do ambiente que o circunda e como a sorte da parte segue sempre e necessariamente a do todo, zelar pelo meio ambiente é não só uma questão de princípio, mas até mesmo de inteligência.

Com profundo conhecimento jurídico, que verte de sólida formação acadêmica, o autor deste livro demonstra que a evolução do Direito positivo brasileiro, especialmente a partir do marco constitucional, enveredou pelas sendas da proteção ao meio ambiente saudável. Constata que, mesmo antes da Constituição Cidadã, de 1988, a legislação pátria já continha regramento substancial e processual (como é exemplo a Lei da Ação Civil Pública, de 1985) voltado à proteção ambiental. Demonstra, ainda, que o processo civil clássico é herança de um sistema voltado ao Estado Liberal, que primava apenas pela propriedade e pelos direitos individuais, alicerçado no patrimonialismo dos direitos e na liberdade individual. Neste ponto, analisa a inidoneidade da tutela reparatória, particularmente da sentença condenatória, para a proteção do meio ambiente, à qual são mais adequadas a tutela preventiva e as decisões com eficácia executiva.

Ao vasto conhecimento do Direito o autor soma profícua experiência na advocacia ambiental. Com indisfarçável senso pragmático, procura, com esta obra, dar a todos que já militam ou que pretendem militar neste ramo específico e moderno da advocacia, o instrumental imprescindível a uma boa defesa judicial dos interesses coletivos e individuais de natureza ambiental. A ofensa ao meio ambiente, além de prejudicar a sociedade como um todo, muito frequentemente atinge também direitos individuais específicos, causando prejuízos aos seus titulares. Neste ponto, abordando diversos casos, inclusive alguns em que o seu escritório atuou na defesa de vítimas de acidentes ambientais, o autor faz minuciosa análise da jurisprudência dos tribunais pátrios, especialmente do Superior Tribunal de Justiça e do Supremo Tribunal Federal.

Trata-se, pois, de obra de grande utilidade para todos que atuam no ramo do Direito Ambiental, cuja leitura recomendo, fortemente, a todos os advogados que atuam nesta província do Direito.

Manoel Caetano Ferreira Filho

Graduado em Direito pela UFPR, em 1979. Especialista (Corso Singolo) em Direito Processual Civil pela Università Degli Studi di Milano, Itália, 1986-1987. Mestre em Direito, pela Universidade Federal do Paraná, 1989. Professor de Direito Processual Civil da UFPR, desde 1981. Professor em Cursos de Especialização em Direito Processual Civil, promovidos pela UFSC, UEL, FURB, PUC-PR, dentre outras instituições. Chefe do Depto. de Dir. Civ. e Proc. Civ. da UFPR, de 2001 a 2004. Juiz do Tribunal Regional Eleitoral do Paraná (2004 e 2005). Membro do Instituto Brasileiro de Direito Processual, do Instituto dos Advogados do Brasil, do Instituto dos Advogados do Paraná e da Academia Paranaense de Letras Jurídicas. Membro do Conselho Federal da OAB, na gestão 2013-2015. Autor de artigos publicados em revistas jurídicas e dos livros *Comentários ao Código de Processo Civil*. São Paulo: Revista dos Tribunais, 2001. v. VII.; e *A preclusão no direito processual civil*. Curitiba: Juruá, 1991; Coordenador do livro *Código de Processo Civil anotado*. Rio de Janeiro: GZ Editora, patrocínio da AASP e da OAB-PR (com os demais coordenadores José Rogério Cruz e Tucci, Ricardo de Carvalho Aprigliano, Rogéria Fagundes Dotti e Sandro Gilbert Martins), 2016. Procurador do Estado do Paraná. Advogado, com sede em Curitiba, desde 1980 (OAB-PR 8749).

INTRODUÇÃO

A evolução da sociedade moderna possibilitou à humanidade inumeráveis conquistas no campo da ciência e da cultura, refletindo, consequentemente, em sua própria transformação. As mudanças de paradigmas acarretadas pela modernidade e acentuadas pela pós-modernidade conduziram o homem ocidental, até o presente momento, ao mundo capitalista e à sua lógica de mercado.

Justamente por fazer parte de um mundo ávido pela inovação e pela aquisição de bens de consumo, as pessoas passam a integrar um ambiente de riscos, apoiado apenas pela perspectiva de ganho futuro e de atendimento às necessidades criadas pela sociedade de consumo.

Neste cenário emerge o objeto deste estudo: inicia-se pelo posicionamento do indivíduo na sociedade moderna e como esta o conforma às suas configurações gerais. A partir dessa realidade, entende-se a expansão da sociedade de consumo, chegando a níveis de tal modo preocupante, que põe em risco a própria humanidade, na medida em que ameaça destruir seu próprio *habitat*.

Em meio a essas revoluções, o conceito de meio ambiente se torna fundamental, e seu eventual exaurimento fragiliza a sociedade contemporânea. Nesse sentido, faz-se necessária vasta normatização de princípios e regras de preservação ambiental, para a fruição do meio ambiente de forma responsável e autossustentável.

A presente obra é dedicada à demonstração da necessidade de reparação de danos ao meio ambiente e a terceiros, na esfera subjetiva, de maneira a sustentar objetivamente o dano moral e material causados ao meio ambiente, gerando, por conseguinte, o devido ônus ao empreendedor que desconsiderou os riscos e causou à sociedade e aos indivíduos vitimados os danos de tipo ambiental.

Para se alcançar este propósito, analisaram-se os fundamentos da responsabilidade civil no ordenamento jurídico pátrio, bem como a compreensão acerca da efetividade de tais preceitos, no âmbito da justiça social e ambiental. Buscou-se relacionar os fundamentos da responsabilidade civil ao dano ambiental por meio da aplicação da teoria da responsabilidade objetiva, na qual também deve ser demonstrada a evolução da teoria subjetiva para a objetiva, assim como as teorias do risco integral e do risco criado.

O crescimento populacional mundial, a crescente demanda, a voracidade do mercado capitalista e a proteção ambiental conduzem à necessidade urgente de adequação dos países ao desenvolvimento sustentável, sem deixar de lado os direitos individuais e coletivos. Neste contexto, o Direito ambiental surge como o instrumento jurídico para alcançar estes fins. Esta pesquisa visa mostrar os efeitos causados pelos danos ambientais – não apenas como danos ambientais materiais, mas também os danos ambientais morais e ecológicos ocorridos nos ecossistemas atingidos, tanto de maneira direta e individual, quanto indireta, reflexa, sistêmica e difusa ou coletiva.

Nesta obra, o dano ambiental é visto por diversos ângulos, não só como dano causado ao ambiente envolvido *de per se*, mas também em função do fato de que o homem é parte integrante do ecossistema danificado, o que lhe garante o direito de ressarcimento, na medida em que o dano lhe atinge, quer no interesse individual, quer no difuso ou coletivo.

O dano moral surge como direito personalíssimo, valorizado pelo jurista contemporâneo, que consegue visualizar o dano imposto à alma do sujeito, não apenas a seus bens materiais. São danos subjetivos, danos psíquicos imensuráveis, não menos importantes do que aqueles de ordem objetiva.

Essa valoração se torna pertinente a partir do momento em que a Carta Magna de 1988 prevê a responsabilidade civil pelos danos extrapatrimoniais, como garantia e direito das pessoas, cuja aplicação se dará em decorrência de danos ambientais, nas situações consolidadas pela doutrina e pela jurisprudência.

O estudo demonstra que a reparação do dano moral e material ambiental, individualmente, é a melhor forma de tutelar a mudança de conduta da sociedade e dos poluidores que seguem impunes, albergados pela absoluta falta de efetividade e resultado final das ações ambientais, tanto na esfera penal, quanto na administrativa e em especial nas cíveis individuais e coletivas, desde que haja capacidade empreendedora no exercício de advogar com capacidade técnica, capacidade ética, coragem, destemor e independência.

A EVOLUÇÃO CULTURAL DA SOCIEDADE DE CONSUMO

"O estudo da realidade social pressupõe a compreensão da inafastável unidade dialética[1] entre natureza e cultura".[2] Tal afirmação evidencia a noção de que cada sociedade produz sua cultura a partir de efetivas interações com o meio ambiente. A construção cultural da humanidade está intrinsecamente ligada à forma "como cada sociedade se apropria dos recursos naturais e transforma o ambiente em que vive".[3] Deduz-se, portanto, que a avaliação das origens culturais do homem contemporâneo se faz necessária para o entendimento da atual relação da sociedade com a natureza.

A construção cultural do homem ocidental contemporâneo (pós-moderno) evoluiu das relações que a sociedade europeia dos últimos duzentos anos manteve com o meio ambiente em que prosperou. Este tem sido um período de marcante evolução cultural, baseado em novas formas de relacionamento com a natureza. Obviamente, em sua longa história, o homem já havia posto a natureza a seu serviço,[4] enquanto que nestes últimos séculos a utilização dos recursos naturais tornou-se abusiva, gerando efetiva preocupação com relação à finitude dos recursos

---

[1] Luiz Fernando Coelho afirma que a dialética "consiste justamente nessa visão dos objetos do conhecimento em sua totalidade e dinamicidade imanentes, o que a metodologia tradicional omite". (COELHO, 2004, p. 127)

[2] DERANI, 1997, p. 68.

[3] Idem, p. 69.

[4] Muito mais marcantes – como frisa Cristiane Derani – são as atividades humanas, nesta relação entre cultura e natureza, que colocam esta como instrumento das ambições humanas. Trata-se da exploração como finalidade, primeiro pela subsistência, depois pela evolução do comércio e do consequente aumento de necessidades humanas (Ibidem, p. 69).

naturais, desde que a Europa se lançou a conquistas ultramarinas, para suprir sua população de alimentos e bens mercantis.[5]

Sobre a mudança cultural europeia e a revolução industrial registre-se o relato de Edward McNall Burns:

> A Revolução Industrial foi mais do que um episódio importante na história econômica e tecnológica do mundo. Ela contribuiu para reformular a vida de homens e mulheres, primeiro na Grã-Bretanha, depois na Europa continental e nos Estados Unidos, e por fim em grande parte do mundo. Mediante o aumento da escala de produção, a Revolução Industrial criou o sistema fabril, que por sua vez determinou o êxodo de milhões de pessoas do interior para as cidades. Depois de migrarem, esses homens e mulheres tinham de aprender um novo estilo de vida, e depressa: Organizar a vida de acordo com o apito da fábrica e sobreviver no cortiço, se eram trabalhadores urbanos de primeira geração; administrar uma força de trabalho e alcançar proeminência respeitável na comunidade, se eram homens de negócios ou suas esposas. Uma lição especial ensinada pela industrialização e pela urbanização foi a consciência de classe. Muito mais do que até então, homens e mulheres começaram a ver a si mesmos como parte de uma classe com interesses próprios e opostos aos dos homens e mulheres de outras classes.[6]

Durante os últimos séculos, a sociedade ocidental viu expandir a economia de mercado, mal resistindo a esse desenvolvimento com suas velhas instituições, sucumbindo à expansão desenfreada da "ideologia liberal".[7] Desde essa época a sociedade ocidental vem alimentando as bases culturais do consumismo e da ideologia de mercado.

1.1 As raízes do sujeito moderno

O advento da modernidade não foi um acontecimento histórico precisamente localizado no tempo. Resultado de um sucessivo embate de tendências filosóficas e históricas, a modernidade avançou de forma lenta e descontinua, desde a chamada "sociedade tradicional" até a insurgência de novos e revolucionários valores socioculturais.

---

[5] Realidade que acabou lançando os países daquele continente em uma nova fase de colonizações em busca de novos mercados que pudessem suprir suas carências e receber seus produtos.

[6] BURNS, 1980, p. 529. Muito importante é a contribuição deste autor, analisando as preocupações do novo sujeito moderno.

[7] POLANYI, 2000, p. 161.

A EVOLUÇÃO CULTURAL DA SOCIEDADE DE CONSUMO | 25

A modernidade começa a tomar forma ainda no ventre do medievo, entre os séculos X e XI. Desde aqueles séculos, a sociedade europeia começa a destacar a presença do indivíduo na construção dos grupos sociais e a problematizar a alienação da pessoa, em função de sua filiação a coletividades, como clãs, comunas, classes sociais, hierarquias etc. A cultura holística, tipicamente greco-romana, na qual o homem figurava como coadjuvante da grande trama divina, com seu destino determinado desde o berço, começa a perder sua força tradicional, quando o homem começa a se ver como o ator principal de sua vida, compreendido por uma teoria atomista que visa à diferenciação e a individualização do sujeito.

O período medieval ficou conhecido pelos seus valores absolutos, que tinham de ser transmitidos, repercutindo a escala social "de degrau a degrau, disciplinadamente".[8] Mas a divisão de responsabilidades em "degraus" ou substratos sociais, não significava a individualização do sujeito. Ao contrário, diz respeito a uma teoria organicista, dentro da qual o indivíduo seria submetido a seu papel dentro da hierarquia, dentro do sistema, como "pai, vizinho ou clérigo...".[9]

O modelo social do medievo baseava-se, segundo Hespanha, em três fundamentos: a) a harmonia social dependia do respeito às funções de cada órgão, pois, assim como no corpo humano, a soma de diferentes funções (e, portanto, a junção de desigualdades) permite o bom funcionamento de todo o sistema; b) os órgãos sociais devem ser autorregulamentáveis para que sua autonomia se confirme. O que ocorre pela possibilidade de se editar suas "normas e estatutos" além da possibilidade de "julgar seus conflitos internos"; e c) toda a administração deveria respeitar seus limites em relação à área de atuação de outras administrações da sociedade, o que confirma sua autonomia (desde que concorra para a harmonia da sociedade).[10]

Sinteticamente, a sociedade tradicional assegurava os direitos dos indivíduos apenas como integrantes de grupos. Estes possuíam, inclusive, autonomia na formação de normas, o que representava a pulverização do poder entre os vários substratos sociais. No entanto, para que a humanidade pudesse chegar à modernidade foi necessário romper com essa visão corporativista e compartimentada, inserindo distinções claras e universais entre sociedade-civil e Estado, como também entre

---

[8] DUBY apud FONSECA, 2002, p. 31 et seq.

[9] Idem.

[10] HESPANHA apud FONSECA, 2002, p. 32 et seq.

"público" e "privado", tempo em que se começa a enxergar a ideia de sujeito individualizado.

1.1.1 As raízes do capitalismo – no início do século XI, observa-se o florescimento de uma nova sociedade na Europa ocidental, que emerge a partir o estímulo ao comércio provido pelo excedente de produção agrícola daquela região. O soerguimento de grandes e influentes centros urbanos foi outro marco que auxiliou no desabrochar da modernidade, devido à importância que as cidades readquiriram ao expandirem seus horizontes e passarem a atrair toda sorte de interesses.

Nesse momento, as raízes do capitalismo se expandem sob o incremento do comércio, que em seu ciclo virtuoso permite o aumento da produção de bens, além da prestação de serviços especializados ofertados nos burgos – as chamadas oficinas, ofícios urbanos ou guildas.

Outra significativa mudança é o crescente emprego da moeda como instrumento de negociação e a transformação da terra em bem negociável. Conforme Marx e Hobsbawm, a partir desse momento surgem as "bases do capitalismo". Mas vale salientar que cada região da Europa evoluiu de modo diferenciado rumo à modernidade capitalista e a sua configuração contemporânea, já que a história é descontínua e apresenta caminhos que levam a diversos resultados.

1.1.2 Subjetividade moderna – os séculos e os fatos históricos se sucedem até o seiscentos, com o advento dos Estados Nacionais modernos – em princípio, absolutistas. Na formação do Estado moderno, várias medidas vieram a convergir: entre elas a recuperação dos estudos de Justiniano, que contribuíram para a unificação do poder estatal, evitando a pulverização dos domínios de estratos e corporações sociais do período histórico anterior – típicos da era feudal. Outras medidas são características, como a formação de exércitos regulares, a adoção de políticas comerciais que extrapolavam o território nacional – principalmente por meio da guerra.

A constituição do Estado moderno contribuiu para o aparecimento de uma série de conceitos, dentre eles o de súdito, que evoluiria para a ideia de cidadania. A importância dessa ideia está na institucionalização de um perfil apropriado pelo qual o sujeito da ação política deve se portar perante a autoridade, trazendo à tona a já citada ideia de individualidade. Outro passo em direção à subjetividade e à individualidade é o debate surgido à época sobre a liberdade de culto, pertinente a cada sujeito da sociedade. Este embate gerou a antecipação de discussões, inclusive sobre a democracia.

Todos esses fatores, somados à queda de velhos dogmas, à descoberta de novos meios de produção, de novos continentes e de novas formas de se pensar o comércio, levaram ao aparecimento de uma nova sociedade voltada à experimentação, mais aberta às contribuições individuais.

As relações jurídicas não ficaram de fora dessas mudanças, criando novas formas de contrato e o surgimento de novos sistemas financeiros, como o investimento em crédito, que fez da moeda um produto de comercialização.

1.1.3 *Sobre modernidade e subjetividade* – no período medieval, a natureza era entendida como criatura de Deus, fazendo do natural, o justo. Desse modo, o natural se torna divino e está sob a guarda da Igreja. Quando se comenta acerca do jusnaturalismo da modernidade, deve-se lembrar da influência de uma filosofia teocêntrica que se transfere para um pensamento jurídico antropocêntrico. A par com esse fenômeno filosófico encontra-se o jusracionalismo, que submete a natureza aos moldes racionais – a partir daí a Ciência do Direito se encontra com a expressão da vontade humana

Alguns atribuem à escola de Salamanca os primeiros sinais do jusracionalismo, desde Francisco de Vitória até o embate entre Juán Ginés e Bartolomé de Las Casas, chamado de "Disputa de Valladolid". Naquele episódio, de Las Casas usou de apelos racionais em favor da liberdade dos índios no novo continente, não mais se referindo à autoridade divina ou eclesial, como era o costume na época precedente à modernidade. A partir daí se registra a consolidação da ideia de direito subjetivo. Sua estrutura ganha contornos finais com o jusracionalismo, pois os direitos pertinentes à vida, à defesa, à alimentação, enfim, à sobrevivência do indivíduo só passam a ser inteiramente constatados com a racionalização dessas necessidades, enquanto direito de todo ser humano.[11]

Não se pode deixar de citar um importante filósofo da época, Hugo Grotius (1583-1645), que consolidou em definitivo as ideias subjetivas ao transmitir a noção de capacidade jurídica inerente ao próprio ser humano que, por isso, a classifica como um *poder de liberdade* próprio ao Direito.[12] O ser racional e individual passa a ganhar um caráter privado, próprio.

---

[11] Nota-se, aqui, a crescente importância da individualização que vem ocorrendo desde o pré-modernismo.

[12] GROTIUS apud FONSECA, 2002, p. 52 et seq.

1.2 A cultura da modernidade e da pós-modernidade: as bases da sociedade de consumo

A compreensão da cultura contemporânea (pós-moderna) torna-se fundamental para o entendimento das sociedades de consumo e seu tipo de mercado, que se tornam responsáveis pelo significativo aumento da degradação ambiental. Trata-se da elevação desenfreada da produção de bens de consumo, apenas em função do atendimento da crescente demanda, sem levar em conta os limites do planeta.

O presente momento histórico – a contemporaneidade – experimenta uma transição entre os valores da modernidade e novas ideias que pensadores vêm concentrando em um conceito denominado de 'pós-modernidade', que retira seu significado tanto do que procura negar, quanto daquilo que procura incluir. Existe a sensação de que a modernidade esgotou suas energias históricas e tornou-se necessária uma profunda reavaliação de seus efeitos, conquistas e fracassos.

Cabe, contudo, um parêntese: O que é modernidade? Quais são os seus pressupostos? Quais são os parâmetros que definem o que é ou não moderno? Consequentemente, o que se deve entender por sua superação: a pós-modernidade?

Por modernidade, compreende-se um conjunto de valores, crenças e atitudes – sociais, culturais, políticas e intelectuais – que se desenvolveram paulatinamente no mundo pós-medieval (para introduzirmos a questão do "pós"). O termo 'modernidade' surge muito antes de sua realidade histórica. A palavra latina *modernus*, paradoxalmente, é antiga e designa "modo de hoje", equivalente a *hodiernus* (*hoc diem* – neste dia). Quando vem a ser utilizada pelos historiadores, o termo "moderno" assume a ideia de uma realidade "hodierna", "atual", que se contrapõe aos modos antigos. "Moderno", então, figura como uma nova concepção de tempo e de uma nova verdade – em contraposição ao período medieval.

A ideia moderna visou superar a noção de tempo posta pelo medievo. Para os cristãos medievais, o tempo se definia entre antes e depois de Cristo.[13] Com o advento do cristianismo e a hegemonia do pensamento cristão no medievo, a "centralidade que a pessoa humana passa a ganhar na história", se deve à ideia de salvação individual: "o sujeito como ator da própria sorte, aqui e para além". Enquanto que para a antiguidade greco-romana, a realidade era eterna e imutável, sendo as ações humanas uma busca pela felicidade em uma vida limitada e

---

[13] KUMAR, 1997, p. 80 et seq.

A EVOLUÇÃO CULTURAL DA SOCIEDADE DE CONSUMO | 29

mortal, para os cristãos medievais, o esforço humano individual devia dirigir-se à salvação eterna da própria alma.

A "ideia de tempo, antes entendida apenas como uma concepção terrena, sem importância no plano divino, agora é vista como a contagem regressiva para o juízo final" – iniciada e anunciada pela vinda de Cristo.[14]

Apesar dessa mudança paradigmática (o reconhecimento da individualidade pela noção de alma própria) ocorrida a partir do período medieval, a própria igreja acabou por retornar ao pensamento clássico, condenando as noções de individualidade iniciada pelo reconhecimento da alma de cada cristão. Nesse sentido, a igreja passa a condenar as ideias modernas tachando-as de sandice, ou mesmo como heresia. O pensamento clássico patrocinado pela igreja continua formando as bases da filosofia medieval retirando, inclusive, o tempo das mãos dos homens.

1.2.1 *O surgimento da modernidade* – muitos autores localizaram o início da era moderna no século XVII. Essa cronologia se deveu ao embate entre os modernos e os antigos, no qual os modernos teriam saído vitoriosos, celebrando a partir daí o início dos tempos modernos. Para a defesa desse raciocínio, chamam-se à pauta muitos pensadores, dentre os quais se destaca Francis Bacon,[15] para quem as principais características da modernidade foram seu caráter essencialmente renovador e prático. "A antiguidade era vista como o período de aprendizado, sendo a história, a cronologia da sociedade"[16] e de sua evolução.

O saber antigo era capaz de dizer, de pensar, mas era pouco efetivo. "Fazer" se tornou a marca da modernidade e de seus eventos. A modernidade se caracteriza pelo paradoxo de evolução técnica e material e associada a conflitos morais e éticos. "A evolução da humanidade mostrar-se-ia, diz Bacon, no ocaso do Estado, e esta evolução está fadada, ainda, aos ciclos clássicos de ascensão e queda pertinentes às fases da história humana".[17] Mas a modernidade não surge apenas da evolução técnica, mas paradigmática também.

---

[14] KUMAR, op. cit.

[15] BACON apud KUMAR, op. cit., p. 87.

[16] "A sociedade como um ente único, envolto no tempo, envelhecendo e aprendendo como o ser humano. Neste contexto os humanos são apenas células de um corpo social, que não morreu, apenas envelheceu e aprendeu" (KUMAR, 1997, p. 80 et seq.).

[17] Idem.

O século que vai, definitivamente, receber a modernidade e lhe consolidar os paradigmas é o XVIII, tanto pela sua evolução técnica, como também pela transformação cultural, social e mental. A partir daí todo o substrato social se transforma e sua demonstração máxima pôde ser sentida com a Revolução Francesa, quando a modernidade finalmente desbanca o antigo regime. A mudança não se deu apenas no âmbito da política em si, como também pela difusão de ideias e referências totalmente inovadoras, que resultaram na cultura burguesa e capitalista.

> Não foi no vigor da Alta Idade Média, nem na explosão criativa da Renascença, tampouco na Revolução Científica do Século XVII, mas sim na Idade da Razão, na segunda metade do Século XVIII, mais de duzentos anos depois de o monge romano erudito Cassiodorus traçar a primeira distinção entre os *antichi* e os *moderni*, que nasceu a ideia de modernidade.[18]

Poder-se-ia, portanto, citar inúmeras alterações de pensamento, como o movimento positivista, o salto do racionalismo e a aplicação do Estado enquanto instituição do Direito, no entanto uma mudança é fundamental nesta interpretação: a noção do tempo! De passado, presente e futuro. Não se trata mais do tempo escatológico[19] da teologia cristã. O tempo não é mais distante do ser humano e da coletividade em geral, não se espera mais pelo dia do juízo divino. A perspectiva temporal não conduz mais a mudanças cíclicas de paradigma ou ao retorno do saber original, trata-se agora de evolução, de ir rumo ao futuro, sem final definido. O futuro se torna o principal incentivo ao pensamento – o passado, uma versão desatualizada da humanidade.

1.2.2 *Modernidade e modernismo*

> A ideia de modernidade, uma vez formulada no final do século XVIII, enfrentou uma complexa reação em fins do século XIX. Isso aconteceu sob a forma do movimento cultural denominado modernismo, que simultaneamente afirmava e negava a modernidade, mas dava continuidade a seus princípios e desafiava-a em seu próprio núcleo.[20]

Arthur Rimbaud escreveu que era necessário ser absolutamente moderno, mas não explicou o que isso significava! Para Matei Calinescu[21]

---

[18] KUMAR, 1997, p. 96.

[19] Do grego *eskhatos*, que significa "último". Refere-se ao Juízo Final, aos últimos dias do mundo, um tempo de julgamento de Deus sobre os homens. Tempo escatológico.

[20] KUMAR, 1997, p. 96.

[21] Idem.

A EVOLUÇÃO CULTURAL DA SOCIEDADE DE CONSUMO | 31

existiam duas modernidades diferentes que se conflitavam. Surge aí uma cisão no conceito, que por um lado aponta para um viés social e político, enquanto o outro segue uma visão mais esteticista.

Em relação a essa complexidade, é válido observar que a própria literatura moderna se antepõe à cultura que a gerou,[22] enquanto critica seu próprio substrato criativo. Da mesma forma, outros pensadores identificaram no período uma forte dicotomia entre a realidade funcional da ordem tecno econômica da sociedade moderna e o impulso anárquico e hedonista da individuação e autorrealização[23] que constitui a base da cultura moderna.[24]

O modernismo dá início à crítica da objetividade moderna, da razão instrumental, da praticidade insensível e da obviedade da lógica moderna. Tal crítica buscou criar um mundo cultural alternativo ao espírito clássico da modernidade, com base no fantástico, no subjetivo, no sobrenatural. A ideia modernista visou derrubar a noção de verdade absoluta, duvidando de sua existência. A própria realidade se tornou questionável, por ser vista por olhos individuais. O certo e o errado se confundem do ponto de vista lógico ou estético, por que são criações subjetivas. A objetividade passa a ser fruto de uma mente individual e, consequentemente, parcial.[25]

O destaque à subjetividade do indivíduo nunca foi estranho à mente moderna. Pelo contrário, a individuação gerou o sujeito autossuficiente, capaz de polemizar a própria modernidade.

O modernismo, então, contava com seu próprio tipo específico. Mas, enquanto seu fascínio pelo novo o colocou ao lado do progresso, da inovação, ligando-o à modernidade, o demasiado interesse pelo novo acabou por romper a conexão existente entre modernidade e

---

[22] Lionel Trilling considera a literatura moderna uma "violenta frente de hostilidade contra a civilização (moderna)". TRILLING apud KUMAR, 1997, p. 97.

[23] BELL apud KUMAR, op. cit., p. 97.

[24] Neste sentido, cabe um comentário: será possível que Kumar não tenha identificado o caráter acessório e complementar que o modernismo tem frente à modernidade? Aliás, o próprio caráter hedonista, citado por Bell, não caberia como característica mais apropriada ao surgimento da pós-modernidade? Resta claro que o grande trunfo do capitalismo – realidade econômica e social em que vigora a ideia de modernidade – é a capacidade de trazer em si tanto sua força quanto sua fraqueza, ambas em confronto interno ao próprio sistema. Neste sentido, o modernismo como expressão crítica da modernidade não passa de instrumento para a validação das concepções modernas. Ao aceitar o antagônico, a modernidade diminui o potencial revolucionário de seu contrário, dissipando a pressão social por meio da livre manifestação – a própria democracia demonstra, quando funcional, baixa capacidade de gerar conflitos extremos, pois os mantém internos ao sistema.

[25] Sobre este aspecto, encontra-se a criatividade como expressão do indivíduo, como visão pessoal.

modernismo. A transformação veio a ser considerada um fim em si mesma, sem objetivo ou objeto definido. A antiga crítica à tradição tornou-se, ela própria, tradicional – surge a "tradição do novo". Sob a influência do modernismo, a modernidade se torna nada mais que uma mudança sem escopo.

1.2.3 *A ideia da pós-modernidade* – quando se pensa em modernidade e modernismo é possível fazer a distinção entre ambos, pois há diferenças marcantes, até mesmo antagonismos. Contudo, tal distinção não parece ser possível entre pós-modernidade e pós-modernismo, já que a própria origem da pós-modernidade é a fusão entre a modernidade e seu antagônico. Portanto, ao longo deste texto, dever-se-á considerar as definições de pós-modernidade e pós-modernismo como sinônimas.

Esta definição, ou a falta dela, traz uma noção prévia importante acerca da pós-modernidade: ela une as diversas vertentes do pensamento filosófico, estético, social, cultural, político, em um único compêndio teórico. Ou seja, a grande característica deste movimento é a queda de divisórias entre os mais variados campos da sociedade e sua união, não de forma organicista, mas de maneira pluralista. A pós-modernidade aceita as diferenças criadas pela modernidade e reconhece teorias divergentes, e este é o ponto fundamental dessa vertente intelectual. Na pluralidade, a pós-modernidade encontra seu substrato material, seu elemento.

Muitas são, portanto, as teorias integradas ao que se considera pós-modernismo, dentre elas o pós-fordismo – a teoria da sociedade pós-industrial. Enquanto sua formação teórica demonstra grande pulverização, suas manifestações parecem remeter a uma unidade integrada, o que, em parte, justifica o sucesso da teoria pós-moderna. Porém dificulta, igualmente, sua interpretação e sua avaliação científica, afinal, sem objetivo definido, finalidade ou sentido atribuído, a pós-modernidade apresenta uma deficiência lógica. Sobre este aspecto, os teóricos do pós-modernismo se orgulham. Ao contrário do que se possa imaginar, os participantes desta nova corrente não gostam de se ater a definições, por isso apreciam a dificuldade de se definir a pós-modernidade como uma teoria completa, afinal a autorrenovação e a autocrítica são elementos indispensáveis a sua existência particular.

"A era pós-moderna é um tempo de opção incessante. É uma era em que nenhuma ortodoxia pode ser adotada sem constrangimento e ironia, por que todas as tradições aparentemente têm validade".[26]

---

[26] Interessa questionar o caráter pluralista da pós-modernidade. O conceito de verdade absoluta do positivismo desapareceu, nada há de absoluto. Talvez resida aí o segredo da interpretação da pós-modernidade. Nela tudo é relativo ou perspectivista, cada ideia representa a

O resultado é o sujeito plural, "globalizado", integrado ao mundo, mas absorvido por ele. Logo, há uma coincidência parcial entre sociedade da informação e pós-modernidade – em vez de tradição do novo há um pluralismo de tradições: a tradição do diverso.

Com a ideia de integração e aceitação da cultura divergente, o exemplo mais notável costuma ser a arquitetura. Ela não só criticou a modernidade, mas integrou a diversidade do modernismo ao utilitarismo da sociedade capitalista. De um lado o prédio moderno, com sua eficiência, de outro o design com sua expressão estética. A junção de ambos em uma obra arquitetônica representa, em síntese, a expressão da pós-modernidade: não existe mais conflito, existe integração e inclusão. Em vez de imposição de um gosto, aceita a diversidade de "culturas de gosto", cujas necessidades procura satisfazer, oferecendo uma pluralidade de estilos.

A expressão mais comum do que se chama de "pós" surge em meados dos anos 1960, estendendo-se aos movimentos alternativos dos anos 1970. A contracultura do período desbrava o ser coletivo; não existia mais pudor nem constrangimento. A contemplação perde espaço para a ação pura e simples. O desejo do corpo deve ser satisfeito, enquanto a alma se torna apenas um simulacro do resquício da individualidade – um elo para o coletivo.

A pós-modernidade celebra o apocalíptico, o antirracional, a diversidade na união; a integração apesar das diferenças (presentes na alma).[27] O "pós" no modernismo quer dizer quebra de paradigmas, uma revolta contra a imposição de padrões, de gostos ou de visões particulares. O que se quer é a anarquia cultural, o fim da apatia e a popularização do eclético, do socialmente diferente. O sujeito é o que parece e se parece com o que vê, com o que vive – trata-se da construção do homem por intermédio da prática discursiva e da universalidade pelas práticas de poder e de saber.[28]

O pós-modernismo representa a ruptura interminável com o passado, por mais radical que este tenha sido em sua própria época – é o que dá ao modernismo seu significado. Por assim dizer, é a contracultura pós-modernista que leva a lógica do modernismo às últimas consequências.

---

expressão de uma verdade particular. Quem aceitar este "fato" é, então, um pós-moderno. (KUMAR, 1997, p. 97).

[27] Sobre o assunto, ver MARCUSE, 1997, p. 89 passim.

[28] FOUCAULT apud FONSECA, 2002, p. 83 passim.

1.3 A cultura e o sujeito pós-moderno

Herbert Marcuse afirma que "a personalidade é a portadora do ideal cultural".[29] Mas o que isso significa? A cultura é tanto exterior ao indivíduo, quando habita em seu interior, a partir de seu aculturamento. Ela se introjeta na alma de cada um, na medida em que o homem exercita seu pertencimento ao grupo cultural. Hospedeira de sua personalidade, é da alma do sujeito que a cultura retira a força de sua existência.

Na era moderna, o capitalismo surge como resposta da burguesia para a busca de um mundo mais feliz. O indivíduo era o modelo ideal da alma: fonte de igualdade, liberdade e, sobretudo, de fraternidade. A grande mudança ocorre com o desenvolvimento do Estado liberal democrático, que passa a defender a igualdade legal entre os homens. Contudo, a situação real pouco se altera em relação ao passado, pois as condições objetivas para o acesso à cultura e à liberdade de criação do pensamento[30] continuam pertencendo a poucos. No entanto, duas mudanças são fundamentais: (1) a forma de se pensar o mundo e a cultura e (2) os objetivos deste pensamento. Explica-se:

(1) Durante a antiguidade, os pensadores utilizavam o método filosófico para a consecução de um mundo melhor, a partir da felicidade individual. Na época moderna/contemporânea, o sujeito utiliza a lógica científica para a transformação do mundo, atendendo aos preceitos capitalistas cujo objetivo não é mais o bem comum e sim a acumulação de riquezas para a qual, teoricamente, todos são aptos. (2) A cultura, agora, é a expressão do material, do real, não mais a ideia de perfeição ou sublimidade. Não existe mais o mundo perfeito, externo ao nosso. O que existe é o exemplo do mundo em movimento de Aristóteles, que busca pela *autarchia*,[31] mas liberta da perfeição. O perfeito se torna a compreensão de que nada é "inteiramente justo" ou "inteiramente correto".

O pensamento dos antigos buscava alcançar o perfeito, alçar a humanidade à perfeição divina. O ponto fundamental para os antigos era a transmissão de um ideal para sua materialização no mundo. O que ocorre na modernidade é a união deste mundo ideal ao mundo real, e

---

[29] MARCUSE, 1997, p. 121.

[30] "A sociedade burguesa libertou os indivíduos, mas como pessoas que se mantêm no controle" (MARCUSE, 1997, p. 114). Ora, quem define o que é se manter no controle na sociedade burguesa? O Estado? Mas, quem controla o Estado?

[31] Para Aristóteles, *autarchia* é a capacidade de se bastar inteiramente, não precisando de mais nada para ser perfeito (ARISTÓTELES, 2002).

de sua fusão, com a compreensão de que nunca atingir-se-á a perfeição. Por seu lado, a cultura contemporânea não busca mais fundamento no divino ou no ideal, mas em sua realidade material. Portanto, o objetivo do pensamento moderno/contemporâneo é conformar materialmente a sociedade com base nos ideais de igualdade/pluralidade. É a sociedade que define cultura como o conjunto de fenômenos permeados pela inconstante transformação, própria do pensamento capitalista de reformulação de um produto.

Em princípios da era moderna, o Estado é o Leviatã sob controle do soberano, enquanto a sociedade cede parte de seu poder ao monstro para que este a proteja. Todavia, com o avançar do processo capitalista, ao invés de uma sujeição parcial da pessoa frente ao Estado exige-se uma sujeição total do indivíduo como forma de se preservar a sociedade.[32] Esta é a configuração do Estado autoritário por detrás dos ideais burgueses de humanitarismo, individualidade etc. Contudo, esse processo não transfigura a função da cultura objetiva, ele apenas modifica "os caminhos pelos quais essa função se realiza".[33]

A maneira mais clara de se verificar a continuidade da cultura burguesa dentro de uma realidade de Estado autoritário está na ideia de interiorização[34] idealista. Por meio do fenômeno da interiorização, a cultura confere ao indivíduo a falsa ideia de que, independente da realidade material, todos possuem o mesmo valor, todos são livres e dignos interiormente.

Esse novo método disciplinador do Estado, se viabiliza por intermédio da rejeição dos processos culturais anteriores. O indivíduo influenciado pela cultura moderna entende que a integridade da coletividade depende de sua resignação. A manutenção do *status quo* se realiza pela maioria, em detrimento do indivíduo.

O que dá base à formação ideológica do Estado moderno é a interiorização idealista, que fornece existência real à chamada exterioridade heroica. O viés heroico da cultura afirmativa se representa pelo entendimento de que "assim como o vencedor escreve a história, isto é, cria seu mito, assim também ele determina o que deve ser considerado arte".[35] Por esse entendimento, a arte se coloca a serviço da

---

[32] Sobre isso consultar a obra "Admirável Mundo Novo", de Aldous Huxley.

[33] "Interiorização: a conversão de instintos e forças explosivas em domínios da alma" (MARCUSE, 1997, p. 123).

[34] Idem.

[35] JÜNGER, 1932, p. 198.

defesa nacional, da disciplina militar e do trabalho. A conexão entre a interioridade ideológica e a exterioridade heroica se realiza quando o indivíduo se encontra a serviço da sociedade e sua representação, que é o Estado. Tudo o que for preciso fazer pelo Estado deve ser feito, pois preserva a coletividade, enquanto a liberdade individual fica restrita ao interior, à alma, cuja autonomia deve ser rejeitada, pois afinal permite aflorar paixões e altera a realidade. Tanto a coletividade quanto a individualidade devem rejeitar o espírito de autonomia, ou, ao menos, domá-lo, por isso os discursos políticos se dirigem ao coração, garantindo a supremacia da alma sobre o corpo.

1.3.1 *A indústria da cultura* – os primeiros a tratarem do tema segundo esta designação foram Theodor Adorno e Max Horkheimer, em seu livro *Dialética do Esclarecimento*, quando denunciaram "a integração deliberada, a partir do alto, de seus consumidores. Ela força a união dos domínios, separados há milênios, da arte superior e da inferior".[36] Essa integração teria como objetivo principal a adaptação de produtos da cultura às massas, não só produzindo para elas, mas determinando o que deveriam consumir. O termo 'indústria' se mostra pertinente, na medida em que a produção da arte adota um critério técnico-mecanicista, de tipo seriado. Fala-se, por exemplo, da apresentação teatral gravada e seccionada para caber em capítulos e ser apreciada, ou melhor, consumida aos poucos, para gerar lucro e ansiedade consumistas.

O sujeito não deve apreciar a obra industrializada, ele deve sorvê-la, deve interiorizar a informação que recebe e adaptar sua receptividade à transmissão que vem do alto, das classes dominantes. Toda a técnica empregada pela indústria da cultura se transfere, sem escrúpulos, para a manipulação das massas, que são, em verdade, o óleo lubrificante da máquina, sendo o capital seu condutor.

Toda a criação, fruto do trabalho do artista, precisa ser adaptada à ideologia burguesa, para funcionar como instrumento de pacificação do indivíduo frente à ordem vigente. A autonomia da arte é enviesada pelo interesse dessa indústria e definida em função do argumento de universalização, acesso e igualdade.

Anteriormente, a produção cultural observava a realidade e tecia suas críticas às condições humanas. Mas ao ser incorporada à indústria, a cultura se transfigura e passa a adotar as posturas da realidade objetiva. Tudo o que a arte denunciava passa a ser fundamento de

---

[36] ADORNO; HORKHEIMER, 1997, p. 287.

A EVOLUÇÃO CULTURAL DA SOCIEDADE DE CONSUMO | 37

sua própria validação. A obra assim avaliada é incorporada à própria cultura e essa unificação entre denúncia e denunciado compromete a crítica, ou mesmo, a importância da crítica.

Não se deve esquecer-se do caráter comercial da cultura, ela não é apenas produzida conforme a necessidade das massas, mas atende ao princípio da criação de novos mercados. Há um estudo técnico por trás de cada produto, há projeções e avaliações de potencialidade que levam à criação de produtos direcionados. Cada item produzido no seio da indústria cultural recebe o auxílio da publicidade e é difundido como inovação travestida de modernidade, quando quase sempre se trata de nova roupagem de uma velha ideologia.[37]

Um bom produto cultural convence o sujeito de que os papéis veiculados pela cultura industrializada são as fontes para a pacificação social e para felicidade geral. A maioria das pessoas se convence de que o mundo seria um lugar melhor se cada um procurasse se enquadrar nos papéis ideais difundidos pela mídia em geral.

Uma questão ainda permanece diante da realidade deste tema: afinal, como a indústria cultural se legitima?

As explicações dos frankfurtianos obedecem a uma interessante linha de raciocínio. A indústria cultural se legitima, basicamente, por meio da interiorização dos preceitos burgueses travestidos de universalidade. Esse processo confere uma aparência aceitável para seus produtos.[38] Embora a crítica a esse processo capitalista seja livre, a aceitação da maioria perfaz a ideia que se tem de democracia, pois o que se vende só se vende porque existe uma demanda para tanto.

> A indústria cultural é a integração deliberada, a partir do alto, de seus consumidores. Se as massas são injustamente difamadas do alto como tais, é também a própria indústria cultural que as transforma nas massas que ela depois despreza e impede de atingir a emancipação para a qual os próprios homens estariam tão maduros quanto as forças produtivas da época permitiriam.[39]

Por esta citação, Adorno não esconde sua origem marxista, e destaca a sua crítica à indústria cultural: ela é uma das principais

---

[37] "O que na indústria cultural se apresenta como um progresso, o insistentemente novo que ela oferece, permanece, em todos os seus ramos, a mudança de indumentária de um sempre semelhante; em toda parte a mudança encobre um esqueleto no qual houve tão poucas mudanças como na própria motivação do lucro desde que ela ganhou ascendência sobre a cultura". Baseado em COHN, 1994, p. 94.

[38] Considerações que se pode fazer por meio dos textos de Adorno, Horkheimer e Marcuse.

[39] ADORNO; HORKHEIMER, 1997, p. 287, passim.

responsáveis por sufocar a rebelião das massas frente às forças produtivas burguesas. Em suma, a manutenção do *status quo* se dá através da diminuição da importância do indivíduo e de sua resignação frente à atual realidade. Cria-se a ilusão de que todos podem ser felizes na economia de mercado e qualquer contestação é ardil de "bandido", como nas estórias transmitidas pelos filmes.

1.3.2 *A indústria cultural, o sujeito moderno e o Direito pós-moderno* – em fins do medievo, a sociedade ocidental passa por grandes transformações. Surge uma nova configuração social. Aparece a figura do Estado moderno, ainda aristocrata. Novas ondas de mudança e conflitos culminam na Revolução Francesa. A partir daí a burguesia não tem somente um Estado para comandar, como também uma sociedade para modelar. Desafio vencido com a crescente modernização técnica que resultou numa sociedade capitalista e de economia de mercado.

A par com isso evolui também o Direito moderno, não apenas como conjunção de condutas, mas como critério de validação do Estado burguês. Vale salientar que o Estado moderno, como manifestação da cultura burguesa, dos contratualistas e dos positivistas, é a origem desse novo Direito. A manutenção do *status quo* alcançado pela burguesia é assumida como função do sistema jurídico implantado. Para tanto, as mais diversas formas de justificação foram utilizadas, desde o argumento da tradição até a mais sólida construção teórica representada pelo positivismo e pelo contratualismo. O Estado surge aí como a vontade dos cidadãos pela manutenção da paz social e as leis despontam como codificação escrita e validada pelo processo de criação dessa nova realidade contratual. As leis, portanto, se tornam os frutos das cláusulas desse contrato social.

A crítica dos frankfurtianos ao Direito passa por sua análise do Estado burguês e à forma como este tecnicizou e massificou a cultura em geral, direcionando a criatividade e o espírito crítico. O Direito foi utilizado pelo mercado para conferir validade ao processo de industrialização da cultura, da mesma forma que a violência do Estado contra o indivíduo ganha seu monopólio legal.[40]

O que, resumidamente, a escola de Frankfurt critica é o modo como o Estado liberal-burguês instrumentaliza a cultura, utilizando-a

---

[40] Em oposição ao cidadão, o indivíduo aparece como elemento de contestação e, por isso mesmo, de risco ao Estado. O cidadão é o "bom moço" aceito pela sociedade, enquanto o indivíduo é o pária, é a pessoa que, contrariando o "instituto" do animal social, atenta contra a coletividade, tentando desvincular-se dela. Neste sentido, Freud destacou o indivíduo como inimigo do Estado.

A EVOLUÇÃO CULTURAL DA SOCIEDADE DE CONSUMO | 39

para conformar o indivíduo, forçando sua cidadania em termos generalizados. A crítica reside no fato de que, para conservar a liberdade, a paz e garantir a igualdade formal, o Leviatã[41] burguês retira do indivíduo toda a liberdade e o transforma em cidadão de um Estado que manipula a subjetividade da cultura e a objetividade do Direito.

1.3.3 A cultura afirmativa "gera" o sujeito moderno, confirmado pelo Direito – durante as revoluções burguesas (principalmente, a Americana e a Francesa), a sociedade adotou a ideologia proveniente de uma classe social que lutava para se afirmar diante de sua rival: a aristocracia. Essa ideologia continha preceitos, como os de igualdade, liberdade e fraternidade. A positivação das leis que se seguiu aos movimentos burgueses[42] conferiu ao conjunto dos cidadãos, ao menos formalmente, a aquisição desses direitos.

Essa mesma codificação tratou de conferir à classe social vitoriosa uma série de garantias em favor de sua proteção: as leis passam a garantir ostensivamente a propriedade privada – mesmo em face do Estado, o direito à usura, o direito ao lucro e à comercialização de bens e serviços. Toda uma nova cultura prosperou, com seu apogeu representado pela revolução da tecnologia e a incorporação definitiva do pensamento capitalista à cultura.

A cultura afirmativa é o processo pelo qual o Estado aplaca a vontade do indivíduo se revoltar. A cultura afirmativa deu ao homem um mundo novo de esperanças conformadas, transformando-o em verdadeiro "cidadão".[43] A função da cultura afirmativa é delimitar a liberdade do indivíduo, por meio da afirmação de uma ideologia política, com o auxílio do Estado autoritário. Segundo Marcuse, a cultura afirmativa é o veículo da ideologia que segue em direção à alma do cidadão, para trazê-lo ao mundo da satisfação fugaz representada pelo consumismo e para mantê-lo alienado de sua individualidade.

Constitui exercício bastante profícuo buscar no próprio Direito positivo a influência da cultura afirmativa e da ideologia burguesa. O primeiro destaque que se faz é a universalização do ordenamento legal. Mesmo quando alguém desconhece uma determinada legislação, fica

---

[41] Como referência ao Estado, ao contrato social.

[42] Dentre os quais o Código Civil Napoleônico.

[43] "A separação entre o útil e o necessário, do belo e da fruição, constitui o início de um desenvolvimento que abre a perspectiva para o enquadramento da felicidade e do espírito num plano à parte da 'cultura'" (MARCUSE, 1997, p. 90).

proibido de alegar seu desconhecimento, sofrendo de qualquer modo as consequências da lei.

Os critérios de validação do Direito positivado encontram-se na forma como a lei é produzida, originada pelo poder do Estado, e não em sua efetividade material ou em sua justiça. Uma lei que obedeça aos princípios de validação formal poderá lograr êxito e adentrar no sistema jurídico ainda que seu conteúdo seja, valorativamente, injusto. E, mesmo quando injusta, deve-se obedecer a lei, não sendo facultado ao indivíduo, salvo algumas exceções,[44] a desobediência civil.

O sujeito moderno é, por conseguinte, o indivíduo que foi conformado ao mundo material no qual vive. Ele é o objetivo da indústria cultural, que lhe oferece a ideia de ceder sua felicidade pessoal em favor da felicidade coletiva. O instrumento de conformação desse sujeito ao Estado moderno é o Direito – o sistema jurídico positivado que confere ao sistema da cultura de massa a garantia da estabilidade e a certeza de seu funcionamento.

1.3.4 *A tecnicidade na cultura e sua influência sobre o Direito* – como já foi mencionado, grandes transformações culturais foram realizadas pela evolução da técnica de produção capitalista. As mídias da cultura, a imprensa, enfim, todo um novo universo se abriu para a produção em série da informação e conhecimento.

A voz no rádio se tornou onipresente, a imagem da televisão eternizou a figura do bom cidadão. Produziram-se galãs que lutaram contra o mal do individualismo, cada folhetim provocou suspiros românticos, a ciência do coração manipulou a massa por meio da sedução da arte industrializada.

Tal tecnicidade não tardaria a chegar ao Direito, o que se observa em sua própria produção e divulgação. Hoje mesmo, todos podem acessar os sítios eletrônicos do Poder Judiciário, sorver a "verdade jurídica". A técnica transmitida para a produção do Direito tardou a se fazer sentir, entretanto mostrou-se consolidada, sendo que o Direito, ele próprio, é manifestação da cultura e, assim como a jovem apaixonada não pode esperar pelo final do pasquim, o jurista "antenado" não pode esperar pela renovação da velha[45] legislação.

---

[44] Que servem, de qualquer forma, para conferir uma ilusão de equanimidade entre o Estado e o indivíduo. "A lei pode ser contestada, desde que dentro dos termos legais".

[45] A ideia de "velharia" deve ser entendida como uma desconsideração pelo conhecimento antigo. A lei pode receber críticas apenas por ser antiga. Mesmo que o Direito não se modernize com a velocidade da sociedade, a sua mudança constante é necessária para

A produção intelectual do Direito sofre com as mudanças culturais. Para se adaptar, o legislador deve acompanhar as mudanças da sociedade. Ele próprio deve estar ciente da cultura afirmativa para poder reafirmar a lógica de manutenção do *status quo*. A nova doutrina precisa se esmerar na transfiguração de assessórios, sem que a essência burguesa seja efetivamente arranhada.

1.3.5 *As influências da indústria cultural sobre o pensamento jurídico* – até aqui este estudo visou demonstrar as posições do Direito em relação à cultura que o produz. A partir daqui ocupar-se-á da descrição da influência que a indústria cultural exerce sobre os fundamentos objetivos e positivados das próprias leis. Toda produção cultural segue protegida pelo Estado, desde que não contrarie seu sistema jurídico. Uma peça teatral com roteiro pluralista na Alemanha hitlerista representava uma clara contestação à ordem vigente e, logo, não seria tolerada pelo sistema jurídico.

Na atualidade, a informação comunicada pelos telejornais, por exemplo, é protegida pela chamada liberdade de imprensa. Porém, em muitos casos, a privacidade é colocada de lado em face da liberdade de divulgação da informação, em flagrante descompasso com os direitos garantidos pela Constituição da República Federativa do Brasil de 1988. Aqui emerge os efeitos colaterais da indústria cultural, pois mesmo a informação inútil pode ser veiculada, abrindo espaço para revistas, jornais, blogs, sítios eletrônicos e telejornais estritamente "fuxiqueiros".

A indústria da cultura banalizou o indivíduo e validou-se formalmente pelo Direito. A privacidade passou a ser privilégio, não direito. O indivíduo é o único responsável por sua autopreservação. Exemplo disso é o abuso ao direito de imagem, a venda consentida do resquício de individualidade, a imagem adquire preço. Qualquer pessoa que deseje ter acesso à imagem de outra pode tê-lo, desde que pague o preço acertado.

Em certos casos, briga-se pelo direito de ter a imagem exibida. Como consequência, o Direito tutela a prerrogativa de comercializar a imagem, de se exibir a individualidade e, com isso, torná-la corriqueira, sem importância, coletivizada.

A indústria cultural influencia o Direito na medida em que é ela mesma a maior "lobista" da modernização das leis para acompanhar

---

acompanhar a ânsia do novo presente na sociedade burguesa. O Direito positivo nasceu para, na medida do possível, acompanhar as transformações culturais da sociedade, o que demonstra a presença desta vontade também no universo dos juristas.

as demandas do avanço técnico, da transmissão e da massificação da cultura. O legislador deve atender à demanda da internet, das marcas e patentes, da propriedade intelectual eletrônica, dos direitos coletivos. Em suma, a indústria cultural demanda pela transformação do Direito, para que este se conforme, uma vez mais, à nova realidade. O Direito deve garantir que os criadores dos novos produtos culturais lucrem com os mesmos.

A IDEOLOGIA LIBERAL E A LÓGICA DE MERCADO

A racionalidade moderna foi responsável não apenas pela mudança cultural do indivíduo, mas de toda a sociedade ocidental. Não apenas do ponto de vista econômico, as transformações alcançaram profundamente a forma contemporânea de pensar.

Com a produção mercantil – produção não mais para o consumo pessoal e sim para a troca – os produtos passam necessariamente de umas mãos para outras. O produtor separa-se do seu produto na troca, e já não sabe o que será feito dele. Logo que o dinheiro, e com ele o comerciante, intervém como intermediário entre os produtores, complica-se o sistema de troca e torna-se ainda mais incerto o destino final dos produtos. Os comerciantes são muitos, e nenhum deles sabe o que o outro faz. As mercadorias agora não passam apenas de mão em mão, mas também de mercado em mercado; os produtores já deixaram de ser os senhores da produção total das condições da sua própria vida, e tampouco os comerciantes chegaram a sê-lo. Os produtos e a produção estão entregues ao acaso. Mas o acaso não é mais do que um dos polos de uma interdependência, do qual o outro polo se chama necessidade. Na natureza, onde também parece imperar o acaso, há muito tempo que pudemos demonstrar, em cada domínio específico, a necessidade imanente e as leis internas que se afirmam em tal acaso. E o que é certo para a natureza também o é para a sociedade. Quanto mais uma atividade social, uma série de processos sociais, escapam ao controle consciente do homem, quanto mais parecem abandonados ao acaso, tanto mais as leis próprias, imanentes, do dito acaso, se manifestam como uma necessidade natural. Leis análogas também regem a eventualidade da produção mercantil e da troca de mercadorias; frente ao produtor e ao comerciante isolados aparecem como forças estranhas e no início até desconhecidas, cuja natureza precisa de ser laboriosamente investigada e estudada. Estas leis econômicas da produção mercantil modificam-se de acordo com os diversos graus de desenvolvimento dessa forma de produção; mas cada período da civilização está regido por elas. Até hoje o produto ainda domina o produtor; até hoje, toda a produção social ainda é regulada, não segundo um plano elaborado coletivamente, mas por leis cegas, que atuam com a força dos elementos, em última instância, nas tempestades dos períodos de crise comercial.[1]

Com o desenvolvimento do sistema de mercado, inovador e autorregulado, o mundo observou a expansão da mentalidade liberal. Por esse motivo, o mercado foi traçando os caminhos legais impostos ao sistema jurídico do Estado, na medida em que a economia precisava crescer, não importando as consequências do ponto de vista humanitário ou ambiental.

Atualmente se tem por pacífico que a cultura é fruto da interação entre homem e natureza. Quando se pensa nos interesses capitalistas, o objetivo dessa interação é a produção mercantil. Neste caso, a interação se organiza a partir de um processo autorregulado de troca, em que os sujeitos desta relação – homem e natureza – são obrigados a obedecer à lógica da produção e "se sujeitar à oferta e à procura, isto é, eles passam a ser manuseados como mercadorias, como bens produzidos para a venda".[2]

A partir dessa lógica, o mercado sofreu um ajuste, englobando terras e indivíduos como itens negociáveis, a partir do salário do trabalhador, e do preço dos imóveis. Desta forma, o capital investido pode ser mensurado e racionalizado pela lei de oferta e procura, e avaliado conforme a interação de ambos.

Contudo, restava a questão da conservação do próprio mercado. Enquanto a produção poderia, em princípio, ser organizada pela oferta e procura, a ideia de homem e da terra vistos como mercadorias deixava ambos à mercê da lógica de mercado, representando um perigo tanto para a sociedade, quanto para o próprio sistema econômico.

Surge, então, desde o século XIX, uma cisão entre dois grupos antagônicos: de um lado os liberais, com vistas ao mercado autorregulável, propugnando pelo *laissez-faire* e o livre comércio; e de outro lado, as classes trabalhadoras e médias (intelectuais urbanos) com base no princípio da proteção social, cujo objetivo era preservar o homem

---

[1] Este pensamento formulado por Engels, ainda que extremamente simplista do ponto de vista econômico, serve engenhosamente bem para demonstrar os meandros do pensamento liberal que permeava as teorias mercadológicas da época. (ENGELS, 1986, p. 232 et seq).

[2] POLANYI, 2000, p. 162.

e a natureza.[3] Sobre o tema, é importante salientar a contribuição de Karl Polanyi:

> A ênfase sobre as classes é importante. Os serviços prestados à sociedade pelas classes fundiária, média e trabalhadora modelaram toda a história social do século XIX. Esse papel lhes foi atribuído pelo fato de estarem aptas a desempenhar várias funções decorrentes da situação global da sociedade. As classes médias foram as condutoras da nascente economia de mercado; seus interesses comercias, como um todo, eram paralelos ao interesse geral quanto à produção e ao emprego. Se os negócios progrediam, havia oportunidade de empregos para todos e de aluguéis para os proprietários; se os mercados se expandiam, podia se investir livremente; se a comunidade comercial tinha sucesso ao competir com a estrangeira, a moeda circulante estava segura. Por outro lado, as classes comerciais não tinham um órgão que pressentisse os perigos acarretados pela exploração da força física do trabalhador, a destruição da vida familiar, a devastação das cercanias, o desnudamento das florestas, a poluição dos rios, a deterioração dos padrões profissionais, a desorganização dos costumes tradicionais e a degradação geral da existência, inclusive a habitação e as artes, assim como as inumeráveis formas de vida privada e pública que não afetam os lucros.[4]

A mentalidade liberal, em seu auge ao final do século XIX e início do XX, reafirmou a cultura relacionada ao mercado, que visava à expansão do consumo e da produção, sujeitando o homem e natureza à sua lógica, consumindo recursos naturais e humanos, sem limites. Obviamente tal cultura encontrou resistência, não só dos costumes e mecanismos que visava suplantar, como também de seus próprios entusiastas que passaram a perceber que caso "se deixasse a economia de mercado desenvolver-se de acordo com suas próprias leis ela criaria grandes e permanentes males".[5] Diversos pensadores buscaram uma solução para esse impasse, dentre eles há que se citar Boaventura de Sousa Santos:

---

[3] Necessário destacar que a defesa da natureza aqui colocada não se trata do meio ambiente com a abordagem que será conferida mais adiante nesta obra, mas sim da proteção da terra como elemento produtivo e da manutenção de certos costumes que dependiam da preservação da fauna e da flora, como a caça e a extração de madeira. O que vale destacar é que a defesa era muito mais em prol de certos costumes da sociedade europeia, ainda eminentemente agrária, do que propriamente do ecossistema *per se*, embora as consequências da industrialização já começassem a ser sentidas.

[4] POLANYI, 2000, p. 164.

[5] OWEN apud POLANYI, op. cit., p. 161.

Inspirado em James O'Connor e Karl Polanyi, considero que o capitalismo é constituído, não por uma, mas por duas contradições. A primeira contradição, formulada por Marx, e simbolizada na taxa de exploração, exprime o poder social e político do capital sobre o trabalho e também a tendência do capital sobre as crises de sobre-produção. A segunda contradição envolve as chamadas condições de produção, ou seja, tudo o que é tratado como mercadoria apesar de não ter sido produzido como mercadoria, por exemplo, a natureza. A segunda contradição consiste na tendência do capital para destruir as suas próprias condições de produção sempre que, confrontando uma crise de custos, procura reduzir estes últimos para sobreviver na concorrência. À luz desta dupla contradição, o capital tende a apropriar-se de modo autodestrutivo, tanto da força de trabalho, como do espaço, da natureza, e do meio ambiente em geral.[6]

Cabe ressaltar, porém, que embora o liberalismo não tenha se realizado por completo, sua influência perdura até os tempos atuais e, mais importante, a lógica de consumo e de mercado expansionistas, típicas do capitalismo, permanecem marcantes. Entretanto, limites têm sido impostos ao capital e um equilíbrio parece estar no objetivo final de um desenvolvimento sustentável.

2.1 A evolução da sociedade de mercado e a política de estabilidade social

A sociedade de mercado objetiva um crescimento baseado em três grandes premissas: concorrência, estabilidade da moeda e pleno emprego. A primeira garante a necessidade de constante aprimoramento das tecnologias e serviços visando ao melhor atendimento ao consumidor; a segunda garante um ambiente favorável em longo prazo estimulando o investimento na base produtiva, nos bens de capital e na pesquisa; e, finalmente, a terceira garante um mercado de consumo consolidado, com grande potencial de longo prazo, sendo a base do crescimento econômico sustentável.[7]

Sabidamente, o desenvolvimento econômico depende da obtenção do lucro, para tanto a economia de mercado necessita de um ambiente estável, pois o lucro não ocorre instantaneamente. Trata-se, em verdade, de uma expectativa de ganho que depende de fatores alheios – o

---

[6] SANTOS, 1995, p. 44.

[7] Cabe deixar claro que aqui se refere essencialmente à lógica de mercado, deixando de lado a necessidade de preservação ambiental.

A IDEOLOGIA LIBERAL E A LÓGICA DE MERCADO | **47**

ambiente macroeconômico influencia diretamente a obtenção do lucro. Por isso é tão necessária a presença do Estado, no sentido de minimizar os riscos do investimento, garantindo um mercado de consumo legalizado e juridicamente pacificado.

> A produção depende da quantidade de investimento, que, por sua vez, depende de um convencimento individual da possibilidade de um lucro futuro. Investimento significa expectativa de crescimento. Sem investimento não gira a economia, não há crescimento. Uma deficiência em investimento (*input*) causa um declínio no lucro. Um declínio no lucro causa um declínio na produção (*output*).[8]

A previsibilidade do lucro é item fundamental a garantir o *animus* do investimento na produção. "Os fatores para investimento – ou também recursos – são aquilo de que se dispõe para iniciar a produção: crédito (liquidez, dinheiro), trabalho e material para produção – onde se destacam fundamentalmente os recursos naturais".[9]

O sucesso de toda sociedade reside na estabilidade das relações que lhes são próprias; "no caso da sociedade capitalista, a felicidade da população reside na capacidade que cada indivíduo possui de se inserir no mercado de consumo e assim atingir os fins para os quais aquela sociedade o direcionou".[10] A forma que a sociedade capitalista encontra de prover aos seus participantes esta capacidade de inserção é o emprego, mediante o qual é possível a aquisição de bens, não só aqueles necessários à subsistência, como também aqueles que figuram como símbolos de *status* dentro desta sociedade.

A importância do pleno emprego à realização dos fins aos quais se destina nossa sociedade, ou seja, o crescimento econômico reflete-se na capacidade que o trabalhador tem de adquirir produtos essenciais e supérfluos. Com o incremento desta relação (emprego-consumo) é possível um crescimento duradouro que atenua os períodos de crise, próprios do sistema capitalista.[11] É neste ponto que se encontra o real significado da política do bem-estar, dependente de um baixo nível de desemprego, de garantias de crescimento sustentável e de altos índices de consumo, tudo isso garantido e estimulado pelo Estado.

---

[8] DERANI, 1997, p. 94.
[9] Idem, p. 95.
[10] GALLIANO, 1986, p. 172.
[11] Sobretudo quando se trata da lógica liberal por excelência, e não daquela pregada por Keynes, esta essencialmente intervencionista e dependente do investimento estatal. Pensamento que prosperou no pós-guerra até meados da década de 90. (KEYNES, 1936).

O papel do Estado ultrapassa o do mero atendimento às necessidades básicas, como saúde, educação e moradia. O Estado deve, também, regular as relações econômicas e sociais, a fim de garantir o bem-estar.[12] A figura do Direito, enquanto impulsionador das formas de conduta, é essencial para o sucesso do capitalismo como fornecedor deste bem-estar. A sociedade depende, portanto, de um Estado capaz de estabelecer as "regras do jogo", estimulando determinados setores da economia e suprindo as deficiências de setores nos quais a iniciativa privada pouco atua.

A importância da análise da política do bem-estar social, como bem percebe Cristiane Derani, reside na necessidade da "felicidade" social. Neste sentido, embora não seja notada por Keynes, a necessidade de preservação ambiental, a conservação do meio ambiente ingressa na política do bem-estar social como mais um elemento a ser observado. Sob essa ótica, Morato Leite faz a sagaz observação:

> O Estado de bem-estar marginalizou a questão socioambiental, pois, dirigido por políticas de pleno emprego e de maximização da utilização dos fatores de produção, ignorou e deixou de desenhar uma política ambiental com vistas a melhor qualidade de vida. (...) Os recursos naturais não são contabilizados em seus sistemas econômicos e, como consequência, a defesa do meio ambiente e o crescimento econômico são vistos como inconciliáveis e excludentes. Trata-se, de fato, de uma racionalidade econômica de curto prazo, orientada para a acumulação de capital.[13]

Os pressupostos do sucesso econômico e social capitalista parecem não contemplar a ideia de preservação dos recursos naturais, tanto quanto a antiga economia dos países do socialismo real – notícias de um profundo desprezo pelo meio ambiente surgiram na imprensa ocidental, quando o Muro de Berlim ruiu e a URSS desapareceu, encerrando dezenas de anos de experiências de um Estado totalitário. Neste aspecto, a figura do Direito ambiental se torna fundamental, no sentido

---

[12] No entanto, não é somente a norma que estabelece as relações sociais, mas também a participação do indivíduo dentro dos sistemas sociais. Estes sistemas não podem se confundir com a totalidade da sociedade, pois são apenas seus recortes. Dentro de cada sistema, o indivíduo passa a ser mera unidade da sociedade e comparecendo em vários sistemas sociais com uma parte de sua personalidade, "interpretando" um determinado papel social. O que de fato compõe a unidade da sociedade (o indivíduo) é um conjunto de objetos culturais internalizados no sujeito, chamado de sistema de significação do ator. Para cada sistema social, por conseguinte, o indivíduo comparece com uma bagagem de crenças e valores e atua como uma engrenagem destes sistemas. (GALLIANO, 1986).

[13] LEITE, 2012, p. 26.

de normatizar as relações da sociedade moderna com a natureza. Mas o Direito ambiental só pode ser efetivamente aplicado quando o poder judiciário é livre para fazer cumprir a lei, em uma sociedade democrática.

O HOMEM PÓS-MODERNO E A NATUREZA

O desenvolvimento advindo da racionalidade capitalista e do liberalismo como forma de autorregulação do mercado levou a humanidade a um estágio científico e cultural antes inimagináveis. A ênfase na competição e na democratização são fatores cruciais ao desenvolvimento da economia de mercado. Mas há consequências.

A criação de um grande mercado de consumo gerador de novas necessidades levou a sociedade a absorver cada vez mais produtos, retirando da natureza mais do que ela poderia repor. O consumidor criou seu paraíso, mas colocou na base de sua criação a sua ruína. Como reflete Leonardo Boff:

> O núcleo desta sociedade não está construído sobre a vida, o bem comum, a participação e a solidariedade entre humanos. O seu eixo estruturador está na economia de corte capitalista. Ela é um conjunto de poderes e instrumentos de criação de riqueza – e aqui vem sua característica básica – mediante a depredação da natureza e a exploração dos seres humanos. A economia é a economia do crescimento ilimitado, no tempo mais rápido possível, com o mínimo de investimento e a máxima rentabilidade. Quem conseguir se manter nessa dinâmica e obedecer a essa lógica acumulará e será rico, mesmo à custa de um permanente processo de exploração. Portanto, a economia orienta-se por um ideal de desenvolvimento material que melhor chamar-se-ia, simplesmente, de crescimento, que se coloca entre dois infinitos, [...] o dos recursos naturais pressupostamente ilimitados e o do futuro indefinidamente aberto para a frente. Para esse tipo de economia do crescimento, a natureza é degradada à condição de um simples conjunto de recursos naturais, ou matéria-prima, disponível aos interesses humanos particulares.[1]

---

[1] BOFF, 2005, p. 21 et seq.

É sabido que o meio ambiente é incapaz de fazer frente ao que lhe exigem. Portanto, é premente a mudança da racionalidade contemporânea e, com ela, do modelo de desenvolvimento que se adota. O consumo desmedido não pode perdurar, visto que, como já colocado, traz em seu seio a ruína, não apenas para si, mas para a humanidade. Diante de um consumo inesgotável a humanidade parece se esquecer de que os recursos naturais são finitos.

Não há dúvida de que estão sendo utilizados recursos naturais muito além do razoável, exaurindo as fontes naturais não apenas para as gerações presentes, como para as futuras. Essa marcha autodestrutiva, adotada pelo homem contemporâneo, tem princípio na ancestral divisão que separou o ser humano do meio ambiente. A antiga integridade entre o homem e a natureza degradou-se para uma relação entre sujeito e objeto. Como bem coloca Derani:

> Fatalidades naturais como nascimento e morte, fenômenos climáticos e meteorológicos também compõem o ser de uma sociedade. Porém não somente por meio destes fenômenos implacáveis relaciona-se o homem com a natureza. Muito mais presentes são as atividades sociais em que a natureza é posta a serviço do homem em sua participação social (socialização da natureza), o que não significa necessariamente que o homem a compreenda. Pois na sociedade moderna é a natureza um instrumento. Tanto aquilo que apresenta de matéria como suas exigências naturais são compreendidas na exata medida de sua utilidade imediata.[2]

É palpável a alienação que o homem se colocou diante da natureza. A figura do sujeito integrado ao meio natural tornou-se uma imagem do passado. Ao transformar seu meio ambiente utilizando-se da matéria-prima (natural) que o cerca, o homem parece fazê-lo com pouca ou nenhuma consciência.[3] Percebe-se que essa relação não é uma integração, mas uma sujeição – o homem hodierno explora a natureza.

A expansão da atividade econômica, cuja noção de natureza se define apenas como recurso de capital, está esgotando o planeta. A manutenção do meio ambiente em que vive a humanidade depende da capacidade de a sociedade regular as relações produtivas. A expansão humana, indefinidamente, não tem como perdurar. Tem se tornado

---

[2] DERANI, 1997, p. 69.

[3] É possível perceber que a natureza não contém o homem (no sentido de uma integração), mas o circunda, envolvendo-o. O sujeito pós-moderno viu-se cercado pelo "natural" e buscou afastar os limites deste "cercamento" ao ponto de ameaçar a existência do natural.

necessário, mais do que nunca, racionalizar o crescimento das relações de consumo e da produção.

3.1 Meio ambiente

Independente do conceito que se atribua para o meio ambiente, invariavelmente, deve-se englobar a natureza e as pessoas. Não se deve enxergar a natureza tão somente como matéria-prima para a produção de bens e serviços,[4] ou restringir o conceito de meio ambiente ao domínio do interesse econômico. Para a economia, o meio ambiente é o espaço em que o homem busca seus recursos, não apenas aqueles em estado bruto, mas também aqueles já transformados por sua ação.

O meio ambiente não é apenas aquele espaço não influenciado pelo homem, como matas virgens, montanhas inexploradas, rios intocados, savanas preservadas. Mas também o meio que o ser humano criou para sua sobrevivência, alterando-o de alguma maneira, como as cidades e áreas agrícolas.

Milaré tem importante contribuição sobre o tema. Para o autor, a expressão (Meio ambiente) pode ser entendida tecnicamente ou juridicamente. Tecnicamente, o conceito de meio ambiente se constitui "por seres bióticos e abióticos e suas relações e interações". Juridicamente, o conceito de meio ambiente pode ser abordado de forma *estrita* ou *ampla*. A visão estrita diz respeito apenas àquilo considerado recurso natural, sendo expressão do patrimônio natural, referindo-se à relação que os seres vivos têm com o mesmo e entre si. A visão ampla, da qual este estudo compartilha, engloba não apenas aquilo tido como natural, mas também o ambiente transformado pela ação do homem e os bens produzidos pela sua racionalidade (os bens culturais). Tem-se aqui, então, um detalhamento do tema:

> de um lado, com o *meio ambiente natural*, ou físico, constituído pelo solo, pela água, pelo ar, pela energia, pela fauna e pela flora; e, de outro, com o *meio ambiente artificial* (ou humano), formado pelas edificações, equipamentos e alterações produzidos pelo homem, enfim, os assentamentos de natureza urbanística e demais construções. Em outras palavras, quer-se dizer que nem todos os ecossistemas são naturais, havendo mesmo quem se refira a 'ecossistemas sociais' e 'ecossistemas naturais'.[5]

---

[4] DERANI, 1997, p. 70.
[5] MILARÉ, 2005b, p. 99.

Segundo a lógica econômica, a natureza é objeto da razão e do intelecto humanos e, como não poderia deixar de ser, tratada dessa mesma forma pelo Direito. Quando o homem assume a posição central nas relações entre cultura e natureza, assume esse "poder" por sua capacidade de entender, de compreender e de transformar colocando-o como medida única de todas as coisas.

O sujeito cognoscente tornou-se a sua própria referência inventando até um deus para sua conveniência. Esse mesmo Deus fez do homem o centro da criação no planeta, senhor e destinatário dos bens a serem requisitados junto aos recursos naturais. A natureza passa a ser vista tão-somente como fonte de riqueza e poder humanos.

Por meio desse conhecimento o ser humano alongou sua vida, derrotou a escuridão e se tornou capaz de vencer as distâncias físicas do planeta. "Dá-se, então, a revolução de Prometeu, que submete a energia divina à atividade dos mortais".[6]

Esse destino humano se acentua fortemente com a Revolução Industrial. A partir daqui a modificação dos meios de produção não se restringem mais ao empirismo e à observação da natureza, mas sim à técnica e à ciência, reforçando a racionalização do sistema produtivo.

Em meados do século XVIII a humanidade já se encantava com a magia do desenvolvimento tecnológico. O conhecimento se concentrava no aproveitamento e no domínio da natureza, mas não em uma eventual interação com ela. A produção industrial tornou-se uma fonte de "reprodução de elementos da natureza".[7] As relações da sociedade com essa produção[8] vão determinar o modo como o homem ocidental transformará seu modo de pensar.

---

[6] DERANI, 1997, p. 72.

[7] Idem, p. 73.

[8] Neste tópico, se faz interessante avaliar as teorizações de Adam Smith: "A renda da terra não só varia em função da fertilidade da mesma, seja qual for a sua produção, como ainda com a sua situação, seja qual for a sua fertilidade" (SMITH, 1979, p. 119). Obviamente, o trecho em questão parece antiquado ao tema que se analisa, entretanto basta salientar que o tipo de produção capitalista já era, à época, avaliado de acordo com a relação que determinada sociedade tem com o meio em que habita. Neste sentido, um habitante de um grande centro dedicar-se-ia à manufatura, enquanto aquele próximo a estes mesmos centros poderia enriquecer fornecendo a matéria-prima aos primeiros. Da mesma forma, e à época, um país com bom solo poderia lucrar especializando-se na agricultura, enquanto um país de solo ruim deveria buscar a industrialização. Sabe-se, no entanto, que esta análise era por demais simplista, como a própria evolução econômica demonstrou, mas serve ao propósito de expor a ligação do sujeito racional com seu subsídio natural na realização de suas atividades, além de salientar a mercantilização da terra.

A compreensão acerca dessa relação de exploração entre o homem e seu meio ambiente é fundamental para que se perceba a dissociação entre o sujeito racional e o mundo natural, cuja dicotomia vem causando a destruição que se banalizou recentemente. O homem abandonou sua antiga ligação com o meio natural, para se identificar com a artificialidade do progresso material.[9] Desta forma, é cada vez maior a necessidade de se garantir a manutenção do nível mínimo necessário à qualidade de vida, que só é viável por meio da normatização legal.

Insta ressaltar que a manutenção da qualidade de vida está presente dentro do próprio sistema social vigente. O objetivo último da sociedade é a felicidade, como corolário da qualidade de vida. Embora o sistema produtivo e a lógica pós-moderna resistam à ideia de preservação ambiental, por entenderem que isso embaraça o desenvolvimento econômico, essa cultura econômica não tem como perdurar. O motivo é apenas um: a fruição dos bens acumulados por meio da lógica de mercado depende de um meio ambiente sadio e propício ao bem-estar, ou, como diria Aristóteles, ao "bem viver".[10]

Assim, o Direito ambiental não visa à inibição de atividades produtivas ou da lógica econômica, mas a sua realização de forma sustentável. Trata-se de retirar os recursos da natureza com parcimônia. O Direito ambiental, por sinal, raramente impõe restrições definitivas, apenas limites, seja ao nível de exploração ou ao nível de poluição. Certamente, a negociação desses limites impacta economicamente nas atividades sobre as quais incide, porém garante a continuidade da exploração – como a restrição da pesca durante a piracema garante a próxima estação de pescas.

A intenção da limitação dessa exploração, com a criação de normas para regular a tensão entre a apropriação e a conservação dos recursos naturais visa estabelecer uma "ação comunicativa"[11] entre os interesses das presentes e futuras gerações. Atualmente, o Direito ambiental se

---

[9] É claro que a destruição do meio ambiente comporta racionalidade dentro da sociedade hodierna, contudo isso só ocorre porque os sujeitos contemporâneos só se identificam dentro deste cenário de racionalização econômica e utilitária.

[10] ARISTÓTELES apud DERANI, 1997, p. 78. "Este 'bem viver' traduziria a possibilidade efetiva do cidadão desenvolver suas potencialidades".

[11] "Por meio do conceito do agir comunicativo Habermas quer demonstrar como a tensão entre facticidade e validade, inerente à linguagem (em todas as suas facetas), é conectada com a integração de indivíduos socializados comunicativamente. Assim, a integração social caracteriza-se pelo engate das diversas perspectivas de ação de modo que tais perspectivas possam ser resumidas em ações comuns" (MOREIRA, 2002, p. 109).

desenvolve com o intuito de alterar a visão comum sobre as formas de utilização dos recursos naturais, tendo por objeto uma nova relação de equanimidade nas relações entre a cultura e a natureza. Conforme bem coloca Derani:

> A sociedade precisa agir dentro de seus pressupostos industriais, porém estes mesmos destinados ao prazer e ao bem-estar podem acarretar desconforto, doenças e miséria. Para o solucionamento deste conflito, desenha-se todo um novo cabedal legislativo, que, uma vez parte do ordenamento jurídico, produzirá efeitos em todos os seus ramos.[12]

O Direito ambiental tem função protetora e educadora, em sintonia com a economia de mercado ciente da necessidade de manter um desenvolvimento em longo prazo, que não cause o esgotamento desnecessário dos bens naturais.

3.2 O Direito ambiental e a qualidade de vida

O principal objeto do Direito ambiental é a garantia da fruição dos bens naturais às presentes e futuras gerações. Trata-se do direito ao meio ambiente ecologicamente harmonioso, passível de utilização pela coletividade, enquanto bem de uso comum.[13]

A inserção do conceito de qualidade de vida no âmbito normativo, em consonância com o Direito ambiental, demonstra uma clara tendência da sociedade contemporânea rumo a uma mudança de paradigmas. Cansou-se de buscar o meramente quantitativo. A sociedade atual busca, além do sucesso material, o "bem viver".

Neste sentido, tanto as políticas públicas quanto arbítrio individual buscam o crescimento econômico com vistas ao bem-estar pessoal e social, em função do aumento de incentivo público à produção com vistas à preservação ambiental, além da enorme tendência à valorização de produtos "ecologicamente corretos", junto ao consumidor.

Há uma disposição da sociedade atual, ainda que tímida, para uma mudança de critérios, agora não mais aceitando produtos e serviços que colocam em risco ou prejudicam o meio ambiente. Preço e utilidade não são mais os únicos elementos que compõem a crítica do consumidor. Como salienta Derani:

---

[12] DERANI, 1997, p. 76.

[13] Conforme o *caput* do artigo 225 da Constituição Federal da República de 1988. (BRASIL. *Constituição Federal de* 1998).

a qualidade de vida no ordenamento jurídico brasileiro apresenta estes dois aspectos concomitantemente: o do nível de vida material e o do bem-estar físico e espiritual. Uma sadia qualidade de vida abrange esta globalidade, acatando o fato de que um mínimo material é sempre necessário para o deleite espiritual.[14]

O tema marcante pertencente à atual concepção de qualidade de vida se encontra no fato de que as necessidades humanas se ampliaram. O sujeito, interpelado pelas relações de poder e saber de si[15] possui hoje muito mais apelos em favor de sua felicidade. Não mais se trata apenas da segurança fornecida pela soma das forças da sociedade em busca da harmonia,[16] mas sim de um rol muito maior de necessidades a serem satisfeitas. O ser humano, além de segurança e harmonia quer, também, trabalho, educação, saúde, liberdade, realização pessoal, realização social e, sobretudo, que todos esses elementos estejam permeados pela justiça em um meio ambiente de qualidade.

3.2.1 *Aspectos objetivos do Direito ambiental* – a justiça, a norma, é realizada a partir da sociedade. O Direito, assim como a política, depende da interpretação dos fatos pela sociedade, buscando atender aos anseios sociais a partir desse diálogo construtivo. Neste quesito, o Direito ambiental não foge à regra. A constatação, por parte da sociedade, de que as práticas extremamente mercantilistas e irracionais promovidas pelo mercado enveredaram por um caminho ruinoso, levaram a discussões ao redor do mundo, cujo principal tema tem sido a necessidade de normatização do emprego do meio ambiente, tanto na produção econômica, quanto em seu papel na manutenção da qualidade de vida.

Por meio desse pensamento o mundo começou a promover a conscientização ambiental, para a qual demonstrou fundamental importância a Conferência de Estocolmo, ocorrida em 16 de junho de 1972, que produziu um documento com 26 princípios, cujo primeiro item afirma que:

> O homem tem o direito fundamental à liberdade, à igualdade e ao desfrute de condições de vida adequadas, em um meio de qualidade tal que lhe permita levar uma vida digna, gozar de bem-estar e é portador

---

[14] DERANI, 1997, p. 77.
[15] FOUCAULT apud FONSECA, p. 83 passim.
[16] ROUSSEAU, 2002, p. 31.

solene da obrigação de proteger e melhorar o meio ambiente, para as gerações presentes e futuras.[17]

Em suma, a obtenção da qualidade de vida depende, sobremaneira, da capacidade de uma dada sociedade entender e se relacionar com o meio ambiente em que vive. Para tanto, se torna necessária uma eficiente e democrática compilação jurídica, bem como a manutenção e o estímulo à ampliação da cultura e do bem-estar, criando as bases para o agir comunicativo em face do Direito ambiental.[18]

A chamada crise ambiental não influi apenas sobre os sistemas ecológicos, trata-se de uma ameaça maior, que coloca em risco as condições sociais humanas de existência. A tarefa do Direito ambiental é garantir que as ações humanas possam ser coordenadas de maneira a garantir a continuidade daquelas condições sociais de existência.

Em vista disso, o Direito ambiental assume um caráter globalizante. Ele não trata apenas dos sistemas ecológicos, ou daquilo que corriqueiramente se classifica como natureza. O Direito Ambiental vai além, quando regula toda a relação da sociedade com a natureza, bem como os frutos advindos dessa conexão. Ou seja, a produção, o consumo, as cidades, as construções, os rios, as árvores, as montanhas, os animais, enfim, todos são objetos reguláveis pelo Direito ambiental, que não se basta como doutrina isolada.

O Direito ambiental é um direito "transversal".[19] Não se deixa capturar plenamente pelas divisões clássicas do Direito. Neste aspecto, pode-se dizer que o Direito ambiental trata de sua competência de forma inovadora. Ao contrário do que normalmente ocorre em outras áreas do Direito, procura prevenir e educar, promovendo condutas que até seu advento eram inéditas. O Direito ambiental é, sobretudo, criador de relações sociais. Não apenas responde aos anseios sociais como se trata da melhor maneira de atender às novas necessidades sociais, ao prevenir os riscos que lhe são inerentes.[20]

---

[17] GALLI, 2012, p. 240.

[18] "Assim, posso afirmar que a concretização das normas do Direito Ambiental depende de uma participação ampla da sociedade. O que me leva a concluir que a realização da Constituição Federal da República de 1988 e a aplicação do direito como um todo dependem imensamente do nível de consciência e informação dos destinatários da norma, ou seja da sociedade, nas suas mais diversas esferas de organização" (DERANI, op. cit., p. 90).

[19] KLÖEPFER, 1989, p. 26 et seq.

[20] Quanto ao tema da sociedade moderna e o risco que lhe é inerente De Giorgi concede uma grande contribuição: "A sociedade moderna é caracterizada pela sua grande capacidade de controlar as indeterminações. E, assim, de produzi-las. Este paradoxo acrescenta a neces-

A palavra de ordem dentro do Direito ambiental é *prevenção*. Objetivo para o qual arregimenta diversas áreas do Direito que, com sua inflexão, assumem o tom do discurso ambiental. Com a incidência do Direito ambiental, normas fiscais, por exemplo, podem ganhar critérios preservacionistas, seja através do incentivo às empresas ecologicamente corretas, ou pela imposição de taxas mais pesadas às empresas poluidoras.

3.2.2 Aspectos jurídicos do Direito ambiental brasileiro – a nova significação dada ao meio ambiente pela sociedade contemporânea conduz à normatização desses novos valores sociais e sua integração ao mundo jurídico, sendo por ele absorvidos e compreendidos.

No Brasil, a sistematização desses conceitos socioambientais foi pulverizada entre diversas leis, cada uma abordando itens específicos da política ambiental nacional. Por esse motivo, a proteção do meio ambiente, por muitos anos, foi pouco eficaz, protegendo apenas um ou outro bem ambiental. Neste sentido, a Lei nº 6.938, de 31 de agosto de 1981, em seu artigo 3º, inciso I, amplia os parâmetros da proteção ambiental para "o conjunto de condições, leis, influências e interações de ordem física, química e biológica, que permite, abriga e rege a vida em todas as suas formas".[21]

Embora esta abordagem legal tenha recebido críticas acerca de sua amplitude, com argumentos como os de Farias – para o qual "a amplitude da lei compromete sua objetividade e, por extensão, sua aplicabilidade"[22] – outros doutrinadores, como Leme Machado,[23] Mirra,[24] Milaré[25] e Leite[26] louvaram a amplitude que a lei conferiu ao conceito de meio ambiente e salientaram que tal conceito não se confunde com o de recurso natural, disposto no art. 3º, inciso V, da mesma Lei nº 6.938/1981.[27] Neste sentido, Paulo Affonso Leme Machado afirma que

---

sidade de proteção e segurança. É a necessidade de agir para que as indeterminações não adquiram valor de estrutura: a necessidade de evitar que o desvio não se estabilize". (DE GIORGI, 1994, p.45-54)

[21] BRASIL. *Lei nº 6.938, de 31 de agosto de 1981*. Dispõe sobre a Política Nacional do Meio Ambiente, seus fins e mecanismos de formulação e aplicação, e dá outras providências. Disponível em: <http://www.planalto.gov.br/ccivil_03/Leis/L6938.htm>. Acesso em: 16 nov. 2015.

[22] FARIAS, 1992/1993, p. 81 passim.

[23] MACHADO, 1994.

[24] MIRRA, 2002, p. 12 passim.

[25] MILARÉ, 2005b, p. 239.

[26] LEITE, 2012, p. 79 et seq.

[27] Idem, p. 80.

"a definição federal é ampla, pois vai atingir tudo aquilo que permite a vida, que a abriga e rege".[28]

Sobre esse aspecto generalizante, percebido tanto em boa parte da doutrina brasileira, quanto na sua legislação, deve-se salientar a importância técnica que reside em sua adoção. A expansão do conceito de meio ambiente e da noção de Direito ambiental gerou uma nova visão de bens a serem tutelados, não mais aqueles bens relacionados apenas aos recursos naturais, mas também aos recursos culturais e à forma do relacionamento desses elementos dentro da sociedade. Assim, acredita-se acertada a posição do legislador que preferiu o risco da generalização à insuficiência da individualização. Ficou nítida a intenção de deixar a cargo da doutrina e da jurisprudência, a complementação da Lei, mostrando-se extremamente funcional pela capacidade de adaptação à realidade social, quando de um eventual dano ao meio ambiente.

3.3 A internacionalização do Direito ambiental

Definitivamente, o meio ambiente equilibrado é um direito fundamental do ser humano, mas será que é um direito humano internacional? Vejam-se algumas interpretações sobre a definição de Direitos Humanos, dados por Louis Henkin:

> Direitos humanos constituem um termo de uso comum, mas não categoricamente definido. Esses direitos são concebidos de forma a incluir aquelas "reivindicações morais e políticas que, no consenso contemporâneo, todo ser humano tem ou deve ter perante sua sociedade ou governo", reivindicações estas reconhecidas como "de direito" e não apenas por amor, graça ou caridade.[29]

Dentro do contexto histórico atual, em que o ambiente planetário demonstra claros sinais de fadiga, acrescidas de desordem, guerra, violência e esgotamento dos recursos naturais, é evidente que a proteção ambiental é questão de dignidade, liberdade, igualdade e sobrevivência humana. A função socioambiental da terra é fundamental e deve ser definitiva. Por isso, a preocupação com a dignidade humana passa, necessariamente, pelo equilíbrio do meio ambiente, sem o que nem sequer haverá vida humana. Conforme enfatizado por Flávia Piovesan em sua obra, Henry Steinar ensina que:

---

[28] MACHADO, 2013, p. 63.
[29] HENKIN apud PIOVESAN, 2015, p. 31.

Muitos dos princípios nos quais o Direito Internacional dos Direitos Humanos está baseado relacionam-se à necessidade de assegurar que não apenas violações cessem, mas que a justiça seja feita em relação a ambos, vítimas e perpetradores. Estes princípios incluem o direito a um remédio, à responsabilização, à punição dos autores e ao pagamento de uma indenização apropriada, bem como a medidas que facilitem a reabilitação da vítima.[30]

Consequentemente, a responsabilização dos indivíduos, das pessoas de direito privado ou público, ou até mesmo, dos Estados violadores, se tornaram objeto da tutela internacional. Em 1948, a Declaração Universal dos Direitos Humanos já demonstrava a preocupação da tutela internacional, bem como o alcance, sua amplitude e sua universalidade. Consoante a isso Piovesan ensina:

> Se caracterizou pela sua amplitude, compreendendo um conjunto de direitos e faculdades sem as quais um ser humano não pode desenvolver sua personalidade física, moral e intelectual, bem como, pela sua universalidade, sendo aplicável a todas as pessoas de todos os países, raças, religiões e sexos, seja qual for o regime político dos territórios nos quais incide. (...) Ao fazê-lo, conscientemente, a comunidade internacional reconheceu que o indivíduo é membro direto da sociedade humana, na condição de sujeito direto do Direito das Gentes. Naturalmente, é cidadão de seu país, mas também é cidadão do mundo, pelo fato mesmo da proteção internacional que lhe é assegurada.[31]

A amplitude e a universalidade, também presentes nas questões ambientais, aparece com força no Direito internacional. A afirmação de uma ética internacional, um mínimo ético comum, serve, concomitantemente, para a melhora do relacionamento entre os seres humanos e entre os seres humanos e o meio ambiente. Finalmente, tem início uma sinergia e sincronia da ética antropocêntrica, com a ética biocêntrica.

Assim, na questão ambiental, o rio, os animais, a vegetação, os mares, as montanhas, o clima, também são universais, também são amplos, sendo bens e direitos dos cidadãos do mundo, dos atuais e dos futuros, devendo ser tutelados e protegidos por todos os homens e suas leis.

A preocupação com a biosfera e com os efeitos humanos da devastação ambiental também se encontra materializada no Pacto

---

[30] STEINER apud PIOVESAN 2015, p. 39.

[31] PIOVESAN, 2015, p. 145.

Internacional dos Direitos Econômicos, Sociais e Culturais de 1966, promulgado no Brasil pelo Decreto nº 591, de 06 de julho de 1992, no qual, em várias passagens, se faz alusão ao trabalho, à saúde, ao lazer, à qualidade de vida, à autodeterminação dos povos.[32]

Portanto, os direitos humanos mais elementares como o direito à vida e à dignidade, são denominados, por alguns doutrinadores, como direitos humanos de primeira geração, que surgiram em virtude da constituição dos Estados. Depois, surgem os direitos humanos de segunda geração, reflexo da revolução industrial, como o direito ao trabalho, à organização sindical, à educação, à saúde. Finalmente, aparecem os direitos humanos de terceira geração, que têm como titulares grupos humanos, tutelando direitos como a autodeterminação dos povos, direitos à paz e ao meio ambiente. Os direitos humanos de quarta geração são aqueles relacionados à bioética, à manipulação genética e ao controle de dados informatizados. Atualmente, já se falam em direitos humanos de quinta geração, que tratam do direito à reputação, à imagem, ou seja, aos direitos advindos das relações que ocorrem em âmbito "virtual", especialmente após a propagação da internet, em fins do século XX. Sobre este tema, vale assentar a posição de Canotilho, citado por Leite, que sugere uma verdadeira...

> evolução histórica dos direitos fundamentais e do meio ambiente, expressos no artigo 225, *caput*, da Constituição da República Federativa do Brasil, configurando-se como de quarta geração, "que abrangem as suas sucessivas sedimentações históricas ao longo do tempo: os tradicionais direitos negativos, conquista da revolução liberal; os direitos de participação política, emergentes da superação democrática do Estado liberal; os direitos positivos de natureza econômica, social e cultural (usualmente designados, de forma abreviada, por direitos sociais, constituintes da concepção social do Estado); finalmente, os direitos de quarta geração, como o direito ao ambiente e à qualidade de vida".[33]

A Conferência das Nações Unidas sobre Meio Ambiente e Desenvolvimento, realizada no Rio de Janeiro, de 03 a 14 de junho de 1992 – conhecida como Rio-92 –, reafirmou os princípios da Declaração de Estocolmo[34] e avançou a partir deles. Da Rio-92 advieram cinco

---

[32] BRASIL. *Decreto nº 591, de 06 de julho de 1992*. Atos Internacionais. Pacto Internacional sobre Direitos Econômicos, Sociais e Culturais. Promulgação. Disponível em: <http://www.planalto.gov.br/ccivil_03/decreto/1990-1994/D0591.htm>. Acesso em: 16 nov. 2015.

[33] LEITE, 2012, p. 87.

[34] Op. cit.

importantes documentos internacionais, a saber, a Declaração do Rio de Janeiro de 1992; a Agenda 21; a Declaração de Princípios para a Administração Sustentável das Florestas; a Convenção da Biodiversidade; e, a Convenção sobre Mudanças do Clima.

A Declaração do Rio de Janeiro de 1992 reconheceu a natureza integral e interdependente da Terra, proclamando princípios[35] que tratam das preocupações para com o desenvolvimento sustentável e o direito à uma vida saudável e produtiva, em harmonia com a natureza.

A Agenda 21 "pode ser definida como um instrumento de planejamento para a construção de sociedades sustentáveis, em diferentes bases geográficas, que concilia métodos de proteção ambiental, justiça social e eficiência econômica".[36] A Declaração de Princípios para a Administração Sustentável das Florestas, por sua vez, teve o inédito mérito de destacar importância de todos os tipos de florestas do planeta.

A Convenção da Biodiversidade possui três alicerces fundamentais: "a conservação da biodiversidade, seu uso sustentável e a repartição justa e equitativa dos benefícios provenientes da utilização dos recursos genéticos, referindo-se à biodiversidade em três níveis: ecossistemas, espécies e recursos genéticos".[37]

A Convenção sobre a Mudança do Clima baseou-se na preocupação dos cientistas do mundo todo acerca das temperaturas anormais do planeta, que vem indicando uma tendência de aquecimento global devido a causas antrópicas. Assim, "sob o princípio da precaução, os países signatários comprometeram-se a elaborar uma estratégia global 'para proteger o sistema climático para gerações presentes e futuras'".[38]

As Conferências de Estocolmo de 1972 e a do Rio de Janeiro de 1992 são os grandes marcos iniciais da relevância do meio ambiente em escala global, sob uma ótica preventiva, de precaução e de sustentabilidade. Várias tratativas e negociações multilaterais em nome da governança ambiental mundial se estabeleceram após 1992, na forma de tratados e convenções internacionais. Entre eles podem ser citados o Protocolo de Quioto (1997), Rio+10, Rio+20 e a COP21 – Cúpula Internacional sobre o Clima, realizada na França, em 2015.

---

[35] GALLI, 2012, p. 261-262.

[36] BRASIL. Ministério do Meio Ambiente. *Agenda 21*. Brasília: Ministério do Meio Ambiente, 2015.

[37] BRASIL. Ministério do Meio Ambiente. *Convenção da diversidade biológica*. Brasília: Ministério do Meio Ambiente, 2015.

[38] BRASIL. Idem.

A internacionalização do Direito ambiental se presta à consolidação do objetivo de estabelecer uma nova e justa parceria global, mediante a criação de novos níveis de cooperação entre os Estados, os setores chaves da sociedade e os indivíduos, com vistas à conclusão de acordos internacionais que respeitem os interesses de todos e protejam a integridade do sistema global de meio ambiente.

Assim, verifica-se a absorção definitiva do homem no interior do meio ambiente e não mais como um fator externo. Ressalta-se, no entanto, que a exacerbada preocupação com a fauna e a flora não podem ultrapassar os limites da ética e da proteção aos direitos individuais dos cidadãos, convertendo-se em fatores de exclusão social, gerando pobreza, discriminação e marginalização.

O desenvolvimento sustentável deve ser a premissa, o objetivo, a missão da sociedade humana em favor da superação da pobreza, da destruição dos recursos naturais e da marginalização do indivíduo. O homem, sem sustento, sem renda, sem educação, é o maior fator de degradação ambiental, produzindo lixo sem captação, explorando toda e qualquer fonte de recurso de forma irresponsável, caçando, matando, roubando, marginalizando-se, gerando a exclusão social. Fica clara a noção de que o direito a um meio ambiente hígido se soma a outros importantes direitos que figuram essenciais em âmbito global.

4

O DIREITO FUNDAMENTAL AMBIENTAL, SUAS RELAÇÕES COM O ESTADO E COM OS PARTICULARES

4.1 O direito fundamental ao meio ambiente

Alexy, citando Karl Schmitt, define direitos fundamentais como *"aquellos derechos que pertencen al fundamento mismo del Estado y que, por lo tanto, son reconocidos como tales en la Constitución"*.[1]

A Constituição Federal da República de 1988 foi responsável pela ampliação dos parâmetros que definem o Direito ambiental brasileiro. Dentre as várias mudanças promovidas pela Constituição, uma merece destaque especial, aquela promovida pelo artigo 225 da Carta Magna, ao consagrar o meio ambiente ecologicamente equilibrado como um direito e um dever de "todos", do Poder Público e de toda a coletividade, enquanto bem essencial para as presentes e futuras gerações.[2]

Essa leitura globalizante é, evidentemente, uma releitura do que se estabeleceu quando da assinatura da Declaração proferida em Estocolmo, em junho de 1972. Tal declaração elevou o meio ambiente e o direito à qualidade de vida por ele propiciada, ao patamar de direito fundamental do ser humano.

Em virtude da recepção da declaração de Estocolmo, o direito nacional passou a considerar, por meio da Constituição, o meio ambiente como um direito fundamental. Embora não inserido "no capítulo dos direitos e deveres individuais e coletivos, não é possível afastar

---

[1] ALEXI, 1997, p. 63.
[2] BRASIL. *Constituição Federal da República de 1988.*

o seu conteúdo de direito fundamental".[3] Mesmo porque, "o direito fundamental à vida, que está em jogo quando se discute a tutela da qualidade do meio ambiente, que é instrumental no sentido de que, com essa tutela, o que se protege é um valor maior: a qualidade da vida humana".[4]

Outra consequência colocada ao Estado e à sociedade brasileira foi o dever de preservar o meio ambiente. Portanto, esse direito-dever não se apresenta apenas à sociedade, mas também ao cidadão. A partir desse entendimento, adverte-se para o fato de que a fruição dos recursos naturais, objetivamente, e do meio ambiente por extensão, não pode ser concedida à iniciativa privada sem a devida compensação. Não é possível, por meio da constatação de que se trata de um direito de todos, a apropriação indiscriminada dos recursos naturais. Não pode ser concedida ao consumo privado parcelas de um meio ambiente que a todos pertence, pois este é bem comum do povo e seu uso está ligado à realidade social.

Percebe-se, por intermédio da conceituação do direito ao meio ambiente ecologicamente equilibrado, que este se insere ao lado do direito à vida, à igualdade e à liberdade. Pela sua socialização, enquanto direito fundamental, o meio ambiente ecologicamente equilibrado passa a ser uma meta devida a todos, sendo que ao Poder Público cabe a obrigação de fornecer os instrumentos para que a sociedade possa exercer seu direito sobre o ambiente.

Pela existência deste dever, o Estado tem a obrigação de lançar mão de todos os seus recursos para garantir a higidez e a sustentabilidade do bem fundamental, que visa proteger. Em contrapartida, resta à sociedade, coletiva e individualmente, zelar pelo meio no qual está inserida, garantindo que os recursos naturais e culturais aos quais têm acesso sejam preservados e mantidos em prol das presentes e futuras gerações. Neste sentido, José Rubens Morato Leite evidencia que,

> deste teor resulta que o direito fundamental ao meio ambiente detém uma dupla natureza jurídica, apresentando-se concomitantemente com um direito subjetivo da personalidade e de caráter primordialmente público e também com elemento fundamental de ordem objetiva.[5]

O perfil objetivo dos direitos fundamentais encontra-se na ordem constitucional, ao assegurar direitos subjetivos, especialmente quando

---

[3] LEITE, 2003, p. 86.

[4] SILVA, 2004, p. 827.

[5] LEITE, 2003, p.88.

concebidos como garantias individuais. Por esse motivo, a questão ambiental está tanto na esfera de responsabilidade do Estado – em uma dimensão objetiva – quanto na esfera dos direitos fundamentais, de responsabilidade de todos – na dimensão subjetiva.[6]

Enquanto direito subjetivo de personalidade, o meio ambiente, seu desfrute e sua manutenção, estão presentes na esfera individual do sujeito, podendo ser, em função disso, por ele pleiteada a sua manutenção frente à lesão ou ameaça de lesão, pois a preservação desse meio equilibrado é elemento essencial ao seu desenvolvimento. Trata-se de um direito subjetivo com vistas à manutenção, não só da qualidade de vida individual, mas da qualidade de vida de toda a sociedade, cujo caráter coletivo, habitualmente, se confere a este direito. Fica claro que a preservação do meio ambiente é dever de todos, não apenas como forma de garantir a sustentabilidade desta ou daquela sociedade, mas, da vida em todo o planeta. Esse conceito se insere não apenas no presente, mas no futuro das gerações.

Sobre o tema, resta frisar que o reconhecimento do meio ambiente enquanto direito fundamental lhe confere, segundo Luciane Gonçalves Tessler, quatro características jurídicas básicas:

> 1º – a irrevogabilidade, que se caracteriza pela imposição dos direitos fundamentais tanto em face do Poder Público quanto em face dos demais Estados no âmbito internacional;
> 2º – todos os pactos e tratados serão imediatamente recepcionados pelo direito nacional quando tratarem de Direito Ambiental (ou outro direito fundamental, evidentemente). Tudo nos termos do art. 5º em seu parágrafo 2º, o qual dispõe que: "os direitos e garantias expressos nesta Constituição não excluem outros decorrentes do regime e dos princípios por ela adotados, ou dos tratados em que a República Federativa do Brasil seja parte";
> 3º – a extensão do sistema *hermenêutico mais benéfico*, que se reconhece como característica dos direitos humanos, para o Direito Ambiental, sendo que deverá prevalecer a norma mais favorável aos anseios e princípios do Direito Ambiental;
> 4º – a característica da *imprescritibilidade*. Os direitos fundamentais logram a proteção do Estado pelo simples fato de sua existência, não se sujeitando, portanto à prescrição, ou seja, a falta de seu exercício não implica, necessariamente, a impossibilidade futura de exercê-lo. Aliás, pelo contrário, seu exercício é necessário e, por vezes, obrigatório.[7]

---

[6] TESSLER, 2004, p.76 et seq.
[7] TESSLER, 2004, p. 81 et seq.

Há, ainda, mais uma característica própria dos direitos fundamentais que se insere no âmbito das cláusulas pétreas. Em outros termos, ao adentrar no sistema jurídico enquanto direito fundamental, o direito ao meio ambiente equilibrado passa a ser imutável, conforme as prerrogativas que são próprias a esta modalidade.[8]

4.2 Relações entre Direito, Estado e particulares

As leis naturais – como a justiça, a equidade, a modéstia, a piedade, ou, em resumo, fazer aos outros o que queremos que nos façam – por si mesmas, na ausência do temor de algum poder capaz de levá-las a serem respeitadas, são contrárias às nossas paixões naturais, as quais nos fazem tender para a parcialidade, o orgulho, a vingança e coisas semelhantes. Os pactos, sem a força, não passam de palavras sem substância para dar qualquer segurança a ninguém. Apesar das leis naturais – que cada um respeita quando tem vontade de respeitar e faz isso com segurança, se não for instituído um poder suficientemente grande para nossa segurança, cada um confiará, e poderá legitimamente confiar, apenas em sua própria força e capacidade, como proteção contra todos os outros.[9]

As palavras de Hobbes servem ao objetivo de demonstrar a origem histórica do Estado, este detentor da força e do poder de fazer valer as leis que, em princípio, são criações da própria sociedade. Entretanto, se a sociedade criou um "monstro" para defendê-la de si mesma e das "paixões" que destroem valores preciosos, como pode se evitar que a criatura se volte contra o criador?

A resposta a esta indagação surgiu após extensas lutas pela criação de princípios fundamentais que regulassem a atuação do Estado, impedindo que este se voltasse indiscriminadamente contra seus cidadãos. A instituição de princípios e normas fundamentais tornou-se a garantia fornecida à sociedade de que, enquanto perdurar o Estado de Direito, o Leviatã não se virará contra seus criadores.

Neste sentido, a Carta Magna de 1988 estabelece, em seu artigo 1º, parágrafo único: "Todo poder emana do povo, que o exerce por meio de representantes eleitos ou diretamente, nos termos desta Constituição".[10] Ao estabelecer este princípio basilar, a Constituição de 1988 garante ao

---

[8] Nos termos do artigo 60, §4º, da Constituição Federal da República de 1988. (BRASIL. *Constituição Federal de 1988*).

[9] HOBBES, 2002, p. 127 et seq.

[10] BRASIL. *Constituição Federal de 1988*.

povo brasileiro, por meio do regime democrático e segundo a forma da Constituição, o controle sobre o Estado.

Obviamente, essa garantia inicial está acompanhada de muitas outras que visam assegurar que o Estado não se voltará contra seus cidadãos. Por esse caminho, a garantia fundamental ao meio ambiente se insere, a partir do instante em que o direito ao meio ambiente hígido passou a ser fundamental, vinculando ao Estado o dever de protegê-lo.

A relação de obrigação que o Estado assume em defesa dos direitos fundamentais é clara e simples de se perceber quando, por ação ou omissão, o Estado põe em risco um direito fundamental. Nessa situação, a mera constatação, por parte do Estado, da existência de risco ao direito fundamental, obriga-o a alterar sua conduta, tornando-se devedor da obrigação de assegurar a manutenção daquele direito.

No entanto, a relação torna-se mais complexa quando o risco provém do particular. Nesse caso, há dois questionamentos: o primeiro diz respeito à imediata eficácia e à validade do direito fundamental em face do particular; o segundo se coloca em face da solução de disputas entre particulares em que ambos detêm alguma espécie de direito fundamental.

No primeiro caso, importa destacar a diferença existente entre vigência e eficácia; neste sentido, deve restar clara a noção de que os direitos fundamentais possuem vigência imediata, sendo válidos tanto no âmbito do Estado, quanto no âmbito particular.

A eficácia das normas de cunho fundamental, contudo, só é sentida imediatamente pelo Estado, pois a ele se dirigem, sendo que, sobre o particular, estas mesmas normas exercerão influência mediata. Em outros termos, não é por que o particular não sente diretamente os efeitos da validade imediata dos direitos fundamentais em relação ao Estado, que não sentirá sua irradiação. Sobretudo por meio da ação do próprio Estado, seja enquanto produtor de normas direcionadas ao particular, seja por intermédio da tutela jurisdicional do Estado, realizada pelo poder judiciário, igualmente comprometido com a concretização dos direitos fundamentais.

> Impondo-se a proibição da autotutela, ou da realização das pretensões segundo o próprio poder do particular interessado, surge o poder de o Estado dizer aquele que tem razão em face do caso conflitivo concreto, ou o poder de dizer o direito, conhecido como *iuris dictio*.[11]

---

[11] MARINONI; ARENHART, 2004, p. 29.

Sobre o tema da validade e da eficácia dos direitos fundamentais em relação aos particulares, ensina Canaris, citado por Tessler: "só deve falar-se de eficácia imediata em relação a terceiros se os direitos fundamentais se dirigirem imediatamente contra sujeitos de direito privado", uma vez que os "destinatários das normas de direitos fundamentais são, em princípio, apenas o Estado e os seus órgãos, mas não os sujeitos de direito privado".[12]

No rastro do tema acerca da validade e da eficácia reside a resposta ao segundo questionamento proposto, qual seja, aquele acerca da solução de conflitos entre dois particulares detentores de direitos fundamentais. Neste caso, exercerá o Estado sua prerrogativa de detentor do monopólio da força e do poder jurisdicional e irá integrar a lide como conciliador, mediando o conflito entre os particulares. Estes, incapazes de verem suas pretensões atendidas, visto que ambos são detentores de direitos fundamentais, e proibidos de imporem suas vontades um ao outro, deverão recorrer ao Estado e este deverá eleger o direito que prevalecerá.

Milaré assenta uma firme posição acerca do conflito entre direitos fundamentais, quando um destes se afigurar como Direito ambiental fundamental, diz o autor:

> Muitos são os interesses a conciliar, no amplo espectro dos direitos constitucionais, como a propriedade, a livre iniciativa, o empreendimento, a qualidade de vida com todos os seus fatores e componentes, a informação, e assim por diante. Aqui e ali surgem conflitos, reais ou aparentes; nem sempre as boas decisões podem ser salomônicas, como é óbvio. No caso da conciliação da qualidade ambiental e da boa gestão dos recursos naturais como imperativo do desenvolvimento econômico e social, surgirão, inevitavelmente, muitas situações de perplexidade. A saída passa pela porta da interdisciplinaridade e de uma visão abrangente do problema ou dilema que é posto. *Quando surgir uma dúvida inamovível, prevalece o interesse maior: in dubio standum est pro ambiente* [destaque nosso].[13]

Resta inequívoca a posição de Milaré: quando houver conflito entre direitos fundamentais e sua solução razoável for impossível, prevalecerá o direito ao meio ambiente. Esta posição poderia ser contestada, pois a razoabilidade das decisões deve ser colocada caso a caso. Quando o direito fundamental contraposto for por demais

---

[12] TESSLER, 2004, p. 86.
[13] MILARÉ, 2005b, p. 239.

importante e igualmente irreparável, deverá o juiz decidir segundo a maior conveniência do momento e a importância relativa de cada um dos elementos em conflito.

Desta forma, por exemplo, será que o direito à exploração mineral de determinada área, responsável por empregar centenas de pessoas, deverá ser interrompida sob a alegação de que a mineradora polui um pequeno córrego da região, que não é utilizado por nenhum habitante, mas apenas por uns poucos animais? Neste sentido, se a poluição é inevitável, e o tratamento da água é impossível, deverão os mineros perder seus empregos? A resposta deve dada após extensa análise. Porém, em princípio, se comprovado o dano causado pela atividade, a dúvida deveria reverter em prol do ambiente estrito,[14] em favor da gestão ambiental e da gestão do risco, determinando que o empreendedor tome todas as medidas técnicas necessárias para minorar drasticamente qualquer possível prejuízo ou perigo, sob pena de reparação e indenização integrais.

Esta mesma conclusão não seria possível se, ao invés de um córrego, a poluição atingisse um rio, ou se ficasse comprovado que a mineradora não cumpria as normas específicas da atividade, de modo a evitar que esta poluição se espalhasse pela região. Ou, ainda, se fosse comprovado que a poluição era mais extensa do que o previsto, neste caso caberia à mineradora a indenização, seja por meio da remoção do ilícito, seja, *in pecúnia*.

Neste sentido, não se pode deixar de mencionar aquela que já é considerada a maior tragédia ambiental registrada no Brasil, ocorrida na cidade de Mariana, em Minas Gerais, no dia 05 de novembro de 2015, causada pelo rompimento da barragem que estocava rejeitos da mineração da empresa Samarco, controlada por duas acionistas, a anglo-australiana BHP Billiton Brasil Ltda. e a brasileira Vale S.A. Foram 700 pessoas atingidas somente em Mariana, dezenas de mortos e desaparecidos, rios mortos, população sem água, perda imensurável de biodiversidade e danos incalculáveis às pessoas e ao meio ambiente (ROMPIMENTO, 2015).

Infelizmente, este caso que deixou atônito o país evidenciou a total incapacidade do Poder Público de dar respostas ágeis à sociedade, em caso de desastres ambientais de grandes proporções. Não houve contingenciamento da lama tóxica que atingiu o Rio Doce e seus afluentes,

---

[14] Como bem explica Tessler: "Na colisão de princípios, aplicável aquele que possuir maior densidade normativa diante do bem jurídico tutelado naquele caso concreto, valendo-se dos critérios de proporcionalidade" (TESSLER, 2004, p. 106).

destruindo sua biodiversidade e gerando consequências que serão conhecidas apenas no futuro, inclusive em relação à saúde das pessoas. Um laudo técnico preliminar do Instituto Brasileiro de Meio Ambiente e Recursos Naturais Renováveis (IBAMA), apontou que:

> (...) é indiscutível que o rompimento da barragem de Fundão trouxe consequências ambientais e sociais graves e onerosas, em escala regional, devido a um desastre que atingiu 663,2 km de corpo d'água nos estados de Minas Gerais e Espírito Santo, além de impactos ao estuário do rio Doce e à sua região costeira. Ao longo do trecho atingido foram constatados danos ambientais e sociais diretos, tais como a morte e desaparecimento de pessoas; isolamento de áreas habitadas; desalojamento de comunidades pela destruição de moradias e estruturas urbanas; fragmentação de habitats; destruição de áreas de preservação permanente e vegetação nativa; mortandade de animais de produção e impacto à produção rural e ao turismo, com interrupção de receita econômica; restrições à pesca; mortandade de animais domésticos; mortandade de fauna silvestre; dizimação de ictiofauna silvestres em período de defeso; dificuldade de geração de energia elétrica pelas hidrelétricas atingidas; alteração na qualidade e quantidade de água, bem como a suspensão de seus usos para as populações e a fauna, como abastecimento e dessedentação; além da sensação de perigo e desamparo da população em diversos níveis.[15]

Nas regiões atingidas em Minas Gerais e no Espírito Santo, a recuperação do meio ambiente e a reconstrução das vidas humanas e não humanas poderá demorar centenas de anos, mesmo considerando-se a resiliência da natureza.

Claramente, não se pode desejar que todas as atividades de risco sejam suspensas, todavia deve-se, a todo custo, procurar evitar o dano e garantir que as atividades econômicas desenvolvidas procurem respeitar sempre os princípios relacionados ao desenvolvimento sustentável, ou havendo dano oriundo do risco, que haja indenização, justa, educativa, penalizante e efetiva.

De qualquer maneira, após constatado o dano ou o perigo do dano, adota-se o conceito de que o Estado é o destinatário das normas fundamentais. É a ele que os particulares deverão contrapor seus direitos, exercendo-os perante o Poder Público, que encontrará maneiras razoáveis de responder ao pleito. Deve-se frisar que o cidadão não tem que esperar pela iniciativa do Estado, podendo e devendo instigá-lo, buscando a tutela jurisdicional.

---

[15] BRASIL. *Laudo Técnico Preliminar*, 2015.

4.3 Os direitos particulares que decorrem do Direito fundamental ambiental

Os direitos fundamentais ambientais concedem ao particular prerrogativas que lhe possibilitam a manutenção do meio em que vive. Entretanto, a instrumentalização que efetiva esses direitos tem que ser disponibilizada pelo Estado, seja diretamente ou por meio do aparato judicial. O sujeito, no âmbito privado, tem o direito de exigir do Estado ações positivas (prestações) e ações negativas (abstenções), que são características próprias dos direitos subjetivos.

> Uma vez reconhecido um direito como fundamental, surgem ao seu titular, de um lado, direitos a ações negativas, o que chama de direito de defesa; de outro, direitos a ações positivas, o denominado direito a prestações. Sob a perspectiva do direito fundamental, a partir do momento em que o Estado reconhece o direito ao meio ambiente ecologicamente equilibrado (art. 225 da CF), surgem aos seus titulares um direito frente ao Estado de que este não viole a higidez ambiental, assim como um direito de que o Estado proteja o ambiente.[16]

O Direito ambiental – consoante o entendimento de Alexy – reconhece ao sujeito tantos direitos de defesa, quanto os chamados direitos de prestação. Estes últimos subdividem-se em direitos de proteção, direito ao procedimento e direitos a prestações fáticas.

> Así, quien propone el establecimiento de un derecho fundamental ambiental o su adscripción interpretativa a las disposiciones ius fundamentales existentes puede, por ejemplo incluir en este más un derecho a que el Estado omita determinadas intervenciones en el medio ambiente (*derecho de defesa*), un derecho a que el Estado proteja al titular del derecho fundamental frente a intervenciones de terceros que dañan el ambiente (*derecho a protección*), un derecho a que el Estado permita participar al titular del derecho en procedimientos relevantes para o medio ambiente (*derecho al procedimiento*) y un derecho a que el proprio Estado realice medidas fáticas tendientes a mejorar el ambiente (*derechos a una prestación fática*).[17]

As ações negativas, das quais trata Alexy, são de fácil observação pelo Estado, bastando, para tanto, que se observem seus limites e não viole o equilíbrio ecológico. O que realmente interessa neste estudo diz respeito aos direitos à prestação, pois em relação a esses direitos o

---

[16] ALEXY apud TESSLER, 2004, p. 88.
[17] ALEXY, 1997, p. 429.

Estado tem papel fundamental em conjunto com o sujeito privado.[18] Segue sua análise:

1 – Direito à proteção: este direito consiste na faculdade que o cidadão possui de exigir que o Estado proteja, de forma normativa ou mediante atuação direta, determinado ambiente, a fim de salvaguardar suas características ou de garantir sua fruição presente ou futura. Nesse sentido, é possível exigir do Poder Público que impeça a agressão de terceiros contra o meio ambiente, tanto de maneira formal, quanto, principalmente, no sentido material, pois a principal ideia do Direito ambiental é a prevenção.

2 – Direito à participação pelo procedimento: este direito diz respeito à necessidade de legitimar o processo de preservação ambiental por meio da participação da população por ele afetada. Portanto, o procedimento aqui descrito não trata apenas da participação no processo (no sentido jurídico), mas sim na participação da tomada de decisão política, bem como durante o desenrolar de ações que digam respeito à preservação ou exploração do meio ambiente. Certamente, o principal trunfo do cidadão concedido por este direito é o de ser parte legítima para propor ação em face do Estado ou de particulares para se manter a higidez do meio ambiente, ainda que o mesmo não seja diretamente prejudicado, mas que comprove o dano a sua eventual fruição do meio, assim como da fruição a que têm direito as futuras gerações.

3 – Direitos a prestações fáticas: este direito decorre do direito à prestação. No entanto, como o próprio nome sugere, diz respeito à efetividade, à conversão das obrigações do Estado em prestações fáticas. Nesse sentido, a adoção de medidas concretas com o fim de garantir a preservação, tais como ampliação do serviço sanitário de uma cidade; instalação de aterros sanitários, desde que não gere outros danos ambientais; recuperação de uma determinada área devastada e ações do gênero, configuram-se como prestações fáticas. É de se notar porém que, ao contrário do que ocorre com os direitos sociais, as prestações destinadas ao meio ambiente devem ocorrer no sentido de prevenir o dano e, na ocorrência deste, de retirá-lo o mais rapidamente possível, sob pena de, posteriormente, ser impossível a restauração ao *status* anterior. O que torna a prestação referente ao meio ambiente de máxima importância e urgência, jamais devendo ser preterida.

A partir do acima exposto fica claro que "o titular do direito fundamental ambiental possui frente ao Estado o direito de que este realize a ação positiva (prestação), enquanto o Estado passa a ter o dever de prestá-la".[19]

---

[18] Sobre o assunto, muito importante é a contribuição de Luciane Gonçalves Tessler, que promove aprofundada análise sobre o tema. Ver TESSLER, op. cit., p. 83 passim.

[19] TESSLER, 2004, p. 95.

PRINCÍPIOS DE DIREITO AMBIENTAL[1]

Segundo José Afonso da Silva:

Os princípios são ordenações que se irradiam e imantam os sistemas de normas, são (como observam Gomes Canotilho e Vital Moreira) 'núcleos de condensações' nos quais confluem *valores* e *bens* constitucionais. Mas, como disseram os mesmos autores, 'os princípios, que começam por ser a base de *normas jurídicas*, podem estar positivamente incorporados, transformando-se em normas-princípio e constituindo preceitos básicos da organização constitucional.[2]

Princípios são, por conseguinte, portadores dos valores de uma sociedade. Como resultado, esses valores podem exigir a positivação em forma de garantia à sociedade, que fica, desta forma, balizada frente aos abusos contra os direitos ali encerrados. Como característica visível, os princípios demonstram uma grande capacidade de abarcar um enorme número de situações, pois caracterizam-se pela sua forma genérica. Ainda, conforme Derani:

Princípios são normas que dispõem a respeito de algo a ser realizado o mais amplamente possível dentro das relativas possibilidades do direito e dos fatos. Princípios são, portanto, mandados de otimização (*Optimierungsgebote*) com característica de poderem ser preenchidos em diferentes graus. A medida deste preenchimento depende não somente dos fatos como também das possibilidades abertas pelo direito. A área das possibilidades do direito é delimitada pelo conjunto de princípios e regras vigentes.[3]

---

[1] Não se tratará, neste tópico, de todos os princípios ambientais, mas apenas de noções gerais acerca daqueles que se julgam mais caros ao desenvolvimento do tema desta obra.

[2] SILVA, 2004, p. 92.

[3] DERANI, 1997, p. 44 et seq.

Pode-se dizer que a integração dos princípios ao sistema normativo é de crucial importância, no sentido de informar ao sistema legal quais são os anseios sociais e as liberdades que a coletividade confere, não apenas ao Estado, mas também a seus indivíduos. Entretanto, como se evidenciou, princípios são normas de aplicação geral que dependem de uma "materialização" no campo da efetividade jurídica para lograrem êxito. Os princípios influenciam o sistema normativo, orientando a criação de regras que se destinam à aplicação no caso concreto. Por sua vez, as regras servem ao intuito de conferir uma conduta específica, conforme o conteúdo que ali se encerra.[4]

O conteúdo dos princípios informa as regras que buscam viabilizar sua concretização. Contudo, os princípios não se restringem apenas a informar a edição de regras, mesmo porque seu conteúdo é mais abrangente do que aquele contido nas regras. Ainda que não haja norma específica ou adequada a um tema, os princípios devem ser contemplados pela técnica jurídica. A falta de resposta positivada – como regra – a uma situação específica implica a necessidade de o Judiciário responder à demanda de acordo com os princípios do Direito, influindo sobre aquela dada situação, de modo a tornar o princípio algo concreto.[5] Como bem salienta Tessler, "os princípios configuram o elemento integrador do sistema, afastam as antinomias e permitem a coesão e a uniformidade, inerentes a qualquer ordenamento que pretende revestir-se de efetividade".[6]

A regra, como já destacado, é a concretização dos princípios, trazendo consigo o caráter de necessidade no atendimento a estritos limites. Enquanto o princípio se define por seu teor genérico, a regra se caracteriza por sua objetividade, sua aplicação a uma realidade específica.

Pode acontecer, no entanto, que haja conflitos normativos internos ao sistema, os quais não podem perdurar. Certamente, quando houver conflito entre regras, a solução estará nos critérios básicos para a sua solução:

> Se de uma interpretação de uma regra jurídica resultar contradição com os princípios, essa interpretação será incorreta e deverá ser afastada; se uma determinada regra admitir, do ponto de vista lógico, mais de uma interpretação, deverá prevalecer como válida aquela que melhor se compatibilizar com os princípios; e ainda, se nós estivermos diante de

---

[4] DERANI, 1997, p. 45.
[5] SILVA, 2004, p. 92 et seq.
[6] TESSLER, 2004, p. 105.

ausência de uma regra específica para regular uma situação determinada (é o caso da lacuna), a regra que faltar deverá ser completada, deverá ser construída de modo a realizar concretamente a solução indicada pelos princípios.[7]

Porém, permanece a incerteza: e quando a colisão for entre princípios? Como já anteriormente levantado, quando houver choque entre princípios, será extremamente necessário avaliar a situação concreta que poderá exigir soluções nem sempre plenamente satisfatórias, pois a manutenção dos princípios fundamentais é sempre necessária e desejável. Entretanto, sendo impossível a manutenção de um princípio face a outro, em determinado caso concreto, há que se avaliar a "relação de precedência".[8] Quando este choque envolver um Direito ambiental fundamental, há que se procurar, ao máximo, mantê-lo, pois que se trata de um direito difuso ou coletivo, cuja força está contida na Constituição Federal da República de 1988.

5.1 Princípio da precaução[9]

O princípio da precaução é um dos mais importantes avanços na área do Direito ambiental, porque consiste na obrigatoriedade de

---

[7] MIRRA, 1996, p. 50.

[8] Alexy afirma que "alguns princípios possuem relação de precedência – condicionada ou não condicionada – em relação a outros. Nestes casos, a colisão se soluciona de maneira bastante simples: basta que estejam presentes as condições de precedência para indicar o princípio a ser aplicado. Todavia, ressalta Alexy, nunca haverá uma relação de precedência absoluta, até por que esta 'lei de colisões' se refere sempre a situações indeterminadas" (TESSLER, 2004, p. 106).

[9] Não se tratará, nesta obra, do princípio da prevenção por se entender que o mesmo se encontra superado pelo princípio da precaução, que o engloba. Embora, segundo Milaré, a palavra prevenção seja etimologicamente mais abrangente do que precaução, preferir-se-á adotar o entendimento que defende maior abrangência conferida pelo direito ao princípio da precaução. Segundo Milaré, "Com efeito, há cambiantes semânticos entre essas expressões, ao menos no que se refere à etimologia. Prevenção é substantivo do verbo prevenir, e significa ato ou efeito de antecipar-se, chegar antes; induz a uma conotação de generalidade, simples antecipação no tempo, é verdade, mas com intuito conhecido. Precaução é substantivo do verbo precaver-se (do Latim *prae* = antes e *cavere* = tomar cuidado), e sugere cuidados antecipados, cautela para que uma atitude ou ação não venha a concretizar-se ou a resultar em efeitos indesejáveis. A diferença etimológica e semântica (estabelecida pelo uso) sugere que prevenção é mais ampla do que precaução...". Enquanto a palavra precaução é etimologicamente sinônima de prevenção, doutrinariamente o princípio da precaução exige a interrupção da atividade potencialmente lesiva, ainda que sem evidências irrefutáveis. No entanto, não parece que a precaução só possa ocorrer na ausência dessas evidências, ou seja, mesmo que haja fundamento científico para a interrupção da atividade estar-se-á praticando a precaução.

se precaver e afastar o risco, ainda que este não esteja tecnicamente comprovado. A justificativa para tal posição encontra fundamento em duas premissas básicas:

1ª) O perigo de dano ao meio ambiente é, em face de sua irreversibilidade, suficiente para obrigar a suspensão da ação potencialmente lesiva. Ou seja, a mera constatação do perigo de dano, ainda que não haja comprovação irretratável, é o substrato para a negativa da continuação da ação ou omissão potencialmente lesiva. 2ª) O risco da atividade exploratória pressupõe o risco da obrigatoriedade da suspensão de sua continuidade. Vale dizer, a partir do instante em que o risco atrelado à atividade exercida for por demais extremado a ponto de justificar sua suspensão em prol dos interesses da coletividade, o agente explorador deverá conformar-se em suspendê-la.

No entender de Rehbinder, citado por Leite, "o princípio da precaução assegura que a poluição é combatida na sua incipiência e que os recursos naturais são utilizados numa base de produção sustentada" devendo ir muito além de uma política ambiental que se dispõe a "prevenir, reduzir ou eliminar a poluição já existente ou iminente".[10]

O que se deve destacar é que a precaução se insurge contra o risco, tentando preveni-lo ou evitá-lo, conforme a realidade material se apresente. "Este princípio é de tal importância que é considerado como o ponto direcionador central para a formação do Direito ambiental".[11]

Trata-se também de um princípio da Administração Pública. Vale lembrar o importante papel do Poder Público mediante o exercício do poder de polícia, na concessão do licenciamento ambiental. Nesse sentido, afirma-se que a postergação de medidas de precaução afronta a moralidade, a legalidade e a eficiência administrativa.[12]

Portanto, a obrigatoriedade na observação da precaução não cabe apenas à coletividade, mas, sobretudo, ao Poder Público que, em defesa do direito ao meio ambiente hígido deverá garantir a fiscalização e impedir as atividades potencialmente lesivas. Não se quer dizer, com isso, que a sociedade deseja evitar o empreendedorismo audaz, mas prevenir o dano irreparável e garantir a continuidade da vida saudável.

---

[10] REHBINDER apud LEITE 2012, p. 53.
[11] DERANI, 1997, p. 167.
[12] TESSLER, 2004, p. 114.

5.2 Princípio da informação

O princípio da informação está na base da defesa do meio ambiente, pois o conhecimento dos fatos pela coletividade propicia a defesa desse bem. A informação é condição indispensável para o acesso à Justiça. Sem acesso à informação correta e bem transmitida,[13] a coletividade e os indivíduos acabam por desconhecer o direito que lhes cabe frente à tutela ambiental. Como consequência dessa desinformação, o meio ambiente acaba por ser alvo de danos evitáveis, caso a comunidade afetada fosse capaz de exercer a contento seu direito face à lesão sofrida.

O inciso V, do artigo 4º, da Lei nº 6.938/1981, enuncia que: a Política Nacional do Meio Ambiente visa "à difusão de tecnologias de manejo do meio ambiente, à divulgação de dados e informações ambientais e à formação de uma consciência pública sobre a necessidade de preservação da qualidade ambiental e do equilíbrio ecológico" (BRASIL, 1981).

Além desta norma, muitas outras podem ser citadas, como o princípio 10, da Declaração do Rio de Janeiro de 1992[14] ou a Diretiva 90-313, da União Europeia. Contudo, o que interessa dizer é que a informação é instrumento útil, tanto no âmbito da conscientização social, quanto no da efetividade da Justiça, que frequentemente deixa de ser acionada em função da falta de informação.

Neste sentido, é relevante levantar a necessidade da manutenção da qualidade da informação, que "além de verídica, tem que ser veiculada a tempo pelos meios acessíveis e satisfatoriamente amplos".[15] Esta função do Estado não precisa, necessariamente, ser exercida por intermédio de meios normais de comunicação. Há que se dizer que a atuação do Estado e do indivíduo junto ao processo leva à divulgação dos direitos que na legislação se encerram.[16]

---

[13] Neste aspecto, indispensáveis são as palavras de Paulo Affonso Leme Machado, ao ensinar que "a manipulação da informação pode ter origem nos governos ou nas empresas privadas, usando-se de artifícios ou de manobras. Não se recusa a informação, mas a mesma não é transmitida na sua integralidade e nem é aprofundada. Não se deixa tempo nem aptidão para a reflexão da informação recebida. De outro lado, não só se nivelam as notícias, como só se transmitem informações selecionadas, que chegam como avalanchas, submergindo os informados" (MACHADO, 2006, p. 30).

[14] GALLI, 2012, p. 261-262.

[15] TESSLER, 2004, p. 121.

[16] "Outra missão importante que o exercício continuado e eficiente da jurisdição deve levar o Estado a cumprir perante a sociedade é a de conscientizar os membros desta para direitos e obrigações" (DINAMARCO, 2003, p. 197).

5.3 Princípio da participação

Mais uma vez se destaca a necessidade, imposta pelo art. 225, da Constituição Federal da República de 1988,[17] de que o Estado e a coletividade ajam para preservar o meio ambiente e garantam sua manutenção com desenvolvimento sustentável.

Para a consecução deste fim constitucional é necessário que o Estado forneça ao cidadão formas de efetivar sua participação. Uma dessas formas é a divulgação de informações corretas e aproveitáveis, como já destacado. Todavia, não basta apenas a interiorização do conhecimento por parte do indivíduo ou da coletividade para garantir sua participação efetiva na proteção ambiental. É imperioso que o sujeito tenha acesso às instâncias decisórias para garantir que a administração pública faça tudo ao seu alcance para prevenir e coibir o dano. A figura da participação nas decisões administrativas é a melhor forma de exercício da cidadania e de garantia da manutenção e realização dos interesses do cidadão.

É facilmente perceptível que a participação do sujeito não se limita à esfera executiva, mas se estende por todas as esferas de poder, sejam elas institucionalizadas ou não, como a vasta gama de organizações que surgem com o intuito de proteger o meio ambiente. Sob o aspecto da participação do sujeito e das instituições, Paulo Affonso Leme Machado ensina que:

> as informações governamentais podem chegar fora de tempo ou ser insuficientes. Parece-me que as pessoas e as associações podem organizar-se para a coleta de informações, principalmente diante de emissões perigosas ou de possíveis radiações provindas de usinas nucleares. Não se trata de invadir a atribuição dos governos, mas é o caso do exercício de uma competência subsidiária para a sobrevivência.[18]

Afora esses recursos, não se pode olvidar as figuras do plebiscito, do referendo e da iniciativa popular,[19] que também são instrumentos da participação direta das pessoas. Ainda, não é incomum notar que o voto em legendas partidárias que tenham por escopo a proteção ao meio ambiente também se configura como uma influência no exercício

---

[17] BRASIL. *Constituição Federal de 1988.*

[18] MACHADO, 2006, p. 105.

[19] BRASIL. *Lei nº 9.709, de 18 de novembro de 1998.* Regulamenta a execução do disposto nos incisos I, II e III do art. 14 da Constituição Federal. Disponível em: <http://www.planalto.gov.br/ccivil_03/leis/l9709.htm>. Acesso em: 20 nov. 2015.

legislativo com este fim, resultando em uma forma de participação indireta do cidadão no processo legislativo.

Medidas judiciais também são outra forma de participação popular. Neste campo é vasta e profícua a gama de opções do cidadão para pleitear junto ao Estado a preservação do ambiente. Esta participação pode ser feita de várias maneiras, seja de forma individual em virtude de lesão ao microcosmo do sujeito; seja de forma coletiva, por meio da Ação Civil Pública; ou até mesmo por meio da Ação Popular, caso em que se defende interesse individual homogêneo ou interesse coletivo, conforme analisar-se-á em capítulo próprio.

DANO AMBIENTAL E SUAS CARACTERÍSTICAS

6.1 O dano no Direito civil

O dano, segundo o Direito civil, consiste "no prejuízo sofrido pelo agente. Pode ser individual ou coletivo, moral ou material, ou melhor, econômico e não econômico".[1] Esta classificação tem sofrido enormes críticas por parte, sobretudo, dos teóricos dos direitos de 3ª e 4ª gerações, porque, como no caso do dano ambiental, é necessário agir mesmo sem a existência do dano, pela mera transgressão da norma ou pela exposição do meio ambiente a risco desnecessário.[2]

Por esta controvérsia, tem sido recorrente a ideia de dano injusto ou lesão a um interesse, que tem como escopo a tese de que a ninguém é dado prejudicar outrem. Mesmo que este prejuízo não se verifique materialmente, sua mera ocorrência acarretará o dever de indenizar. O dano hipotético, como não poderia deixar de ser, não gera a mesma obrigação. "Sem dano ou sem interesse violado, patrimonial ou moral, não se corporifica a indenização. A materialização do dano ocorre com a definição do efetivo prejuízo suportado pela vítima".[3]

Há que se perceber, quanto à responsabilidade pelo dano ambiental, que mesmo sem a existência do dano, é necessária a imposição

---

[1] VENOSA, 2005, p. 40.

[2] "Imprescindível que se disponha de técnicas para assegurar a integridade do meio ambiente, já que a sentença condenatória, ao determinar o pagamento de indenização pelo dano, é inidônea para se atingir tal escopo". (TESSLER, 2004, p. 121 et seq.). Em outras palavras, Tessler coloca que a simples ameaça de indenização é imprópria para prevenir o dano, sendo útil apenas quando o bem maculado for passível de redução à pecúnia. Sobre este assunto continuar-se-á a tratar quando se falar da diferenciação necessária entre ilícito e dano.

[3] VENOSA, op. cit., p. 41.

da tutela preventiva, quando determinada ação ou omissão expuser a risco o meio que se pretende preservar. Esta alegação, ao contrário do que possa parecer, não contraria o que expõe Venosa, pois a exposição do meio ambiente a risco intolerável gera a violação de um interesse coletivo, qual seja, o de resguardar o meio às presentes e futuras gerações.

Depreende-se, das alegações acima expostas, que a indenização só ocorrerá mediante a comprovação efetiva do dano ou da ameaça intolerável de concretização do dano. Surge nesse ínterim, porém, o problema da chamada perda da chance, que se configura como a perda de uma possibilidade. O sujeito lesado não está apto a comprovar que, sem a ocorrência do dano, teria lucro ou algum tipo de benefício com a oportunidade que lhe foi arrancada com a configuração do dano. Entretanto, o indivíduo lesado consegue comprovar que havia chances de alcançar o benefício para o qual ficou impossibilitado.

> Veja, como exemplo elucidativo da perda de chance, o fato ocorrido nas olimpíadas de 2004, quando atleta brasileiro que liderava a prova da maratona foi obstado por um tresloucado espectador, que o empurrou, o retirou do curso e suprimiu-lhe a concentração. Discutiu-se se nosso compatriota deveria receber a medalha de ouro, pois conseguiu a de bronze, tendo chegado em terceiro lugar na importante competição. Embora tivesse ele elevada probabilidade de ser o primeiro, nada poderia assegurar que, sem o incidente, seria ele o vencedor. Caso típico de perda de chance, chance de obter o primeiro lugar, mas sem garantia de obtê-lo.[4]

Para Caio Mario da Silva Pereira, "é claro, então, que, se a ação se fundar em mero dano hipotético, não cabe reparação. Mas esta será devida se se considerar, dentro da ideia de perda de uma oportunidade (*perd d'une chance*) e puder situar-se na certeza do dano".[5]

Quando se fala da perda de chance, está se referindo à frustração de uma possibilidade que, conforme a situação, apresenta-se com maior ou menor probabilidade. É a exata medida desta probabilidade que indicará o montante a ser indenizado.

Uma colônia de pescadores impossibilitada de prosseguir com sua atividade profissional em decorrência de um derramamento de petróleo, estará sofrendo de uma perda de chances que será maior ou menor, de acordo com a incidência de peixes na região, com a época em

---

[4] VENOSA, 2005, p. 41 et seq.
[5] PEREIRA apud VENOSA, op. cit., p. 42.

que se deu o acidente, bem como com o volume que, por qualidades técnicas, cada pescador atingido é capaz de pescar. Nessa situação, fica clara a noção da perda de chances. No caso citado, os pescadores poderiam ficar anos esperando que o meio ambiente atingido viesse a se recuperar, o que, talvez, jamais aconteça. Nesse caso, a empresa responsável pelo derramamento de petróleo ficaria obrigada a indenizar, não apenas pelo período em que os pescadores ficaram impedidos de executar sua atividade profissional, mas também pela queda na produtividade que se seguiria ao acidente em questão – mesmo após a permissão para o retorno dos pescadores ao mar.

Na esteira desse raciocínio, há que se levantar o exposto pelo artigo 402, do Código Civil brasileiro, que estabelece: "Salvo as exceções previstas em lei as perdas e danos devidas ao credor abrangem, além do que ele efetivamente perdeu, o que razoavelmente deixou de lucrar".[6]

Este dispositivo é responsável por determinar a extensão que os danos emergentes e os lucros cessantes haverão de alcançar. Essa razoabilidade, à qual se refere o citado artigo, fica a critério da jurisprudência e dos parâmetros socialmente aceitos à época do julgamento da lide. Acerca dos danos e dos lucros cessantes, Venosa estabelece a seguinte classificação:

> 1 – *Dano patrimonial*, seria aquele pecuniariamente avaliável, podendo ser reparado pela indenização em dinheiro.
>
> 2 – *Dano emergente*, é aquele que é prontamente percebido, pois traduz-se em uma diminuição do patrimônio; trata-se de uma perda por parte da vítima. Costuma ser o dano mais facilmente avaliável.
>
> 3 – *Lucro cessante*, é aquele que diz respeito ao que a vítima razoavelmente deixou de lucrar. Trata-se do dano, como já se enfatizou, mais dificilmente verificável, porque sua aferição é inexata e, frequentemente, apenas aproximável. Ou seja, seu cálculo depende muito mais do bom senso do julgador do que de dados técnicos propriamente.[7]

Não se deve deixar de mencionar o dano moral, mais bem definido como extrapatrimonial, que é o foco principal desta pesquisa e posteriormente será analisado com mais minúcia.

Enfim, o estudo do dano e de suas formas de reparação é matéria em constante renovação, exigindo que o jurista se atualize, sob pena de ser incapacitado para acompanhar as transformações que a sociedade

---

[6]   BRASIL. *Lei nº 10.406, de 10 de janeiro de 2002*. Institui o Código Civil. Disponível em: <http://www.planalto.gov.br/ccivil_03/leis/2002/L10406.htm>. Acesso em: 20 nov. 2015.

[7]   VENOSA, 2005, p. 43.

lhe impõe. No campo que se deseja explorar, esta constatação não é diferente. O dano individual e coletivo, a poluição ambiental, os danos ecológicos, enfim, toda a sorte de danos relacionados ao meio ambiente tem sido alvo de constantes elucubrações no campo jurídico – sua tutela exige cada vez mais o aprimoramento da ciência do Direito. Seja pela imprevisibilidade constante de seu risco, seja pela necessidade urgente de sua proteção, o meio ambiente depende da efetividade do Direito, neste caso, mais que em outros, voltados ao futuro da humanidade.

6.2 Responsabilidade civil

O instituto da responsabilidade civil era até o século passado estudado e analisado essencialmente no âmbito do Direito privado, mais especificamente tratado pelo Direito civil. Em seus primórdios, a responsabilidade civil tutelada pelo Direito surgiu como uma maneira de proteger a esfera de autonomia privada dos demais indivíduos da sociedade.

A proteção dessa autonomia se dava nas relações entre os indivíduos da mesma sociedade,[8] o Estado não era indivíduo dotado de personalidade jurídica, de modo que não havia como responsabilizá-lo por eventuais danos causados a terceiros.

Deve-se salientar, que em sua diversidade de formas, seja na responsabilidade por culpa do agente, seja na responsabilidade por omissão ou na responsabilidade objetiva, a responsabilidade civil aplicada ao Estado, agora dotado de personalidade jurídica, registra os mesmos traços da responsabilidade civil aplicada às relações entre os particulares. Desta forma, tem-se que o Estado é responsabilizado quando ocorre o dano causado em virtude de alguma atividade de responsabilidade da máquina estatal, ou seja, com a intervenção danosa e indevida na relação dos particulares.

Cumpre, de outro vértice, destacar que a responsabilidade civil por dano ao meio ambiente surge em uma seara totalmente diversa daquela do tradicional instituto da responsabilidade civil. Porém, a responsabilidade civil por dano ao meio ambiente não objetiva apenas a proteção da autonomia das relações entre os particulares. Esta responsabilidade está calcada no artigo 225, da Carta Magna brasileira: "impõe-se ao Poder Público e à coletividade o dever de defender e

---

[8] BARACHO JUNIOR, 2000; CAVALCANTI, 1956.

preserver o meio ambiente ecologicamente equilibrado para as presentes e futuras gerações".[9] Embora proteja uma pessoa individualizada, abrange os bens da natureza no que tange a sua proteção, melhoria, recuperação e restauração.

Portanto, as relações entre particulares e a soberania do Poder Público, bem como do interesse coletivo sobre o interesse individual, tornam-se o ponto de partida para a responsabilidade civil, por dano ao meio ambiente. Para que isto se torne ainda mais claro, é fundamentalmente necessário que se trace uma evolução da responsabilidade civil e que se compare sua aplicação diante dos direitos fundamentais consagrados pela Constituição Federal da República de 1988.

6.2.1 *A evolução da responsabilidade civil* – na antiguidade tinha-se a vingança como a forma de reparação de um dano causado a outrem, sem qualquer averiguação da existência de culpa de quem a causou, muito menos havia critérios – aceitos pela razão filosófica – e limites para esta reparabilidade executada frequentemente de uma forma física. À época de Justiniano, com a revogação da Lei das XII Tábuas, pela *Lex Aquilia*, foi consagrado o avanço da civilização, na medida em que pela primeira vez se evidenciou a evolução da responsabilidade civil, com "a preocupação com a moral do agente causador do dano, pela perquirição da culpa".[10]

Da idade moderna até a contemporaneidade, passou-se a obter aplicação do instituto da responsabilidade civil independente da culpa do agente, conforme explica Francisco José Marques: "A razão da perda da importância atribuída à culpa, tida, tempos atrás, como evolução, foi a verificação da insuficiência da teoria subjetiva para propiciar a reparação de certas espécies de danos em relação aos quais a comprovação da culpa do agente se revela especialmente difícil".[11]

Com a industrialização, urbanização, aumento da jornada de trabalho e utilização de maquinários pesados sobrevieram os acidentes de trabalho e de trânsito, que consequentemente provaram a falta de capacidade de suprir novas condutas não previstas pelo ordenamento jurídico, dentro do instituto da reparação civil, devido à dificuldade da aferição da culpa.

---

[9] BRASIL. Constituição Federal de 1988.

[10] SAMPAIO, 2003, p. 67.

[11] Idem, p. 68.

Com o avanço tecnológico e científico, o século XX estabeleceu novas situações, novas condutas e, com estas, novas preocupações criadas por atividades econômicas com maiores riscos em todas as esferas, que tornaram a garantia jurídica igualmente ineficaz quanto às necessidades criadas por essa evolução.

Nesse contexto de evolução tecnológica, com teorias de responsabilidade subjetivas ineptas, despontaram as teorias do risco, sem abandonar as teorias até então aplicadas. Com o aparecimento de novas teorias de responsabilidade, o conceito de culpa passa a se difundir, "em várias hipóteses, presunções legais, relativas e absolutas, de culpa do agente causador do dano".[12]

Com a utilização da teoria subjetiva, o escopo principal da reparabilidade recai sobre o conceito de culpa, que, não obstante, não encontrou consenso na doutrina. A culpa pode ser visualizada sob dois prismas: o primeiro, objetivo, que consiste na violação de um dever jurídico prescrito e positivado. O segundo, por sua vez, subjetivo, trata-se da possibilidade de reprovar-se a conduta de quem a tenha cometido, ou seja, caracteriza-se por aspectos subjetivos relacionados ao agente.

No Brasil, o legislador não estabeleceu conceito explícito e definitivo de culpa. Doutrinariamente, vários autores tentaram suprir a falta de tal conceito pleno, a partir do regime de responsabilidade civil, adotado pelo Código Civil. Aguiar Dias conceitua a culpa como a:

> falta de diligência na observância da norma de conduta, isto é, o desprezo, por parte do agente, do esforço necessário para observá-la, com resultado, não objetivado, mas previsível, desde que o agente se detivesse na consideração das consequências eventuais de sua atitude.[13]

Neste sentido, deve-se alertar para o conteúdo do artigo 159, do antigo Código Civil Brasileiro de 1916, que não definia exatamente o que seria a culpa, mas dava indícios para sua materialização, com base na ação ou omissão voluntária, negligência, ou imprudência, com consequente violação de direito e causa de prejuízo a outrem.

Por outro lado, conforme já salientado, a revolução industrial produziu novas necessidades a se incorporar no Direito, em virtude do risco das atividades, fazendo com que a obrigação de reparação se propagasse, mesmo com a insuficiência da doutrina. Acentua-se a obrigatoriedade de provar a culpa em casos de acidentes e danos resultantes

---

[12] Ibidem, p. 68.
[13] DIAS, 1983, p. 183 et seq.

do emprego de máquinas e dos processos produtivos. Esses eventos permitiram o desenvolvimento de correntes de pensamento jurídico que procuravam auxiliar as vítimas a encontrar a reparação, especialmente em decorrência dos danos causados por acidentes de trabalho. Neste aspecto, Luís Alfredo Junior afirma com muita propriedade que à época:

> Tornava-se imprescindível, para a solução do problema da responsabilidade extracontratual, afastar-se do elemento mora, da análise psicológica do agente, ou da possibilidade de prudência ou diligência, para colocar a questão sob o ponto de vista exclusivo da reparação, e não sob o ângulo anterior, subjetivo, relacionado com as motivações do agente.[14]

José de Aguiar Dias salienta a impropriedade de se fundamentar a responsabilidade civil na culpa, afirmando a necessidade de que este instituto seja observado pela reparação do dano, propondo a seguinte questão: "quem deve repor os danos causados? E, não quem é o suposto responsável por meio da análise da culpa".[15]

É forçoso considerar que a responsabilidade civil tem que ser relacionada com a reparação das perdas, ou seja, com a reparação dos danos causados, na medida em que devem surgir do fato ou ato causador da lesão ao bem jurídico a ser reparado. É apenas dessa forma que o instituto da responsabilidade civil se encontra imune aos interesses alheios, que acabam influenciando quando da utilização e aplicação da teoria da responsabilidade subjetiva.

Os primeiros doutrinadores a adotar a teoria do risco foram os alemães, apesar dessa doutrina ser divulgada pelos franceses, que sustentavam que o causador de um dano deve ser responsabilizado independentemente da existência de culpa de sua parte. Segundo Dias, "fizeram-no para estabelecer a responsabilidade de pessoas privadas de discernimento e, pois, incapazes de culpa".[16]

Independente das aplicações diferenciadas da teoria do risco, o importante desta doutrina foi o afastamento do instituto da responsabilidade civil, da exigência do elemento da culpa do agente. A partir desta teoria, o fato causador do dano tornou-se o foco do estabelecimento da reparabilidade do bem ou dos bens jurídicos afetados.

Todavia, como destaca José Alfredo Junior, "a responsabilidade civil, mesmo que eliminando o elemento subjetivo culpa e voltando

---

[14] BARACHO JUNIOR, 2000, p. 297.
[15] DIAS, 1983, p. 183 et seq.
[16] Idem, op. cit.

suas atenções para o fato lesivo, não pode pretender absorver todas as formas de interação social".[17] Foi exatamente para desviar da confusão feita entre as relações sociais e o Direito, que a teoria do risco redefiniu os diferentes contextos em que ela poderia ser aplicada, como o risco profissional, o criado e o proveito.

A mais contundente dentre as teorias do risco, denominada risco integral, adverte: "o dever de indenizar se faz presente tão-somente em face do dano, mesmo nos casos de culpa exclusiva da vítima, fato de terceiro, caso fortuito ou força maior".[18]

Ao substituir a teoria da culpa, a teoria do risco se adequa à realidade social, como vem demonstrando a evolução da aplicação da responsabilidade civil.

6.2.2 *A evolução da Teoria Subjetiva à Objetiva* – nos séculos XIX e XX, o movimento codificador em vários países consolidou uma era de individualismo jurídico. Em meio a tantas transformações, a jurisprudência começou a inverter o ônus da prova, que passava a ser em favor da vítima, e que, por sua vez, deu surgimento à presunção de culpa.

Essa construção jurisprudencial em torno da presunção da culpa, em seu início, era aplicada principalmente aos atos dos prepostos, com culpa presumida a seus patrões, da qual resultou a Súmula 341, do nosso Supremo Tribunal Federal.[19] Nesta esteira, vieram novas normas positivadas a responder às exigências e necessidades de uma nova realidade social, dando origem a diversas previsões de responsabilidade objetiva no ordenamento jurídico. A responsabilidade objetiva passou a ser tema de diversas teorias, de maneira que estas estudavam e concediam mais ou menos extensão à aplicabilidade da responsabilidade objetiva.

Na responsabilidade objetiva fundada na teoria do risco, o ponto controverso é a responsabilidade civil por fato de terceiros, que seria, na opinião de Wilson Melo,[20] aplicada para qualificar a relação do vínculo jurídico entre o causador do dano e aquele que será responsabilizado.[21]

Para analisar o tema, o mesmo autor parte das distinções feitas pelos adeptos da teoria clássica subjetiva entre a lesão por ato próprio

---

[17] BARACHO JUNIOR, 2000, p. 298.

[18] CAVALIERI FILHO, 2008, p. 138-139.

[19] "É presumida a culpa do patrão ou comitente pelo ato culposo do empregado ou preposto" (BRASIL. Supremo Tribunal Federal. Súmulas. Súmulas nº 301 a 400).

[20] MELO apud SILVA, 1974, p. 04.

[21] Neste sentido não se deve esquecer da possibilidade legal, doutrinária e jurisprudencial, tanto da solidariedade quanto do direito de regresso.

e a lesão causada por terceiros. O autor ainda adverte que quando se acolhe a responsabilidade por fato de terceiros, ao mesmo lado da responsabilidade por fato próprio, assumindo a ideia de culpa presumida, ainda assim se estaria afirmando uma aplicação de responsabilidade sem culpa. Desta forma, a responsabilidade por fato de terceiro estaria abrigada pela teoria do risco, de maneira condicionada ao vínculo jurídico do causador direto do dano e aquele que por ele responde.[22]

É também a extensão do risco o parâmetro central adotado na discussão da reparação integral. Entende Wilson Mello que verificado o dano, a reparação deveria ser a mais ampla possível.[23] Entretanto, o autor afirma que as consequências desta aplicação seriam desastrosas, pois a fiel aplicação da lei deveria ser conduzida ainda que levasse à total ruína do poluidor. Assim, a reparação total passou a sofrer limitações diante da situação econômica dos litigantes. Esta, segundo Wilson Mello, encontraria respaldo no princípio da equidade, para que fosse analisada a situação econômica da vítima e do obrigado, devendo o juiz determinar o montante indenizatório a partir dessas informações sobre as partes.

Outra questão que suscitou diversos debates doutrinários foi justamente a extensão do risco. Wilson de Melo salienta que quando a causa é única não há tantos problemas. Para as causas múltiplas, é estabelecida a solidariedade entre os agentes. No entanto, quando se está diante de causas múltiplas sucessivas a questão se torna muito mais complexa.

Para este ponto surgiram novas teorias, dentre elas, a teoria dos danos diretos e imediatos. Esta teoria, apontada por Wilson de Melo, representa o desejável meio termo, o fator de estabilidade mais razoável para o equacionamento da questão. Tal teoria implica na existência, entre a inexecução da obrigação e o dano, de uma relação de causa e efeito, direta e imediata.[24] Nela estaria presente a ideia de interrupção do nexo de causalidade, de maneira a impor um determinado resultado como consequência normal dos atos praticados. Se tal não se verifica, é pelo surgimento de uma circunstância diversa.

A doutrina brasileira consolidou o entendimento de que a responsabilidade civil por dano ao meio ambiente fundamenta-se na teoria

---

[22] BARACHO JUNIOR, 2000, p. 303.

[23] Wilson MELO apud SILVA, 1974, p. 157.

[24] BARACHO JUNIOR, 2000, p. 305.

do risco integral, calcada na responsabilidade solidária e de caráter objetivo, conforme se verá a seguir.

6.2.3 Responsabilidade civil por dano ambiental: responsabilidade objetiva – as palavras do Ministro Antônio Herman de Vasconcellos Benjamin resumem o contexto da formulação tradicional da responsabilidade civil, que não agregava muito à proteção do meio ambiente, pois a mesma mantinha-se

> projetada para funcionar num cenário com uma ou poucas vítimas, regulando o relacionamento do indivíduo, salvaguardando as relações homem-homem, de caráter essencialmente patrimonial, e não as relações homem-natureza, não teria mesmo essa responsabilidade civil grande utilidade na tutela do meio ambiente.[25]

Há quem sempre tenha defendido, como Sérgio Ferraz – muito antes do advento da Política Nacional de Meio Ambiente e da Constituição Federal da República de 1988 –, que o posicionamento do Judiciário deve obedecer à teoria do risco integral.[26] Nesse sentido, Paulo de Bessa Antunes também aduz que:

> a responsabilização dos poluidores foi inicialmente estabelecida no âmbito da organização para a Cooperação e Desenvolvimento Econômico (OCDE) através da Recomendação C (72), 128, de 28 de maio de 1972, que instituiu o princípio "poluidor pagador". (...) Pelo princípio em tela, busca-se impedir que a sociedade arque com os custos da recuperação de um ato lesivo ao meio ambiente causado por poluidor perfeitamente identificado.[27]

No ordenamento jurídico brasileiro é importante realçar que a responsabilidade civil objetiva já havia sido abordada pela Lei nº 6.453, de 17 de outubro de 1977,[28] em decorrência da máxima seriedade de um desastre nuclear.

Indo além dos específicos danos nucleares – sem excluí-los, por evidente –, a responsabilidade objetiva do causador do dano ambiental

---

[25] BENJAMIN, 1998, p. 8.

[26] FERRAZ, 1977, p. 38.

[27] ANTUNES, 2000, p. 31.

[28] BRASIL. *Lei nº 6.453, de 17 de outubro de 1977.* Dispõe sobre a responsabilidade civil por danos nucleares e a responsabilidade criminal por atos relacionados com atividades nucleares e dá outras providências. Disponível em: <http://www.planalto.gov.br/ccivil_03/leis/L6453. htm>. Acesso em 21 nov. 2015.

foi instituída por lei especial – a Lei n° 6.938/1981, que propôs a Política Nacional de Meio Ambiente. Em seu artigo 14, parágrafo 1º, ela impõe que, *"sem obstar a aplicação das penalidades previstas neste artigo, é o poluidor obrigado, independentemente da existência de culpa, a indenizar ou reparar os danos causados ao meio ambiente* e *a terceiros, afetados por sua atividade"*.[29]

Na seara constitucional, o fundamento para a tripla esfera da responsabilidade ambiental se encontra no artigo 225, da Constituição Federal da República de 1988. Em seu parágrafo 3º, determina que *"as condutas e atividades consideradas lesivas ao meio ambiente sujeitarão os infratores, pessoas físicas ou jurídicas, a sanções penais e administrativas, independentemente da obrigação de reparar os danos causados"*.[30]

Portanto, verifica-se que a pessoa física ou jurídica que provocar um dano ambiental poderá ser penalizada, tanto na esfera criminal, quanto na administrativa e cível, de forma independente, pois se tratam de distintas esferas de responsabilidades.

Extrai-se do comando constitucional a responsabilidade objetiva, expressa pela disposição "independentemente da existência de culpa". Nesse sentido, os ilustres juristas Nelson Nery Junior e Rosa Maria Andrade Nery[31] lecionam que "os pressupostos da responsabilidade civil por dano ecológico são, apenas, o evento danoso e nexo de causalidade (relativo e sistêmico)".[32] O causador de dano ambiental tem o dever de indenizar, mesmo não tendo culpa no evento causado.

> Ainda que haja autorização da autoridade competente, ainda que a emissão esteja dentro dos padrões estabelecidos pelas normas de segurança, ainda que a indústria tenha tomado todos os cuidados para evitar o dano, se ele ocorreu em virtude da atividade do poluidor, há o nexo de causalidade que faz nascer o dever de indenizar.[33]

---

[29] BRASIL. *Lei n° 6.938/1981.*

[30] BRASIL. *Constituição Federal de 1988.* O texto constitucional inaugura uma nova ordem em relação à proteção ambiental, na medida em que "a poluição pode ser entendida como crime, como infração administrativa e como dano" (FIGUEIREDO, 2011, p. 145).

[31] NERY JÚNIOR; NERY, 1993, p. 279.

[32] Quanto ao nexo causal sistêmico vale trazer os seguintes ensinamentos de Paulo Affonso Leme Machado sobre "caso ilustrador ocorrido na Itália (APP. Gênova de 12.07.1989). Decidiu-se que 'diante da violação de um standard previsto em relação ao lançamento de agentes potencialmente poluidores na água de um rio, o dano que seja derivado da alteração da água será ligado, como causa, à mencionada violação'". Como bem ressaltou Machado, "para a decisão em questão bastou a prova do descumprimento da norma e da ocorrência do dano, dispensando-se a demonstração do nexo causal, porque presumida pelo tribunal italiano em face da responsabilidade objetiva" (MACHADO, 2015, p. 414).

[33] NERY JÚNIOR; NERY, 1993, p. 279 et seq.

Não interessa se o poluidor possui todas as licenças administrativas requeridas para o exercício daquela atividade econômica, ou todos os estudos de impactos ambientais, isto não lhe tira o dever de reparar o dano causado, mesmo que não exista a culpa do agente. A aplicação da responsabilidade objetiva com base no risco integral também é ensinada por Sílvio de Salvo Venosa:

> Não discutimos se a atividade do poluidor é lícita ou não, se o ato é legal ou ilegal: no campo ambiental, o que interessa é reparar o dano. Verificamos, portanto, que, em matéria de dano ambiental, foi adotada a teoria da responsabilidade objetiva sob a modalidade do risco integral. Desse modo, até mesmo a ocorrência de caso fortuito e força maior são irrelevantes. A responsabilidade é lastreada tão-só no fato de existir atividade da qual adveio o prejuízo.[34]

Por sua vez, o Código Civil de 2002, ao abordar a responsabilidade civil e a indenização ambiental, apresenta evoluções trazendo a aplicação da teoria do risco em seu bojo. A responsabilidade objetiva foi adotada no seu artigo 186, determinando que: "aquele que, por ação ou omissão voluntária, negligência ou imprudência, violar direito e causar dano a outrem, ainda que exclusivamente moral, comete ato ilícito".[35] Na mesma linha segue o artigo 927, do mesmo diploma legal:

> Aquele que, por ato ilícito (art.186 e 187), causar dano a outrem, é obrigado a repará-lo. Parágrafo único. Haverá obrigação de reparar o dano, independentemente de culpa, nos casos especificados em lei, ou quando a atividade normalmente desenvolvida pelo autor do dano implicar, por sua natureza, risco para os direitos de outrem.[36]

Portanto, consoante tais dispositivos legais, vale dizer que o poluidor auferindo lucros da atividade que gerou os danos ambientais, deve, da mesma forma, suportar os riscos de danos a terceiros, independentemente de culpa. O artigo 931, do Código Civil, a despeito de parecer tratar de relações de consumo, é o retrato da responsabilidade objetiva, fundada na teoria do risco. Diz o dispositivo em enfoque: "ressalvados outros casos previstos em lei especial, os empresários individuais e as empresas respondem independentemente de culpa pelos danos causados pelos produtos postos em circulação".[37]

---

[34] VENOSA, 2005, p. 151.
[35] BRASIL. Lei nº 10.406/2002.
[36] Idem.
[37] Idem, ibidem.

Assim, a responsabilidade objetiva, na hipótese de dano ao meio ambiente, tornou-se pacífica, tanto no ordenamento jurídico brasileiro, como na doutrina e na jurisprudência. Os riscos das atividades econômicas devem ser suportados por quem exerce esta atividade, os quais devem ser internalizados, em atendimento ao princípio do poluidor-pagador:

> O desempenho de qualquer atividade comandada ou exercida pelo homem está fadada ao sucesso ou ao insucesso. Na atividade empresarial, é óbvio, não acontece diferente. E para que se chegue a qualquer dos resultados (o sucesso ou insucesso), haverá sempre o risco de ser atingido ou lesionado bem ou interesse de terceiros, inclusive na esfera ambiental. Daí a responsabilização civil das empresas ou dos empreendedores.[38]

É preciso que se enfatize, ainda, a possibilidade da responsabilidade solidária, sempre que houver mais de um autor da ofensa. A solidariedade passiva, em decorrência de danos ambientais, está consolidada pela jurisprudência brasileira, conforme se depreende da leitura do Informativo de Jurisprudência nº 360, do Superior Tribunal de Justiça: "os responsáveis pela degradação ambiental são co-obrigados [sic] solidários, formando-se, em regra, nas ações civis públicas ou coletivas litisconsórcio facultativo".[39]

A jurisprudência também é uníssona no que tange à responsabilidade civil objetiva, conforme enunciado extraído do Informativo de Jurisprudência nº 545, do Superior Tribunal de Justiça:

> A responsabilidade por dano ambiental é objetiva, informada pela teoria do risco integral, sendo o nexo de causalidade o fator aglutinante que permite que o risco se integre na unidade do ato, sendo descabida a invocação, pela empresa responsável pelo dano ambiental, de excludentes

---

[38] CARVALHO, 1999, p. 36.

[39] Precedentes: AgRg no AREsp 432409/RJ, Rel. Ministro HERMAN BENJAMIN, SEGUNDA TURMA, julgado em 25.02.2014, DJe 19.03.2014; REsp 1383707/SC, Rel. Ministro SÉRGIO KUKINA, PRIMEIRA TURMA, julgado em 08.04.2014, DJe 05.06.2014; AgRg no ARE-SP 224572/MS, Rel. Ministro HUMBERTO MARTINS, SEGUNDA TURMA, julgado em 18.06.2013, DJe 11.10.2013; REsp 771619/RR, Rel. Ministra DENISE ARRUDA, PRIMEIRA SEÇÃO, julgado em 16.12.2008, DJe 11.02.2009; REsp 1060653/SP, Rel. Ministro FRANCISCO FALCÃO, PRIMEIRA TURMA, julgado em 07.10.2008, DJe 20.10.2008; REsp 884150/MT, Rel. Ministro LUIZ FUX, PRIMEIRA TURMA, julgado em 19.06.2008, DJe 07.08.2008; REsp 604725/PR, Rel. Ministro CASTRO MEIRA, SEGUNDA TURMA, julgado em 21.06.2005, DJe 22.08.2005; REsp 1377700/PR (decisão monocrática), Rel. Ministro PAULO DE TARSO SANSEVERINO, julgado em 08.09.2014, DJe 12.09.2014; Ag 1280216/RS (decisão monocrática), Rel. Ministro ARNALDO ESTEVES LIMA, julgado em 28.03.2014, DJe 03.04.2014. (JURISPRUDÊNCIA EM TESES – STJ, 2015).

de responsabilidade civil para afastar sua obrigação de indenizar (Tese julgada sob o rito do art. 543-C do CPC) (...).[40]

Logo, está mais do que consolidada a responsabilidade civil por danos ao meio ambiente, a qual independe de culpa e tem como pressuposto apenas o evento danoso e o nexo de causalidade – relativo e sistêmico, como já explicado anteriormente –, sendo irrelevante a atitude e a intenção do causador.

6.3 O dano no Direito Ambiental

Os fenômenos que afetam ao meio natural se caracterizam muito por sua grande complexidade. Mas é preciso, sobretudo, colocar em relevo os seguintes elementos que raramente se encontram nos danos não ecológicos: as consequências danosas de uma lesão ao meio ambiente são irreversíveis (não se reconstitui um biótipo ou uma espécie em vias de extinção), estando vinculadas ao progresso tecnológico; a poluição tem efeitos cumulativos e sinergéticos, que fazem com que estas se somem e se acumulem, entre si; a acumulação de danos ao longo de uma cadeia alimentar, pode ter consequências catastróficas (enfermidade de Minamata no Japão); os efeitos dos danos ecológicos podem manifestar-se muito além das proximidades vizinhas (efeitos comprovados pela contaminação das águas, pelas chuvas ácidas, devidas ao transporte atmosférico a longa distância do $SO2$); são danos coletivos por suas próprias causas (pluralidade de autores, desenvolvimento industrial, concentração urbana) e seus efeitos (custos sociais); são danos difusos ou individuais homogêneos em sua manifestação (ar, radioatividade, poluição das águas) e no estabelecimento do nexo causalidade; tem repercussão na medida em que implicam agressões principalmente ao elemento natural e, por rebote ou ricochete, aos direitos individuais.[41]

---

[40] Precedentes: REsp 1374284/MG, Rel. Ministro LUIS FELIPE SALOMÃO, SEGUNDA SEÇÃO, julgado em 27.08.2014, DJe 05.09.2014, (julgado sob o rito do art. 543-C); AgRg no AgRg no AREsp 153797/SP, Rel. Ministro MARCO BUZZI, QUARTA TURMA, julgado em 05.06.2014, DJe 16.06.2014; REsp 1373788/SP, Rel. Ministro PAULO DE TARSO SANSEVERINO, TERCEIRA TURMA, julgado em 06.05.2014, DJe 20.05.2014; AgRg no REsp 1412664/SP, Rel. Ministro RAUL ARAÚJO, QUARTA TURMA, julgado em 11.02.2014, DJe 11.03.2014; AgRg no AREsp 273058/PR, Rel. Ministro ANTONIO CARLOS FERREIRA, QUARTA TURMA, julgado em 09.04.2013, DJe 17.04.2013; AgRg no AREsp 119624/PR, Rel. Ministro RICARDO VILLAS BÔAS CUEVA, TERCEIRA TURMA, julgado em 06.12.2012, DJe 13.12.2012; REsp 1114398/PR, Rel. Ministro SIDNEI BENETI, SEGUNDA SEÇÃO, julgado em 08.02.2012, DJe 16.02.2012 (julgado sob o rito do art. 543-C); REsp 442586/ SP, Rel. Ministro LUIZ FUX, PRIMEIRA TURMA, julgado em 26.11.2002, DJe 24.02.2003; AREsp 642570/PR (decisão monocrática), Rel. Ministra MARIA ISABEL GALLOTTI, julgado em 02/02/2015, DJe 18.02.2015. (JURISPRUDÊNCIA EM TESES – STJ, 2015).

[41] PRIEUR apud LEITE, 2003, p. 95.

A classificação de dano no Direito ambiental está ligada à sua classificação no Direito civil, entretanto sua conceituação mostra-se razoavelmente diferenciada. Da mesma forma que o dano no Direito civil, o dano no Direito ambiental está ligado à figura do interesse. O dano é toda ofensa a bens ou interesses alheios protegidos pela ordem jurídica. "O interesse, nesta concepção, representa a posição de uma pessoa, grupo ou coletividade em relação ao bem suscetível de satisfazer-lhe uma necessidade".[42]

Em consonância com esse entendimento, o meio ambiente afigurase como bem autônomo sobre o qual incide o interesse coletivo, sendo integrado por vários elementos, não apenas os recursos naturais, como também aqueles produzidos pelo intelecto e pela criatividade humana. Sobre este aspecto, lembra-se do aviso veiculado por Leite: "pontuese que o âmbito do dano ambiental está, logicamente, circunscrito e determinado pelo significado que se outorgue ao meio ambiente".[43]

Devido a sua importância, é preciso frisar que a Lei n° 6.931/1981, ao instituir a Política Nacional de Meio Ambiente, traz definições de excepcional importância para a tutela do meio ambiente, em seu artigo 3º:

> Art. 3º – Para os fins previstos nesta Lei, entende-se por:
> I – meio ambiente, o conjunto de condições, leis, influências e interações de ordem física, química e biológica, que permite, ABRIGA E REGE A VIDA EM TODAS AS SUAS FORMAS;
> II – degradação da qualidade ambiental, a alteração adversa das características do meio ambiente;
> III – poluição, a degradação da qualidade ambiental resultante de atividade que direta ou indiretamente:
> a) prejudiquem a saúde, a segurança e o bem-estar da população;
> b) criem condições adversas às atividades sociais e econômicas.
> c) afetem desfavoravelmente a biota;
> d) afetem as condições estéticas ou sanitárias do meio ambiente;
> e) lancem matérias ou energia em desacordo com os padrões ambientais estabelecidos.[44]

Ao buscar amparo no Direito comparado latino-americano, a título ilustrativo, no ordenamento argentino o dano ambiental é amplamente abordado pela doutrina e jurisprudência, encontrando fundamento constitucional e infraconstitucional no artigo 41, da Constituição argentina,

---

[42] LEITE, op. cit., p. 93.
[43] LEITE, 2003, p. 94.
[44] BRASIL. *Lei n° 6.938/1981*, op. cit.

como ensina Néstor A. Cafferatta. O detalhe está no estabelecimento do "inquietante dilema" de se saber "até que limite o homem deixa de usar racionalmente o ambiente para começar a danificá-lo?".[45]

Na legislação peruana, o dano ambiental é conceituado no artigo 142.2, da Lei Geral Ambiental, como "todo prejuízo material que o ambiente e/ou algum de seus componentes sofrem, que podem ser causados em afronta ou não a disposição jurídica, e que gera efeitos negativos atuais ou potenciais".[46]

O ordenamento jurídico chileno, por sua vez, aborda a responsabilidade pelo dano ambiental no Título III, parágrafos 1º e 2º do artigo 2º, letra e, da Lei de Bases Gerais sobre o Meio Ambiente, que "define dano ambiental como 'toda perda, diminuição, detrimento ou prejuízo significativo inferido ao meio ambiente ou a um ou mais de seus componentes'", ou seja, "deve ser significativo, importante, transcendente".[47]

Como o ordenamento jurídico brasileiro não conceitua diretamente o dano ambiental, utiliza-se, por analogia, o conceito de degradação, instituído pelo supracitado inciso II, do artigo 3º, da Lei nº 6.938/1981,[48] como uma interferência nefasta ao meio ambiente.

Em decorrência da complexidade do dano ambiental, há que se compreender que se trata de uma lesão ao interesse da coletividade em sentido amplo, ou de seus integrantes, individualmente considerados, em sentido estrito. Tal dano "pode ser sentido por meio da alteração das características naturais do meio ambiente ou, ainda, das condições que se apresentam à sociedade que o habita".[49] Por conseguinte, o dano ambiental pode demonstrar uma face objetiva, quando incidir diretamente sobre as condições de vida das pessoas, como pode, também, demonstrar um caráter subjetivo[50] quando atingir indiretamente o sujeito cognoscente – nesse sentido, o dano afeta a psique do sujeito.

> Dano ambiental significa, em uma primeira acepção, uma alteração indesejável ao conjunto de elementos chamados meio ambiente, como, por exemplo, a poluição atmosférica; seria, assim, a lesão ao direito fundamental que todos têm de gozar e aproveitar do meio ambiente apropriado. Contudo, em sua segunda conceituação, dano ambiental

---

[45] CAFFERATTA, 2012, p. 449-557 – tradução livre do autor.
[46] WESTREICHER, 2013, p. 47 – tradução livre do autor.
[47] BITTERLICH, 2004, p. 127 – tradução livre do autor.
[48] Idem.
[49] VENOSA, 2005, p. 205 passim.
[50] Não se quer, aqui, tratar do direito subjetivo, mas sim sobre aquilo que é relativo ao sujeito, trata-se daquilo passado unicamente no íntimo de uma pessoa.

engloba os efeitos que esta modificação gera na saúde das pessoas e em seus interesses.[51]

Jorge Bustamante Alsina entende que o dano ambiental não recai apenas sobre o patrimônio ambiental, mas também diz respeito ao dano que atinge os interesses de um indivíduo, atacando seu direito subjetivo, embora confira ao lesado a oportunidade de ser reparado, seja pelo prejuízo patrimonial, seja pelo extrapatrimonial.[52]

Considera-se fundamental destacar com evidência a classificação de dano ambiental realizada por José Rubens Morato Leite, diante da complexidade do tema – que decorre das suas peculiaridades e até mesmo da falta de sua definição legal no ordenamento jurídico brasileiro. Leite classifica o dano ambiental quanto a sua amplitude, sua reparabilidade e interesses jurídicos envolvidos, além de sua extensão e interesse objetivado. Classificação que é adotada por esta pesquisa. Sobre a amplitude do bem protegido, Leite[53] estabelece o seguinte conceito:

1 – Dano ecológico puro. Sob esta ótica, o dano diz respeito apenas à lesão que incide sobre os bens relacionados ao patrimônio natural do ecossistema, excluindo, portanto, o que diz respeito à cultura e às construções do ser humano. Trata-se daquele dano que atinge o que se chama de recursos naturais, ou seja, bens próprios da natureza.

2 – Dano ambiental *lato sensu*. Ao contrário da classificação acima exposta, o dano ambiental em sentido amplo abrange também aquele referente ao patrimônio cultural e artificial.

3 – Dano individual ambiental ou reflexo. Este dano diz respeito à esfera do sujeito que é atingida de forma reflexa por um dano ao patrimônio ambiental, coletivo por excelência. Com a incidência desse dano, o indivíduo vê seu patrimônio ou suas condições de saúde e fruição do meio ambiente reduzidos em virtude de um dano ao meio em que habita, ou do qual tira, de alguma forma, proveito.

Quando se trata da reparabilidade[54] e do interesse jurídico envolvido, é possível fazer a seguinte distinção:

1 – Dano ambiental de reparabilidade direta. Esta classificação quer significar o dano atinente ao interesse individual e individual homogêneo

---

[51] LEITE, 2003, p. 94.
[52] ALSINA apud LEITE, 2003, p. 95.
[53] LEITE, 2012, p. 92-93.
[54] Idem, p. 93-94.

reflexo ao bem ambiental,[55] ou seja, aquele atinente ao microcosmo do lesado e suas relações. Tal classificação costuma ser realizada a partir da ideia de microbem, a qual, pretende-se deixar claro, refuta-se. A acepção de bem leva à noção de "propriedade de..."; neste sentido tem-se tentado demonstrar que o meio ambiente não é fruível por uma única pessoa; no entanto, segundo os interesses da coletividade – mesmo a exploração do bem ambiental por um único sujeito, seja uma pessoa ou uma empresa, deve contar com uma finalidade social, que seja coletivamente aceita. Nesse aspecto, quando se trata de bem ambiental, deve-se sempre se referir à macrobem, posto que pertencente à coletividade – que, vez por outra, é cedido a alguém com objetivos, como já destacado, socialmente aceitos. Ainda que o dano abarque apenas os interesses de um único sujeito, é a coletividade, como um todo, que se atinge e é a seus interesses que se protege – embora o sujeito esteja de posse de um determinado bem ambiental, esta posse não será perene, estará destinada às futuras gerações. Enfim, o que se quer evidenciar é que o dano influi sobre um microcosmo, ou seja, atinge a pequena parcela do ambiente que, naquele momento específico, diz respeito aos interesses de um único sujeito que busca sua reparação. Nesse pensamento, mesmo Leite parece oscilar, segundo o autor: "O dano ambiental foge da visão clássica, considerando tratar-se de um bem comum do povo, incorpóreo, imaterial, indivisível e insusceptível de apropriação exclusiva".[56]

2 – Dano ambiental de reparabilidade indireta. Neste caso específico, a reparabilidade é realizada em prol de interesses difusos, coletivos ou individuais de dimensão coletiva. Quando se fala de interesses difusos, significa um interesse disperso pela coletividade, pois diz respeito às pretensões de toda a sociedade. Conforme acentua Leite, o meio "(...) é reparado indiretamente no que concerne à sua capacidade funcional ecológica e à capacidade de aproveitamento humano e não, por exemplo, considerando a deterioração de interesses dos proprietários do bem ambiental".[57]

No que tange à extensão do dano ambiental, ela pode ser assim erigida:

1 – Dano patrimonial ambiental, relativamente à restituição, recuperação, ou indenização do bem ambiental lesado. Trata-se do dano efetivado no campo material, perceptível, o dano pode se referir ao macrobem

---

[55] Cabe destacar que, embora o dano ambiental possa refletir-se no microcosmo do indivíduo lesado, em geral ele afeta a toda a coletividade. Neste caso, o interesse do sujeito poderá ser reparado mediante ação de indenização por ele proposta e mediante ação coletiva que seja proposta contra o responsável pela lesão e/ou contra o Estado, a fim de garantir a adequada tutela do meio ambiente.

[56] Idem, op. cit.

[57] LEITE, 2012, p. 92 et seq.

ambiental, ou seja, a toda a coletividade ou influir em um microcosmo, ou seja, lesar diretamente apenas o indivíduo. Novamente salienta-se que o dano ao macrobem ambiental influi sobre os particulares, possibilitando a estes exigir, também, reparação individual. Entretanto, a extensão do dano é tamanha que afeta a toda sociedade, enquanto o dano relativo ao microcosmo afeta apenas, de forma imediata, um ou poucos sujeitos.

2 – Dano extrapatrimonial ou moral ambiental. Diz respeito a um prejuízo não-patrimonial que acarreta uma lesão ao sujeito e/ou à sociedade em virtude do dano ao meio ambiente. Trata-se, muitas vezes, de uma lesão não sensível a terceiros mas experimentada no íntimo do sujeito; vale dizer, o dano extrapatrimonial refere-se a uma lesão de interesses de ordem íntima, pessoal e espiritual. No campo do Direito Ambiental, o dano moral pode caracterizar-se pela perda de um meio ambiente hígido, ainda que possa não representar riscos à saúde, poderá significar a perda da chance de lazer ou apreciação e turismo, por exemplo.

Pela legislação abordada até aqui, está claro que os requisitos tradicionais previstos pelo Direito civil clássico não preenchem as necessidades que o dano ambiental reclama. Em sua apresentação clássica, o Direito civil estabelece que a indenização aplicar-se-á apenas àquele que postulou em juízo. Contudo quando se trata do ressarcimento por lesão ao bem ambiental pretende-se mostrar que alcança um bem coletivo, incorpóreo, autônomo, que, por muitas vezes, não pode se limitar aos interesses individuais – apesar de a lesão ao bem coletivo não excluir o direito à indenização individual.[58]

Venosa destaca, ainda, que o dano ao ambiente se relaciona com o abuso de direito. A lesão ocorre quando um indivíduo ou um grupo extrapola seu direito de usar do bem coletivo. "Em princípio, toda atitude individual que cause dano efetivo ou potencial à coletividade deve ser reprimido".[59] No mesmo sentido, segue Fabio Dutra Lucarelli, citado por Venosa:

> A anormalidade se verifica quando há uma modificação das propriedades físicas e químicas dos elementos naturais de tal grandeza que estes percam, parcial ou totalmente, sua propriedade de uso. Esta anormalidade está intimamente ligada à gravidade do dano, ou seja, uma decorre da outra, já que o prejuízo verificado deve ser grave e, por ser grave, é anormal.[60]

---

[58] LEITE, 2003, p. 93 passim.
[59] VENOSA, 2005, p. 205.
[60] Ibidem, p. 206.

Nesta mesma linha, deve-se salientar que a responsabilidade pelo dano ambiental difere da responsabilidade pelo dano comum. Esta responsabilidade costuma estar vinculada ao ato que efetivamente promoveu o dano, sendo necessária a verificação deste. A responsabilidade pelo dano ambiental já ocorre apenas pela mera ameaça do dano, que, ao ser verificado, deverá ensejar a coibição.

Conclui-se daí, que a responsabilidade pelo dano ambiental diminui, ou até extingue, a necessidade de comprovação do nexo causal. É o que visa demonstrar Lucarelli, citado por Venosa:

> Em se tratando de prejuízo causado à natureza, há uma minoração acentuada dessa noção, sendo imperioso apenas que haja uma potencialidade de dar causa ao prejuízo na atividade do agente que se pretende responsabilizar, estabelecendo-se, então uma presunção, que se deve, sobretudo, à inspiração romana de equidade, pela qual aquele que lucra com uma atividade deve responder pelo risco ou pelas desvantagens dela resultantes, evitando-se a chamada socialização do prejuízo.[61]

Trata-se, quanto à socialização do prejuízo e à vontade de evitá-lo, de um conhecido princípio do Direito ambiental, denominado 'poluidor-pagador'. Este princípio determina que aqueles que tiram, de alguma forma, proveito do meio ambiente e de seus recursos devem dividir todos os custos que visam minorar ou extinguir a ameaça do dano. O poluidor deverá pagar não só pelos danos que venha a causar, como também por qualquer ação que vise restituir o ambiente lesado a seu *status* anterior. "O objetivo não mais é obter uma indenização proveniente de patrimônio de uma pessoa em favor de outra, mas preservar a natureza".[62]

Devido à tipicidade dos danos ambientais, o Superior Tribunal de Justiça reconhece que muitos danos nem precisam de prova técnica, tão claro é o malefício que a atividade causa, como se pode apurar nesta parte da ementa do Recurso Especial nº 965.078/SP, onde foi reconhecida como poluente a atividade de queimada da palha de cana-de-açúcar:

> De tão notórios e evidentes, os males causados pelas queimadas à saúde e ao patrimônio das pessoas, bem como ao meio ambiente, independem de comprovação de nexo de causalidade, pois entender diversamente seria atentar contra o senso comum. Insistir no argumento da inofensividade das queimadas, sobretudo em oca de mudanças climáticas, ou exigir a elaboração de laudos técnicos impossíveis, aproxima-se do

---

[61] Ibidem, p. 207.
[62] VENOSA, 2005, p. 208.

burlesco e da denegação de jurisdição, pecha que certamente não se aplica ao Judiciário brasileiro.[63]

Ainda quanto aos requisitos necessários para a configuração da responsabilidade ambiental, especificadamente, o nexo de causalidade, importante definição foi assentada no Julgamento do Recurso Especial nº 650.728 – SC. Trata-se de um Recurso Especial interposto em uma Ação Civil Pública contra as recorrentes, para que recuperassem uma área de manguezal que havia sido aterrada indevidamente, mesmo após notificações e autuações das autoridades competentes.

A área foi indevidamente aterrada e logo após utilizada para a construção de um ginásio poliesportivo. As recorrentes alegaram que o aterro havia sido realizado para resolver o problema dos resíduos sólidos que se acumulavam no local, sustentaram, ainda, a inexequibilidade técnica da remoção do aterro e a inviabilidade da recuperação da área degradada. As teses das recorrentes foram afastadas diante das conclusões periciais que apontaram a viabilidade da recuperação da área.

Assim, as empresas poluidoras foram responsabilizadas, destacando-se que "para o fim de apuração do nexo de causalidade no dano ambiental, equiparam-se quem faz, quem não faz quando deveria fazer, quem deixa fazer, quem não se importa que façam, quem financia para que façam, e quem se beneficia quando outros fazem".[64] Aqui se consolidou o conceito legal de poluidor – aquele que direta ou indiretamente causa o dano ambiental –, com a sua equiparação para fins de responsabilização, tanto daquele que efetivamente age, quanto de quem se beneficia de atividade poluidora realizada por terceiros e até mesmo daquele que é omisso quando deveria ter agido.

Destaca-se, portanto, mais uma vez a figura dos direitos difusos, atinente à sobrevivência da humanidade. Os danos causados ao meio ambiente não afetam apenas a umas poucas pessoas, mas às sociedades particularizadas e a mundo todo.

6.4 O alcance do dano ambiental

O parágrafo único do artigo 14, da supracitada Lei nº 6.938/1981, prevê as duas espécies de danos ambientais, coletivos e individuais, ao

---

[63] BRASIL. Superior Tribunal de Justiça. *Acórdão no Recurso Especial 965078-SP* (2006/0263624-3).

[64] BRASIL. Superior Tribunal de Justiça. *Acórdão no Recurso Especial nº 650.728–SC.*

afirmar que "é o poluidor obrigado, independentemente da existência de culpa, a indenizar ou reparar os danos causados ao meio ambiente e a terceiros, afetados por sua atividade".[65] Os danos ambientais coletivos e individuais também estão previstos na Lei de Biossegurança (Lei nº 11.105), de 24 de março de 2005, ao assinalar que os responsáveis pelos danos causados ao meio ambiente e a terceiros "responderão de maneira solidária por sua indenização ou reparação integral".[66]

José Rubens Morato Leite afirma que o dano ambiental tem uma conceituação ambivalente, por demonstrar que "a lesão recai sobre o patrimônio ambiental, que é comum à coletividade", e também por se referir ao dano por intermédio do meio ambiente, o chamado "dano ricochete",[67] que se percebe no âmbito dos interesses pessoais, legitimando os lesados a uma reparação pelo prejuízo patrimonial ou extrapatrimonial sofrido. Segundo o mesmo autor, o dano ambiental pode ser entendido

> como toda lesão intolerável causada por qualquer ação humana (culposa ou não) ao meio ambiente, diretamente como macrobem de interesse da coletividade, em uma concepção totalizante, e indiretamente, a terceiros, tendo em vista interesses próprios e individualizáveis e que refletem no macrobem.[68]

Desta forma, embora o dano ambiental sempre recaia sobre o meio ambiente, os recursos e elementos que o compõem, o autor Edis Milaré destaca que o prejuízo da coletividade, pode em certos casos, atingir material e moralmente, o patrimônio e os interesses individuais ou a saúde de um determinado indivíduo ou de um grupo de pessoas determinadas.[69] Edis Milaré distingue as espécies de dano ambiental da seguinte forma:

> (i) o dano ambiental coletivo ou o dano ambiental propriamente dito, causado ao meio ambiente globalmente considerado, em sua concepção difusa, como patrimônio coletivo; e (ii) o dano ambiental individual, que atinge pessoas, individualmente consideradas, através de sua integridade moral e/ou de seu patrimônio material particular.[70]

---

[65] BRASIL. *Lei nº 6.938/1981.*
[66] BRASIL. *Lei nº 11.105/2005.*
[67] LEITE, 2012, p. 92. Assunto que se abordará com maior ênfase em capítulo vindouro.
[68] LEITE, 2003. p. 99.
[69] MILARÉ, 2005b, p. 239 et. seq.
[70] Idem.

Dentro desta classificação, o doutrinador supracitado destaca que quando os danos ambientais coletivos são cobrados, uma eventual indenização é destinada a um fundo, "cujos recursos serão alocados à reconstituição dos bens lesados". Ao passo que os danos ambientais individuais ensejam a "indenização dirigida à recomposição do prejuízo individual sofridos pelas vítimas".[71]

Assim, o dano ambiental coletivo afeta interesses coletivos e difusos, conforme previsão da Lei nº 8.078, de 11 de setembro de 1990, em seu art. 81, que afirma que os interesses ou direitos difusos são: "(...) os transindividuais de natureza indivisível, de que sejam titulares pessoas indeterminadas e ligadas por circunstância de fato". Para os interesses ou direitos coletivos o artigo prevê: "(...) os transindividuais de natureza indivisível que seja titular grupo, categoria ou classe de pessoas ligadas entre si ou com a parte contrária por uma relação jurídica base".[72]

A partir daqui fica mais importante diferenciar estas categorias, mesmo porque se verá também, que existe o dano moral coletivo e o individual, partindo dos mesmos conceitos e pressupostos.

---

[71] Ibidem.
[72] BRASIL. *Lei nº 8.078/1990*, artigo 81, parágrafo único, incisos I e II.

DANO AMBIENTAL INDIVIDUAL

Como se viu em capítulo anterior, o dano ambiental pode ser abordado sob dois aspectos. O primeiro, diz respeito ao aspecto coletivo do dano, tendo em vista o interesse da coletividade e a forma como este interesse, quando lesado, pode ser recomposto ou indenizado. O segundo aspecto refere-se ao dano ambiental em um microcosmo, particularmente àquele atinente ao indivíduo. Quando se trata deste segundo viés do dano ambiental, refere-se à lesão que atinge a esfera particular, causando uma variada gama de danos, dentre os quais destacam-se os prejuízos econômicos e extrapatrimoniais – referentes à esfera da personalidade e da dignidade da pessoa.

Muitas vezes, a demanda proposta pelo interessado na reparação do dano ambiental individual não diz respeito à higidez do meio ambiente, mas ao interesse particular restrito ao dano sofrido diretamente. Entretanto, há que se notar que o resultado obtido pelo sucesso na demanda individual reflete, "mediatamente" na preservação do meio ambiente e, portanto, alcança os interesses da coletividade.[1]

Exemplos deste tipo de lesão ambiental são ressaltados por Mirra: 1. os materiais, tais como os atinentes à destruição ou às alterações de bens ou pela imposição de caráter econômico de qualquer forma aos lesados; 2. os morais, configurados pela perda de um animal ou qualquer bem que tenha valor afetivo para o seu proprietário; 3. os corporais, consistentes na agressão física ou à saúde das vítimas, sendo que estas comportam as despesas médicas e os prejuízos pela incapacidade laboral, além da compensação econômica, pelo sofrimento, através de danos extrapatrimoniais ou morais. Inclua-se, ainda, os riscos potenciais e acumulados lançados ao meio ambiente, que venham a provocar danos ou ameaças a direitos de terceiros.[2]

---

[1] LEITE, 2012, p. 148 et seq.
[2] LEITE, 2012, op. cit., p. 148, inspirado por Álvaro Luiz Valery Mirra.

Destaca-se, neste viés, que as ações que tenham por objetivo a reparação ou a proteção de interesses individuais receberão a influência do sistema processual destinado à tutela dos interesses coletivos. Veja-se, por exemplo, a possibilidade de fundamentação do pedido na responsabilidade objetiva, conforme art. 14, §1º, da Lei nº 6.938/1981[3] e do art. 927, parágrafo único, do Código Civil.[4]

Além disso, pode o indivíduo basear suas pretensões no Código de Defesa do Consumidor (CDC),[5] não apenas porque "as tutelas jurisdicionais coletivas permitem o transporte *in utilibus* da sentença para as ações individuais com base no citado código",[6] mas também porque as relações de consumo são as principais responsáveis pela atividade industrial que, por sua vez, é uma das grandes fontes dos danos ambientais.

Não é de se espantar que o uso indevido da tecnologia e dos processos industriais provoque danos ao meio ambiente, e que estes danos, por extensão, atinjam a esfera do indivíduo. Por esse motivo, na Declaração do Rio de Janeiro (Eco 1992, Sessão I, Capítulo IV) consta que "os padrões de consumo são a principal causa da deterioração ambiental".[7]

Embora fique claro que o dano ambiental é, geralmente, advindo indiretamente das relações de consumo, e que esta fonte danosa poderá possibilitar a aplicação, em tese, do CDC, cabe questionar quem serão os sujeitos aptos a buscar a tutela jurisdicional individual ambiental. Como o dano ambiental afeta a coletividade, obviamente, ela é parte legítima para propor ação por meio de seus órgãos representativos e do Ministério Público. Cabe aclarar, porém, que o indivíduo é a unidade desta coletividade que pode ser atingida pelo dano, de forma mais intensa do que outras unidades da coletividade.

O que se quer esclarecer é que apenas uma parcela da coletividade, no mais das vezes, sofre diretamente o dano ambiental, que influi sobre seu patrimônio, sua saúde e sua dignidade. Justamente por isso, faz-se extremamente desejável que o indivíduo busque uma reparação direta

---

[3] BRASIL. *Lei nº 6.938/1981.*

[4] BRASIL. *Lei nº 10.406/2002.*

[5] BRASIL. *Lei nº 8.078/1990.* Art. 6º, inciso VI, que dispõe: "São direitos básicos do consumidor: [...] VI – A efetiva prevenção e reparação de danos patrimoniais e morais, individuais, coletivos e difusos."

[6] RODRIGUEIRO, 2004, p. 79

[7] LEITE, 2003, p. 140.

da lesão. É justamente no âmbito do particular que o dano ambiental é sentido de forma mais intensa, mostrando sua face mais preocupante.

A vantagem observada na prática, quando a tutela ambiental é buscada pelo indivíduo, reside na efetividade que a ação movida pelo particular tende a ter, em função do interesse pessoal. A diferenciação da efetividade que se faz entre a ação coletiva e a individual reside em dois tópicos básicos: 1. A densidade do interesse; e 2. A objetividade da demanda.

1 – A densidade do interesse reside na vontade dirigida pelos sujeitos da ação com vistas ao seu deslinde. Quando se fala de um interesse coletivo destinado à tutela do bem ambiental, refere-se a um interesse difuso, que, por isso mesmo, acaba por ter sua "vontade" pulverizada entre os integrantes "virtuais" da ação. Neste sentido, a ação coletiva não gera nas unidades da coletividade um sentimento direto pelo sucesso da demanda e, como é comum neste tipo de ação, o responsável pelo andamento da demanda não é, muitas vezes, interessado direto no fim satisfatório da ação. Por outro lado, as ações individuais tendem a ter um interesse originado das necessidades do indivíduo que, justamente por isso, destina uma maior energia em prol da demanda, representando um interesse mais denso posto que pontualmente dirigido.

2 – A objetividade da demanda decorre justamente da densidade do interesse, pois este provoca uma maior clareza de objetivos na consecução da ação. Ou seja, mesmo que a demanda coletiva tenha por pressuposto fundamental a proteção e a eventual reparação do meio ambiente, seus objetivos não são claros quando se trata da reparação que deverá se destinar às unidades da coletividade, ficando, por este motivo, o interesse do indivíduo muitas vezes insatisfeito. Por outro lado, quando se trata da tutela individual do meio ambiente, ficam claros os objetivos dos elementos da sociedade, que, apesar de também desejarem a preservação do meio ambiente em que vivem, não podem, quando da constatação do dano a este meio, se limitar a repará-lo pois o dano que sofreram não se restringe apenas à impossibilidade de usufruir do meio lesado. Pelo contrário, o dano causado ao indivíduo afeta bens que são diretamente observados por ele, como os bens patrimoniais, extrapatrimoniais e as vantagens deles advindas. Dessa forma, o indivíduo não só deixa de usufruir do ambiente, mas também terá sua atividade profissional interrompida, sua saúde afetada, sua comunidade destruída. Estes bens, por essenciais que são, não podem depender da efetividade desconexa de sua realidade por vezes observada nas demandas coletivas, motivo que os impele a buscar sua reparação de forma particular.

Quanto à desconexão do dano ambiental e à reparação possivelmente oriunda de ações coletivas, deve se analisar a destinação de indenizações possivelmente obtidas por meio de ações coletivas, sobre os fundos ambientais onde tais valores pecuniários acabam sendo encaminhados.

No âmbito federal existem dois "fundos ambientais":

1 – O Fundo de Defesa dos Direitos Difusos (FDD);
2 – O Fundo Nacional de Meio Ambiente (FNMA);

Ambos são ineficazes, possuem falta de publicidade e transparência, bem como enorme distância dos verdadeiros prejudicados por danos ambientais. Neste sentido veja-se a conclusão de Lílian Barreto e Luciane Karlinski:

> Conclui-se que o FDD não está cumprindo a missão que lhe foi conferida pela Lei da Ação Civil Pública, em suma, reparar os danos causados aos direitos difusos. O Fundo, na realidade tem se limitado a reparar os danos causados aos direitos difusos. O Fundo, na realidade, tem se limitado a aprovar e coordenar projetos, mormente relacionados à área econômica. Entende-se que o ideal seria que os recursos arrecadados pelo Fundo de Defesa dos Direitos Difusos fossem aplicados nas localidades onde ocorreram os danos, pois, mesmo que não fosse possível empregar a verba na recomposição do dano causado, ela seria utilizada em prol das pessoas que foram, sem sombra de dúvida, as mais lesadas. (...) Por fim, vale registrar que o atuar dos "fundos ambientais" ainda está muito aquém do papel que lhes foi conferido pela legislação, até mesmo porque são desconhecidos da maior parte daqueles que a eles poderiam recorrer em busca de apoio a seus projetos.[8]

As duas autoras logo acima citadas, ainda trazem à tona o posicionamento de José Rubens Morato Leite, segundo o qual, a ineficácia dos Fundos decorre de alguns fatores: a) a falta de efetividade da Ação Civil Pública de cunho indenizatório; b) a dificuldade de mensurar os efetivos prejuízos causados aos direitos metaindividuais; c) a aplicação dos recursos em local diverso daquele onde ocorreu o dano indenizado.[9]

Com esta explanação não há intensão prejudicar a imagem das ações coletivas, principalmente porque é compreensível sua importância face aos novos direitos. Entretanto, como evidenciou-se neste estudo, a propositura de ação coletiva não prejudica a propositura de ação individual. A efetividade que se observa em cada uma dessas modalidades mostra-se mutuamente complementar. Portanto, o entendimento caminha para a configuração de uma tutela unificada, que

---

[8] BARRETO; KARLINSKI, 2009, p. 272.
[9] BARRETO; KARLINSKI, op.cit.

depende dessa comunhão de ações para a sua completa efetividade – o fim último do Direito.

7.1 Reparação do dano individual ambiental

A reparação do dano individual depende de sua natureza, se material ou extrapatrimonial, e de sua avaliação consoante aos critérios técnicos, jurídicos ou éticos.

Em primeiro lugar deve-se abordar a natureza do dano:

1 – O dano material individual ambiental diz respeito ao dano inerente ao patrimônio sensível do sujeito lesado, refere-se a seus bens econômicos, sua fonte de renda e seus subsídios materiais. Quando se refere a esta modalidade de dano está-se tratando de um dano ambiental que ocasiona uma perda material ao sujeito. O indivíduo que tenha seu trabalho obstado por uma catástrofe ambiental poderá propor, face aos responsáveis e ao Poder Público, ação de indenização fundamentada no dano que originou sua perda e malogrou seus bens futuros; como exemplo pode-se citar uma comunidade extrativista – fundada na extração de resina produzida por seringueiras – que venha a ter sua atividade interrompida pela ação de atividade madeireira exploratória que remova o substrato vegetal que possibilita a superveniência da atividade comercial da citada comunidade. Neste caso, poderá o integrante desta comunidade, a título individual, buscar a reparação do dano que sofrera.[10]

2 – O dano extrapatrimonial ambiental[11] diz respeito àquele dano causado na esfera não economicamente mensurável do sujeito. Este tipo de dano está intrinsecamente conexo, mas não limitado, ao conceito de personalidade e, por extensão, ao conceito de dano moral. O sujeito afetado em sua esfera extrapatrimonial é parte legítima para buscar sua compensação, geralmente de forma pecuniária.[12] Visto que difícil é sua reparação ao *status quo ante*. Assim, há que se entender que o dano ambiental atinge a esfera extrapatrimonial do sujeito quando o impede de manter uma atividade laboriosa e, por extensão, atinge sua dignidade e influencia diretamente seu padrão de vida. Mais grave ainda é o caso em que o sujeito é afetado em seu bem-estar, sua saúde ou em sua qualidade de vida – tratando-se da higidez ambiental.

---

[10] Conforme anteriormente destacado.

[11] Sobre o qual não se falará demoradamente neste momento, eis que será avaliado em momento propício.

[12] Ao contrário do que possa parecer não é contraditória a adoção da compensação in pecúnia pela lesão a bem não economicamente mensurável, como bem destaca SZANIAWSKI (1993, p. 59 et seq.).

A reparação do dano ambiental, por sua vez, da mesma forma, depende diretamente de sua natureza:

1. A reparação advinda do dano material individual ambiental é a mais facilmente mensurável, uma vez que depende, geralmente, apenas de uma avaliação técnica para ser quantificada. Importa lembrar, no entanto, que esta reparação não se limita ao que o indivíduo perdeu, mas também ao que deixou de ganhar.[13]

2. A reparação advinda do dano extrapatrimonial ambiental, contudo, não se mostra tão facilmente realizável, já que depende de critérios subjetivos para sua quantificação. Este dano é, por excelência, mais efetivamente reparado quando observado de forma individual. "Embora possam ser estabelecidos padrões ou faixas indenizatórias para algumas classes de danos, a indenização por dano moral representa um estudo particular de cada vítima e de cada ofensor envolvidos (...)".[14]

A aflição, a angústia e a desolação daquele que sofre uma violência psíquica, por atividade empresarial de outrem, por poluição advinda de atividades alheia, deve gerar indenização, independentemente de haver ilicitude do ato, de haver tentado evitar a poluição, de ter sido fato de força maior, de haver licenciamento ambiental etc. Tanto a doutrina quanto a jurisprudência, em se tratando de dano moral puro, dispensam instrução probatória, posto que presumido, sendo impossível, ademais, se provar aquilo que se passa no âmago das pessoas. Neste sentido, Carlos Alberto Bittar esclarece que: "na verdade, prevalece o entendimento de que o dano moral dispensa prova em concreto, tratando-se de presunção absoluta, não sendo, outrossim, necessária a prova do dano patrimonial".[15]

A jurisprudência acerca do dano moral puro, por sua vez, manifesta que "sobrevindo, em razão de ato ilícito, perturbação nas relações

---

[13] VENOSA, 2005, p. 270 et seq. 208 Ibidem, p. 287.

[14] Quanto ao dano moral puro, vale transcrever alguns posicionamentos doutrinários que o esclarecem: "(...) é a dor resultante da violação de um bem juridicamente tutelado, sem repercussão patrimonial. Seja a dor física – dor-sensação, como denomina CARPENTER – nascida de uma lesão material; seja a dor moral – dor-sentimento de causa material" (DEDA, 1977, p. 280).
"(...) as dores físicas ou morais que o homem experimente em face da lesão" (DIAS, 1983, p. 780).
"(...) é todo sofrimento resultante de lesão de direitos estranhos ao patrimônio, encarado como complexo de relações jurídicas com valor econômico" (FONSECA, A., 1947, p. 242).
"Parece mais razoável, assim, caracterizar o dano moral pelos seus próprios elementos; portanto, 'como a privação ou diminuição daqueles bens que têm um valor precípuo na vida do homem e que são a paz, a tranquilidade de espírito, a liberdade individual, a integridade física, a honra e os demais sagrados afetos" (CAHALI, 1998, p. 20).

[15] BITTAR, 1993, p. 204.

psíquicas, na tranquilidade, nos entendimentos e nos afetos de uma pessoa, configura-se o dano moral, passível de indenização".[16] Logo, o abalo moral é presumido, sendo dispensável qualquer reflexo material sucedido do fato indevidamente perpetrado.

7.2 Dano moral ambiental ou dano extrapatrimonial ambiental

7.2.1 *Dano moral* – este tipo de dano se experimenta a partir da subjetividade das pessoas físicas ou jurídicas. Trata-se de um dano sofrido na esfera imaterial dos bens possuídos pelos sujeitos de direito. A principal indagação que se faz sentir nesta definição se encontra no entendimento que se tem acerca do significado de bem imaterial e da possibilidade de sua posse por pessoas físicas e jurídicas.

A definição de bem imaterial encontra-se vinculada à noção de subjetividade. O bem imaterial é aquele vinculado aos sentimentos e às relações intersubjetivas dos sujeitos de direito. Desta forma, são bens imateriais a dignidade da pessoa humana; o direito ao bom nome; o direito da pessoa sobre o próprio corpo; o direito sobre as marcas; o direito a um meio ambiente equilibrado que possibilite uma vivência digna e o aproveitamento dos benefícios que somente a higidez ambiental pode oferecer, entre outros.

No que tange à pessoa física, os bens imateriais por excelência são aqueles ligados aos direitos de personalidade,[17] dentre os quais figura a dignidade da pessoa humana e o direito à saúde e à qualidade de vida.

> O Direito Constitucional possui em seu conteúdo direitos fundamentais que se constituem em um direito objetivo, atual e válido para a tutela da personalidade, servindo para fundamentar os princípios jurídicos do próprio Estado como os princípios do estado social. Nesse sentido, o Tribunal Federal, em comunhão com a avançada doutrina, declarou ser a dignidade do homem e o livre desdobramento de sua personalidade um direito fundamental, ou um direito 'mãe', uma fonte do direito, da qual emanam outros.[18]

---

[16] BRASIL. STJ. *REsp nº 0008768*.

[17] Segundo Orlando Gomes: "(...) em Direito, toda a utilidade material ou não, que incide na faculdade de agir do sujeito, constitui um bem, podendo figurar como objeto de relação jurídica, porque sua noção é histórica, e não naturalística. Nada impede, em consequência, que certas qualidades, atributos, expressões ou projeções da personalidade sejam tuteladas no ordenamento jurídico como objeto de direitos de natureza especial" (GOMES, 1996, p. 151).

[18] SZANIAWSKI, 1993, p. 61.

Deve-se frisar que o chamado dano moral tende a se limitar ao subjetivismo, sendo, por isso mesmo, restrito. Por isso, a doutrina começa a abandonar o termo "dano moral", por entender que seu alcance é por demais limitado, motivo pelo qual se tende à substituição do mesmo pela nomenclatura de "dano extrapatrimonial".[19] Este conceito diz respeito não apenas ao subjetivo, mas a toda lesão carente de uma percepção econômica. O dano extrapatrimonial dirigido ao indivíduo alcança seus sentimentos, suas vontades e seus pensamentos, tratando-se de uma grave lesão à personalidade humana que, justamente por incidir sobre bem tão precioso, não pode restar impune. O dano extrapatrimonial provoca "(...) constrangimento e sofrimentos à vítima, dificilmente avaliáveis em dinheiro".[20]

O dano extrapatrimonial que abarca a pessoa jurídica[21] refere-se, muito mais, a um dano subjetivo do que, propriamente, a um dano objetivo. O bem intangível da pessoa jurídica encontra-se na fama e no respeito vinculados à sua marca, bem como à capacidade que esta empresa tenha de continuar a expandir seus negócios.

Entende-se que o dano à marca de uma empresa, injustamente causado, por exemplo, acarretaria o dever de indenizar o responsável pela lesão. Neste caso, o dano não incide propriamente sobre a empresa, mas sobre seu bom nome junto aos consumidores. Outra possibilidade que se poderia aventar como exemplo de dano extrapatrimonial à pessoa jurídica, seria aquele que impedisse a empresa de continuar com suas atividades comerciais ou reduzisse sua capacidade de comerciar, fato que poderia ocorrer por dano reflexo, ou seja, dano sentido no plano material que não afeta diretamente a empresa, mas influencia indiretamente em sua capacidade de comerciar.

De acordo com Sílvio de Salvo Venosa, a dificuldade de se estabelecer a justa recompensa pelo dano sofrido decorre do fato de o dano

---

[19] Embora José Rubens Morato Leite ainda afirme que "a significação mais divulgada e utilizada pelos operadores jurídicos, no contexto brasileiro, é dano moral, posto que foi assim conhecida em sua conceituação originária e consagrada em nossa legislação, de maneira ampla, desde a jurisprudência e a doutrina, até na Constituição vigente" (LEITE, 2012, p. 257).

[20] "A reparação financeira destinada à satisfação da lesão causada pelo dano moral destina-se muito mais a uma forma de apaziguar o sofrimento causado à vítima do que propriamente de uma forma de compensação. Não se poderia, obviamente, pensar que este dano deveria restar sem satisfação em virtude da dificuldade de sua quantificação e, de outra forma, seria mesmo difícil imaginar a possibilidade de se reverter a situação danosa ao *status quo ante*" (SZANIAWSKI, op. cit., p. 59).

[21] O dano moral tende a evoluir "(...) de modo a afirmar-se a indenizabilidade dos danos morais infligidos às pessoas jurídicas ou coletivas (...)" (CAHALI, 1998, p. 351 et seq.)

moral (extrapatrimonial) ser o "prejuízo que afeta o ânimo psíquico, moral e intelectual da vítima. Sua atuação é dentro dos direitos da personalidade. Nesse campo, o prejuízo transita pelo imponderável":

> O dano moral abrange também e principalmente os direitos da personalidade em geral, direto à imagem, ao nome, à privacidade, ao próprio corpo, etc. Por essas premissas, não há que se identificar o dano moral exclusivamente com a dor física ou psíquica. Será moral o dano que ocasiona um distúrbio anormal na vida do indivíduo; uma inconveniência de comportamento ou, como definimos, um desconforto comportamental a ser examinado em cada caso. Ao se analisar o dano moral, o juiz se volta para a sintomatologia do sofrimento, a qual, se não pode ser valorada por terceiro, deve, no caso, ser quantificada economicamente.[22]

Por esta exposição de Venosa, fica clara a noção que se ambiciona reforçar: a de que o dano moral deve ser ressarcido e que a forma econômica se mostra a mais indicada, ainda que imperfeita. Neste particular, deve-se ressaltar que o dano moral deve, sempre que possível, ser prevenido, posto que irreparável, em sua plenitude.

Neste sentido, Carolina Medeiros Bahia afirma que, diante da situação crítica gerada "pela sociedade de risco e da proliferação de riscos de grande dimensão, a responsabilidade civil não pode ter a sua intervenção limitada àquelas hipóteses em que o dano ambiental já foi consumado, devendo, antes, intervir para impedir a sua concretização".[23]

Os conceitos de proteção e de prevenção destacam-se em uma nova concepção mais abrangente, tanto da responsabilidade civil pelos danos ambientais, quanto do conceito que abrange o dano ambiental, conforme se detalhará mais adiante.

7.2.2 O dano moral ambiental: aspectos gerais – mencionada anteriormente, a tutela constitucional ao meio ambiente conferida pelo *caput* do artigo 225, da Constituição Federal da República de 1988, não é abarcada apenas pelo meio ambiente natural em sentido estrito – ecológico. Há o dano ambiental *lato sensu*, que inclui o social, cultural, humano e econômico, sofrido tanto pela população, quanto pelo indivíduo – pessoa física ou jurídica. Seguem-se também os danos causados aos municípios, aos estados e até ao país, que emergem da própria depreciação da condição de vida diante do impacto contra a natureza e o meio ambiente.

---

[22] VENOSA, 2005, p. 47.
[23] BAHIA, 2014, p. 134.

Para se vislumbrar a amplitude do dano causado, é preciso relembrar a definição de meio ambiente que se encontra na Política Nacional do Meio Ambiente (PNMA), inaugurada pelo artigo 2º, da Lei nº 6.938/1981. Esta mesma lei, em seu artigo 14, consagrou a responsabilidade objetiva no dano ambiental, como se lê:

> Política Nacional do Meio Ambiente, tem por objetivo a preservação, melhoria e recuperação da qualidade ambiental propícia à vida, visando assegurar, no País, condições de desenvolvimento socioeconômico, aos interesses da segurança nacional e à proteção da dignidade da vida humana (...).[24]

Apesar de já transcrito anteriormente, é relevante retomar em caráter pedagógico, o conceito legal de meio ambiente, a fim de demonstrar sua amplitude e universalidade, sem falar no aspecto sistêmico inerente aos danos ambientais. Sobre isso, veja-se o teor do artigo 3º, da suprarreferida lei da Política Nacional de Meio Ambiente:

> Art. 3º – Para os fins previstos nesta Lei, entende-se por:
> I – meio ambiente, o conjunto de condições, leis, influências e interações de ordem física, química e biológica, que permite, ABRIGA E REGE *A VIDA EM TODAS AS SUAS FORMAS*;
> II – degradação da qualidade ambiental, a alteração adversa das características do meio ambiente;
> III – poluição, a degradação da qualidade ambiental resultante de atividades que direta ou indiretamente:
> *a) prejudiquem A SAÚDE, A SEGURANÇA E O BEM-ESTAR DA POPULAÇÃO; B) CRIEM CONDIÇÕES ADVERSAS ÀS ATIVIDADES SOCIAIS E ECONÔMICAS* (...) (sem destaques no original).[25]

Verifica-se ainda, que a PNMA é de grande abrangência, alcançando aspectos econômicos e sociais ligados aos direitos individuais e personalíssimos, como a dignidade da vida humana, assim como também políticos, no que se refere à segurança nacional. Isso demonstra quão avançada é a legislação pátria, coerente com o real e hodierno conceito de meio ambiente.

O ser humano é parte integrante do meio ambiente. Portanto, no meio ambiente estão englobados, conforme bem definido pela PNMA – Lei nº 6.938/1981, não só a natureza, mas também o homem, sua dignidade, cultura, economia etc.

---

[24] BRASIL. *Lei nº 6.938/1981*.
[25] Idem.

A economia e o meio ambiente mantêm vínculos estreitos. Havendo uma alteração radical nos bens naturais utilizados no processo produtivo, haverá inevitável reflexo econômico, com variação de preços de produtos, processos inflacionários, diminuição de oferta de matérias-primas e eventual recessão. Nesse particular, leia-se a doutrina:

> No momento em que se procura normatizar a utilização do meio ambiente, trabalha-se com dois aspectos de sua realidade. O primeiro considera o meio ambiente enquanto elemento do sistema econômico, e o segundo considera o meio ambiente como sítio, um local a ser apropriado para o lazer ou para as externalidades da produção, tornando-se depósito dos subprodutos indesejáveis desta produção. Procura-se normatizar uma economia (poupança) do uso de um bem, e determinar artificialmente um valor para a conservação de recursos naturais. Estes são os meios encontrados para "integrar os recursos naturais ao mercado".[26]

Por consequência, um dano ambiental causa prejuízo ao meio onde vive o homem, ao seu *habitat*, ao sistema em que o homem exerce suas relações intersubjetivas e pessoais, gerando reflexos em seus costumes, cultura, economia, patrimônio, modo de viver, subsistência, renda, dignidade. Nesse sentido, acrescenta Branca Martins da Cruz:

> Uma mesma ação sobre o ambiente pode ser causadora de diferentes danos, pessoais como patrimoniais ou ainda ecológicos. A poluição de um rio pode causar danos na saúde dos banhistas desprevenidos, das pessoas que bebam a água contaminada ou daquelas que consumam o peixe aí pescado ou os produtos agrícolas cultivados nas suas margens; pode provocar danos patrimoniais aos proprietários e aos agricultores ribeirinhos, aos pescadores cuja subsistência dependa do rio inquinado ou aos operadores turísticos da região; como causará igualmente danos ecológicos traduzidos na destruição da fauna e da flora do rio, assim como a perda da qualidade da água, necessária ao normal equilíbrio ecológico do ecossistema danificado.[27]

O dano ambiental quebra o sistema e a cadeia da vida, como também a cadeia produtiva. É a espécie mais devastadora de dano, uma vez que compromete todo o sistema, desde microrganismos primitivos até os sentimentos subjetivos do próprio homem.

O dano moral também é patente e vem na mesma esteira do dano patrimonial, ambos oriundos do dano ambiental. Vejam-se as palavras de Yussef Said Cahali:

---

[26] DERANI, 1997, p. 106.
[27] CRUZ, 1997, p. 07.

FABIANO NEVES MACIEYWSKI
ADVOGAR NO DIREITO AMBIENTAL

Segundo entendimento generalizado na doutrina, e de resto consagrado nas legislações, é possível distinguir, no âmbito dos danos, a categoria dos danos patrimoniais, de um lado, dos danos extrapatrimoniais, ou morais de outro; respectivamente, o verdadeiro e próprio prejuízo econômico, o sofrimento psíquico ou moral, as dores, as angústias e as frustrações infligidas ao ofendido.[28]

Nesse prisma, o dano ambiental moral coletivo – dano moral de natureza ambiental –, já está bastante consolidado em nossa doutrina, como segue: "podemos, pois, concluir que o dano ambiental é toda e qualquer forma de degradação, que afete o equilíbrio do meio ambiente, tanto físico quanto estético, inclusive a ponto de causar independentemente de qualquer padrão pré-estabelecido, mal estar à comunidade".[29]

Assim, Luís Henrique Paccagnella assevera que "sempre que houver um prejuízo ambiental objeto de comoção popular, com ofensa ao sentimento coletivo, estará presente o dano moral ambiental".[30] "O dano moral ambiental vai aparecer quando, além (ou independentemente) dessa repercussão física no patrimônio ambiental, houver ofensa ao sentimento difuso ou coletivo. Ou seja, quando a ofensa ambiental constituir dor, sofrimento, ou desgosto de uma comunidade".[31]

Deve-se ressaltar ainda que o hodierno conceito de dano moral ambiental coletivo é respaldado pelo artigo 1º da Lei nº 7.347, de 24 de julho de 1985, que dispõe sobre "as ações de responsabilidade por danos morais e patrimoniais causados ao meio ambiente [inciso I] e a qualquer outro interesse difuso ou coletivo [inciso IV]".[32]

Todas as pessoas que presenciam ou são afetadas pelo dano ambiental se tornam vítimas e são violadas em direitos e garantias definidos no artigo 225 da Constituição Federal da República de 1988. Imagine-se o sentimento que toma conta daqueles que vivem no ambiente diretamente afetado.

Portanto, há que se reconhecer que para uma dada comunidade que depende de um ecossistema equilibrado e conservado, o dano ambiental ultrapassa o dano individual. O sofrimento causado pelos danos ambientais, o sentimento de insegurança e de incerteza provocados não se restringem a uma pessoa, mas alcançam toda a comunidade.

---

[28] CAHALI, 1998, p. 19.
[29] LYRA, 1997, p. 53.
[30] PACCAGNELLA, 1997, p. 45.
[31] Idem, p. 46.
[32] BRASIL. *Lei nº 7.347/1985.*

O comerciante que não sabe se poderá vender suas mercadorias; o dono do restaurante que vê seus clientes desaparecerem; os profissionais de saúde pressionados por uma maior demanda; a mãe que desconfia dos alimentos contaminados e da água imprópria ingeridos por seus filhos, dentre outros problemas.

Conforme assinala Fernando de Paula Batista Mello:

> Por este motivo, em paralelo ao que comumente se denominou de "dano moral", questiona-se, agora, a existência de um "dano moral coletivo". Pressupõe tal figura que seja possível causar dano não patrimonial de forma difusa, afetando-se uma coletividade, para além da individualidade de cada um. Trata-se, em verdade, de reconhecer que a coletividade é um ente que, embora despersonalizado possui valores morais e um patrimônio ideal que merece proteção – busca-se investigar, em contraposição ao dano patrimonial transindividual, aceito e pacífico pela doutrina, a existência e previsão de um dano não patrimonial transindividual.[33]

A jurisprudência brasileira teve a oportunidade de analisar a questão complexa da indenização moral do meio ambiente em diversos momentos, especialmente quando discutida no Congresso Nacional e em outros fóruns. Nesse sentido, segundo Vladimir Passos de Freitas, o primeiro acórdão tratando do tema assim analisou a questão:

> Poluição Ambiental. Ação Civil Pública formulada pelo Município do Rio de Janeiro. Poluição consistente em supressão da vegetação do imóvel sem a devida autorização municipal. Cortes de árvores e início de consrução não licenciada, ensejando multas e interdição do local. Dano à coletividade com destruição do ecossistema, trazendo consequências nocivas ao meio ambiente, com infringência às leis ambientais (...). Conlenação à reparação de danos materiais consistentes no plantio de 2.800 árvores e ao desfazimento das obras. Reforma da sentença para inclusão do dano moral perpetrado à coletividade. Quantificação do dano moral ambiental razoável e proporcional ao prejuízo coletivo. A impossibilidade de reposição do ambiente ao estado anterior justifica a condenação em dano moral pela degradação ambiental prejudicial à coletividade. Provimento do recurso. (...) Outra é o dano moral consistente na perda de valores ambientais pela coletividade. O dano moral ambiental tem por característica a impossibilidade de mensurar e a impossibilidade de restituição do bem ao estado anterior. Na hipótese, é possível estimar a indenização, pois a reposição das condições ambientais anteriores, ainda que determinado o plantio das árvores,

---

[33] MELLO, 204, p. 70.

a restauração ecológica só se dará, no mínimo dentro de 10 a 15 anos. Conforme atestam os laudos (...) nesse interregno a degradação ambiental se prolonga com os danos evidentes à coletividade, pela perda da qualidade de vida nesse período. Os danos ao meio ambiente, vêm sendo cada vez mais perpetrados, resultante da insensibilidade dos perpetradores, por isso que devem ser reprimidos a benefício da coletividade. Assim sendo, de acordo com os princípios da razoabilidade e da proporcionalidade norteadoras da fixação do valor, e de acordo com o brilhante parecer do procurador de Justiça Dr. Luiz Otávio de Freitas, que na forma regimental passa a integrar o julgado, dá-se provimento ao apelo, para condenar o apelado ao pagamento de danos morais ambientais, no equivalente a 200 (duzentos) salários mínimos nesta data, revertidos em favor do fundo previsto no artigo 13 da Lei 7.347/85. (Tribunal de Justiça do Rio de Janeiro – Segunda Câmara Cível, Apelação Cível n. 2001.001.14586, Relatora: Des. Maria Raimunda T. de Azevedo, Rio de Janeiro, 06 de março de 2002)[34]

Esta decisão revela a proteção ao meio ambiente de maneira ampla, considerando-se tanto aspectos paisagísticos, culturais e ecológicos. Neste mesmo sentido, pode-se dizer, num exemplo, que os cariocas teriam sua felicidade individual e seu ânimo coletivo afetados pela destruição do Cristo Redentor. Caberia ao autor do dano a responsabilidade de indenizar material a sociedade carioca, reconstruindo o monumento. Porém, o tempo empregado para a conclusão da obra, eventuais diferenças aparentes e estruturais com relação ao monumento original, dentre outras questões, levariam o carioca à decepção, frustração e angústia passíveis de serem, outra vez, objeto de demanda por dano ambiental.

No mesmo sentido, ao verem os monumentos de Oscar Niemayer pichados e visualmente poluídos, levariam os moradores de Brasília a sentirem-se moralmente lesados, vindo a buscar reparação por dano ambiental. Os moradores da cidade paranaense de Guaíra, que viviam do turismo centrado nas belezas naturais de Sete Quedas, angustiaram-se pelo alagamento provocado pela barragem da Hidroelétrica de Itaipu, que alterou profundamente o ritmo de suas vidas e de sua cidade. Sua economia minguou, seu cotidiano se perdeu, sua autoestima se retraiu.

É por tudo isto que a proteção ambiental tem que ser a mais ampla possível. A população é o sujeito de direito, de maneira individual ou coletiva, de maneira ativa ou passiva, de vez que o meio ambiente

---

[34] FREITAS, 2004, p. 29. Neste tópico deve-se ressaltar o trabalho do Procurador Municipal do Rio de Janeiro, responsável pela supra-referida ação, Dr. Arlindo Daibert Neto.

equilibrado, a qualidade de vida e a sustentabilidade das cidades são direitos da presente e das futuras gerações.

Além de sofrer do dano moral ambiental coletivo, sujeito sofre também o dano ambiental moral individual. Ou seja, além de ser ofendido pela perda de qualidade do ambiente que vive, ainda sofre restrições diretas em sua vida particular. O dano moral individual é um reflexo do dano ecológico, que aumenta a restrição e o sofrimento individuais, por exemplo, pelo impedimento do exercício de uma profissão. Esta é a situação de pescadores artesanais em casos de derramamento de óleo.[35] É o caso também de pessoas que não podem viver em sua casa, em função de ruídos (poluição sonora) ou do mau cheiro ocasionado por indústrias ou estações de tratamento de esgoto.

Tratando-se da atividade pesqueira, verifica-se que o dano ambiental causado por um derramamento de óleo gera a seguinte cadeia viciosa: devido à toxidade, o óleo mata algas e microrganismos aquáticos fluviais e marinhos, mata peixes e animais diretamente afetados, mata peixes que se alimentam dos microrganismos atingidos, reduz a reprodução dessas espécies, leva à proibição da pesca, impede o trabalho e a formação da renda do pescador, deprecia preços e condições de mercado pela ameaça de contaminação, impede o sustento das famílias envolvidas, causa inquestionável abalo moral não só à pessoa impedida de trabalhar e prover o sustento de seus dependentes, como em toda a comunidade que vive exclusivamente da pesca.

Nesses casos, o meio ambiente cultural previsto expressamente na Constituição Federal da República de 1988, também é danificado, pois aqueles pescadores exercem o ofício como herança cultural, pescando o próprio alimento, como seus pais e avós faziam e como seus filhos devem ter a escolha de fazer, sob pena de perderem seus costumes e sua dignidade.[36]

A pesca é a única atividade profissional e, ao mesmo tempo, cultural, que faz sentido para suas vidas. Trata-se de seu sustento, cultura, herança afetiva, rotina e, acima de tudo, do sentido de suas existências. Subtraí-la, prejudicá-la ou proibi-la, gera enorme

---

[35] Deve-se utilizar como paradigma os ensinamentos deixados pelo acidente do EXXON VALDEZ: "Pesquisa de impacto na comunidade do derramamento de óleo do EXXON VALDEZ demonstrou claramente um padrão crônico de perda econômica, conflito social, ruptura cultural e stress psicológico". (...) "Reportamos aumento de incidência do abuso do álcool e drogas, aumento da violência doméstica, aumento da incidência de problemas de saúde mental" (GILL, 1994, p. 207-235).

[36] Artigo 216, inciso III da Constituição da República Federativa do Brasil de 1988.

sofrimento. Uma pessoa impedida de exercer seu labor, sofre dano moral. Neste sentido, afirma Vladimir Passos de Freitas:

> Imaginemos um caso em que a vítima invoque dano moral, consistente em sofrimento, perda, diminuição de fruição da vida em razão de um dano ambiental. Suponha-se um pescador amador que, por anos, desfruta de um rio limpo para o exercício da pesca desportiva. Se a água for contaminada por uma empresa, evidentemente haverá um dano moral a ser reparado. Na verdade, acostumados com o progresso a qualquer preço, absorvemos nos últimos trinta anos todos os danos ambientais possíveis. No entanto, ainda é tempo de reagir exigindo reparação daqueles que, em nome do progresso, poluem o ar, o solo, as águas, a paisagem, enfim, tudo de que necessitamos para uma vida digna e com equilíbrio emocional.[37]

Edis Milaré distingue as espécies de dano ambiental da seguinte forma:

> (i) o dano ambiental coletivo ou o dano ambiental propriamente dito, causado ao meio ambiente globalmente considerado, em sua concepção difusa, como patrimônio coletivo; e (ii) o dano ambiental individual, que atinge pessoas, individualmente consideradas, através de sua integridade moral e/ou de seu patrimônio material particular.[38]

Sobre este aspecto importa retomar o ensinamento sobre a ambivalência do dano ambiental – de acordo com José Rubens Morato Leite, já abordado no item 9.4 desta pesquisa –, que implica em afetação do macrobem ambiental de interesse coletivo, quanto dos interesses próprios e individualizáveis (microbem ambiental), que refletem no macrobem.[39] Saliente-se que o dano moral ambiental, seja coletivo ou individual, pode ser puro ou não, presumido ou não, conforme tem entendido a doutrina e a jurisprudência brasileira.

7.2.3 *O dano extrapatrimonial ambiental: aspectos específicos* – como se afirmou anteriormente, a definição de dano moral é por demais restrita para tutelar a extensa gama de lesões não patrimoniais, motivo pelo qual convencionou-se a utilização do termo 'dano extrapatrimonial'. Sobretudo quando se enevereda pelo campo do dano ambiental há que se perceber a numerosa gama de imbricações pertinentes à sua tutela.

---

[37] FREITAS, 2004. p. 31.
[38] MILARÉ, 2005, p. 177 et seq.
[39] LEITE, 2003, p. 98 et seq.

O dano extrapatrimonial ambiental é percebido em duas esferas: objetivamente, quando diz respeito a um dano direto que se faz sensível no mundo material, como no caso da pessoa física que tem sua aparência ou sua saúde afetada em virtude de dano ao meio ambiente.[40] Subjetivamente, quando for um dano aos sentimentos individuais ou coletivos, que digam respeito à imagem ou à dignidade de uma pessoa, ou de uma região.[41]

Sobre este assunto Sousa, lembrado por Leite, estabelece que "(...) o direito geral de personalidade significa o direito de cada homem ao respeito e à promoção da globalidade dos elementos, potencialidades e expressões da sua personalidade humana, assim como da unidade *psico-físico-sócio-ambiental* da mesma (...)"[42] e, ainda, Tepedino lembra que:

> Compreendem-se, sob a denominação de direitos de personalidade, os direitos atinentes à tutela da pessoa humana, considerados essenciais à sua dignidade e integridade. Em síntese feliz, observou-se que "o homem, como pessoa, manifesta dois interesses fundamentais: como indivíduo, o interesse é uma existência livre; como partícipe do consórcio humano, o interesse ao livre desenvolvimento da 'vida em relações'. A esses dois aspectos essenciais do ser humano podem substancialmente ser reconduzidas todas as instâncias específicas da personalidade".[43]

Mais uma vez deve-se lembrar que o dano moral (extrapatrimonial) é conexo à noção de personalidade. No caso do dano

---

[40] Lembrando sempre o entendimento de meio ambiente em sentido amplo, sendo aquele natural ou artificial, bem como cultural ou do trabalho.

[41] Sabe-se que, ao colocar-se esse entendimento sobre o assunto, contraria-se o que dispõe Leite "Na hipótese da lesão ambiental, esta se configura subjetiva quando, em consequência desta, a pessoa física venha a falecer ou sofrer deformidades permanentes ou temporais, trazendo sofrimento de ordem direta e interna. Por outro lado, tem-se como dano extrapatrimonial objetivo aquele que lesa interesses que não repercutem na esfera interna da vítima e dizem respeito a uma dimensão moral da pessoa no meio social em que vive, envolvendo sua imagem. Isto é, aquele que atinge valores imateriais da pessoa ou da coletividade, como, por exemplo, ao degradar o meio ambiente ecologicamente equilibrado ou a qualidade de vida, como um direito intergeracional, fundamental e intercomunitário" (LEITE, 2012, p. 272 et seq.). Segundo esse entendimento, a subjetividade encontra-se no dano que não é sentido no ambiente material, enquanto a objetividade reside no dano que se traduz de forma sensível, perceptível aos sentidos. Sabe-se que, provavelmente, Leite adota esta posição por entender o meio ambiente do coletivo para o individual, ou seja, o dano causado à objetividade do indivíduo configurar-se-ia, em dimensões coletivas, como dano a uma unidade da coletividade, portanto, apenas verificável subjetivamente dentro da coletividade. Em outro sentido, o dano externo ao indivíduo, capaz de abarcar a grande parte da coletividade far-se-ia sensível ao sentimento comum, saindo, portanto da esfera da subjetividade coletiva. Porém, a proposta desse trabalho é uma avaliação a partir do sujeito, e de sua capacidade de auxiliar, ainda que individualmente, na proteção ao meio ambiente.

[42] LEITE, idem.

[43] TEPEDINO, 2002, p. 24.

extrapatrimonial, há que se entender que sua ligação com o direito de personalidade reside, sobremaneira, no conceito de dignidade da pessoa humana, pois esta prerrogativa assegura a todo indivíduo e, portanto, à coletividade, o direito a um ambiente que propicie uma vivência saudável, com qualidade de vida e perspectivas de futuro.

Outro aspecto delicado à reparação do dano moral ambiental é a delimitação do *quantum* devido.

> As dificuldades de avaliação do *quantum debeatur* do dano extrapatrimonial são imensas; contudo, este há de ser indenizado sob pena de falta de eficácia do sistema normativo. Portanto, compete ao Poder Judiciário importante tarefa de transplantar, para a prática, a satisfação do dano extrapatrimonial ambiental. Abrindo-se espaço para o ressarcimento do dano extrapatrimonial, amplia-se a possibilidade de imputação ao degradador ambiental.[44]

A fixação do dano moral ambiental vai depender da prudência e correta avaliação do julgador. O desafio é presente e precisa ser encarado de modo que a indenização não seja exorbitante, nem extrapole o razoável, o caráter preventivo e repressivo que a indenização deve apresentar, nem tampouco seja ínfima a ponto de interessar ao poluidor a continuidade dos danos ambientais.

7.2.4 *Dano ambiental individual em sua esfera extrapatrimonial* – conforme demonstrado nesta pesquisa, o dano extrapatrimonial individual diz respeito àquela lesão que afeta os bens imateriais do sujeito. Em se tratando do indivíduo, o bem extrapatrimonial por excelência, relacionado ao direito de personalidade, é a dignidade da pessoa humana, juntamente com os bens extrapatrimoniais dela decorrentes.

Entretanto, como relacionar esta lesão ao dano ambiental? A resposta é simples, pois quando se fala de lesão ao bem extrapatrimonial ambiental, por índole indivisível, está-se falando de uma lesão que atinge diferentemente cada um dos integrantes da coletividade. Isso significa que tal dano deve ser reparado de forma diferenciada, para cada um dos participantes da comunidade lesada.

Sob esta ótica, ainda que seja de natureza coletiva a ação responsável por garantir indenização à sociedade pelos danos morais, sua efetividade deverá ocorrer de forma individual. Em outros termos, a reparação do bem moral ambiental deve ser diferenciada, de acordo com a situação enfrentada por cada um dos atingidos pelo dano, devido à natureza individual de cada lesão.

---

[44] LEITE, 2011, p. 385.

A concepção adotada, portanto, é a de que "o dano extrapatrimonial individual ambiental trata das lesões à psique do sujeito, ou aos demais integrantes do rol de bens morais atinentes ao indivíduo".[45] Nesse caso, o dano não deverá restar impune. Mais do que isso, quando se fala de dano moral ambiental há uma responsabilidade do sujeito em buscar a sua reparação, visto que a ele é imputado o dever de zelar pelo patrimônio ambiental, como estabelece o artigo 225, da Constituição Federal da República de 1988.

No que tange ao direito moral ambiental, a busca da tutela jurisdicional face ao direito de personalidade prescinde de instrumentos para sua efetivação. Estes devem ser fornecidos pelo Poder Público, não apenas em função da obrigatoriedade de oferecer a devida tutela aos direitos em geral, mas porque o mesmo artigo 225, da Constituição Federal, o obriga a zelar, igualmente, pelo bem ambiental. Sobre isto, Daniela A. Rodrigueiro assenta que:

> Entendemos que qualquer dano ao meio ambiente, qualquer agressão aos recursos ambientais, geram danos ambientais, que poderíamos traduzir em 'dano ecológico' e, necessariamente, ainda que indiretamente, haverá repercussão deste dano sobre pessoas. Esta 'repercussão' por assim dizer é aquela plenamente indivisível. O dever de reparar a degradação ambiental não pode, pois, residir na existência concreta e já perceptível de um dano a uma só pessoa ou a uma pequena coletividade, mas, sim, na pura agressão, na pura degradação ambiental, por natureza difusa, agressão esta com reflexos patrimoniais e extrapatrimoniais.[46]

A estas observações adiciona-se que, embora o dano seja de natureza coletiva, sua reparabilidade poderá e deverá ocorrer de forma individual e coletiva.

Com o intuito de lograr a satisfação dos direitos extrapatrimoniais lesados, a propositura de ação coletiva não prejudica a propositura de ação individual com o mesmo intuito. A sentença obtida em ação coletiva poderá ter seus efeitos irradiados para ações individuais, cujo fato gerador seja o mesmo. Trata-se do transporte *in utilibus*[47] da execução individual de sentença proferida em ação coletiva.

---

[45] VENOSA, 2005, p. 46 passim.

[46] RODRIGUEIRO, 2004, p. 170.

[47] "Assim é que, procedente à demanda pode o indivíduo, que tenha sentido um dano pessoal decorrente do mesmo ato enfocado, extrair a sentença condenatória do dano coletivo e utilizá-la para fins de reparação do seu individualmente considerado. Isto é, o transporte *in utilibus* da sentença coletiva procedente. Tal e qual ocorre nas ações civis *ex delicto* estampadas no art. 63 e ss. do Código de Processo Penal. Assim, como o art. 91, I, do Código

Quando houver sentença condenatória em ação coletiva ulterior, a utilização do transporte *in utilibus* é procedimento extremamente desejável, como forma de satisfação às ações individuais. Isto serve à economia processual, como também contribui com o aumento da efetividade das ações. Vale frisar, no entanto, que a sentença proferida em ação coletiva não impede a propositura de ações individuais com o mesmo objeto. Mas as sentenças obtidas nessas ações não terão efeito *erga omnes*, devendo o interessado solicitar seu enquadramento junto ao caso que ensejou a sentença coletiva, quando lhe for benéfica.

Ressalte-se que, mesmo suspensa a ação individual, posteriormente, dever-se-á executá-la individualmente, podendo resultar em futura e necessária produção de prova pericial, gerando quase uma nova "instrução probatória", a fim de individualizar definitivamente o dano individual homogêneo, especialmente quando forem opostos embargos à execução, retardando ainda mais sua efetividade.

> Assim, determina o art. 104 (do CDC), em sua segunda premissa que se os autores de ações individuais pretenderem o benefício da coisa julgada, *secundum eventum litis*, (...) deverão requerer, no prazo de trinta dias a contar de sua ciência, a suspensão de seu processo individual, aí então poderão beneficiar-se com os efeitos da coisa julgada coletiva. Esta suspensão se dará por prazo indeterminado, e se procedente a demanda coletiva, dela o autor individual se valerá, se improcedente, o curso de seu processo individual retomará sem vinculação ao julgado do feito coletivo.[48]

Quando se fala de dano extrapatrimonial ambiental, é difícil imaginar a utilização do transporte *in utilibus* da sentença, pois, como já se disse, o dano moral afigura-se de maneira diferente em cada caso. A lesão deve ser analisada em sua extensão e gravidade, no caso concreto. Entretanto, há que se notar a possibilidade de transporte parcial da sentença, quando tiver por objeto dano idêntico ou similar àquele do autor de ação individual. Almeja-se, com isso, aventar a possibilidade de se aproveitar o que já foi averiguado na ação coletiva, sobretudo, no que diz respeito ao dano material mais facilmente verificável e quantificado homogeneamente. Nesses casos, levanta-se a hipótese de continuidade da ação individual, apenas quanto aos danos que, eventualmente, não tenham sido averiguados pela ação coletiva.

Penal, enquanto lei material, aponta o dever de indenizar a vítima em decorrência do reconhecimento, da existência incontestável de um ato criminoso, aqui o Código de Defesa do Consumidor autoriza e determina a possibilidade de a vítima utilizar a condenação coletiva para a satisfação do dano pessoal" (RODRIGUEIRO, op. cit., p. 87).

[48] RODRIGUEIRO, 2004, p. 89.

TUTELAS JURISDICIONAIS DO MEIO AMBIENTE[1]

Pelo conjunto de leis nacionais, o direito ao meio ambiente hígido se transforma em um direito material conferido a toda coletividade. Trata-se, por meio da Constituição Federal da República de 1988, de um princípio de garantia que protege o meio ambiente ecologicamente equilibrado.

A partir dessa avaliação, há a necessidade de tornar efetiva a realização das tutelas previstas pela legislação, de modo a concretizar o direito material. O sistema processual traz a efetividade que a abstração da declaração de direitos não garante prontamente. Embora a mera menção de determinado direito dentro de um ordenamento jurídico já lhe confere certa estabilidade e funciona como garantia à manutenção daquele direito. Contudo, quando a publicação de uma norma de conduta não for o bastante para garantir a realização do direito material, far-se-á necessária a imposição, por meio do poder coator do Estado, destas normas, seja ao particular, seja ao próprio Poder Público.

A realização dos preceitos albergados pela Constituição Federal da República de 1988, e por seus normativos inferiores é uma vontade coletiva. "Trata-se de realizar os objetivos do próprio Estado, enquanto tradutor das vontades populares e realizador dos anseios da coletividade".[2] Sendo inevitável a utilização da força, será necessária a presença de

---

[1] "Ora, se a sociedade atual é caracterizada por ser de produção e consumo de massa, é natural que passem a surgir conflitos de massa e que os processualistas estejam cada vez mais preocupados em configurar um adequado 'processo civil coletivo' para tutelar os conflitos emergentes". (MARINONI; ARENHART, 2004, p. 784).

[2] DINAMARCO, 2003, p. 93.

determinadas regras que imponham ao Estado uma forma de conduta, limitando-lhe a ação ao processo legal.

A ideia do processo deve estar ligada à de efetividade do direito e à consecução do fim último do Estado, que é a pacificação social. Como bem assevera Denti, "um dos graves problemas da efetividade do processo estava em pensar a ação como princípio fundamental do processo, enquanto o direito de ação é mero fundamento a um princípio maior, qual seja a efetividade do processo".[3] Neste mesmo sentido, Marinoni e Arenhart asseveram que,

> Muito embora hoje seja 'costume' falar em tutela jurisdicional dos direitos, é preciso que se deixe claro que o jurista que estuda o processo civil na perspectiva de que a tutela jurisdicional tem sério compromisso em pensar em um processo que possa responder, com efetividade, às diversas necessidades de tutela do direito material.[4]

A tutela jurisdicional do meio ambiente se faz dependente do processo como forma de garantir sua realização;[5] neste viés, há que se entender a relação intrínseca que o processo mantém com a efetividade dos diretos e garantias fundamentais. Pois, segundo estabelece Tessler: "(...) nos casos em que o direito material, por si só, não consegue consagrar a garantia da inviolabilidade ambiental, é necessário recorrer ao Poder Judiciário. Quando, em um processo, após ser provocado, o Estado-Juiz presta uma resposta com o fim de consagrar o direito à inviolabilidade do ambiente, fala-se em tutela jurisdicional do meio ambiente".[6]

> A diversidade de provimentos concebidos e instalados na ordem processual é um dos aspectos da técnica processual, destinando-se cada um deles a debelar uma espécie de *crise jurídica* mediante a oferta de solução prática adequada segundo os desígnios do direito substancial e sempre com vista a produzir *resultados úteis* na vida dos sujeitos.[7]

A tutela jurisdicional será exercida sempre que a tutela do Direito, em seu viés material, não baste à defesa do direito fundamental ao meio

---

[3] DENTI, 1982, p. 12. No mesmo sentido, DINAMARCO, 2003, p. 92 passim.
[4] MARINONI; ARENHART, 2004, p. 474.
[5] Embora não se ignorem as possibilidades de conciliação e arbitragem para solucionar tais conflitos.
[6] TESSLER, 2004, p. 157.
[7] DINAMARCO, 2004, p. 149.

ambiente hígido. Importa registrar que a manutenção de um ambiente saudável está prevista pelo direito material e assiste a toda coletividade, que, em vendo este direito ameaçado, ainda que em face da existência da proibição de tal ameaça, poderá lançar mão do poder coator do Estado por meio da tutela jurisdicional. Todavia, se a efetivação do direito material ocorrer mediante o processo, é imprescindível que o propositor da ação tenha instrumentos funcionais para realização desse intento. Nesse sentido, é necessário que cada situação de lesão ou ameaça de lesão contra o meio ambiente possua uma tutela jurisdicional capacitada a protegê-lo.

8.1 A crise jurídica do processo civil clássico defronte aos interesses difusos, com ênfase no Direito ambiental

Interesses difusos são aqueles que dizem respeito a uma coletividade, curiosamente sua característica fundamental reside na sua indivisibilidade. Sob esse aspecto, clara é a contribuição de Daniela A. Rodrigueiro:

> Como dita a regra do art. 81, parágrafo único, inciso I do Código de Defesa do Consumidor, para que se identifiquem interesses difusos, necessário que se visualize um direito que supere a categoria de direito privado individual, no qual possamos verificar um número indeterminado de pessoas detentoras deste direito e relacionados por um acontecimento da vida, por um fato.[8]

E continua:

> O fato é que o interesse difuso sempre o será indivisível, posto que compartilhado por número indeterminado de pessoas e impossível de se quantificar ou dividir o interesse entre os por ele atingidos.[9]

Portanto, fica nítida a noção de que os direitos difusos se distanciam das características comuns a outros direitos, primeiro por não poderem ser distribuídos em partes entre seus detentores e, segundo, pelo fato de ser inviável a nomeação de todos os que a ele se referem, visto que se trata de direito pertencente a um número (via de regra) indeterminado de pessoas, motivo que esclarece sua indivisibilidade.

---

[8] RODRIGUEIRO, 2004, p. 44 et seq.
[9] Idem.

Cabe, porém, destacar que, apesar de não poder determinar quantas pessoas são possuidoras de um determinado direito difuso é possível dizer se determinada pessoa é ou não uma das titulares daquele direito. Embora, quando se trata de direitos na esfera ambiental, é necessário que se avente a possibilidade global de preservação desse interesse, o que tornaria a todos os integrantes de dada comunidade titulares do direito tutelado.

A concretização dos interesses difusos como direitos que devem ser garantidos pelo Estado gerou uma onda de renovação nos sistemas jurídicos em âmbito mundial. A concepção tradicional acerca do processo civil não comporta a proteção aos interesses difusos, mesmo porque "o conceito clássico de processo pressupunha apenas duas partes, que visavam à solução de um conflito em prol de interesses individuais".[10]

"O processo civil clássico é herança de um sistema voltado ao Estado Liberal, no qual a inviolabilidade da propriedade e o direito incontestável à individualidade eram princípios oponíveis a tudo e a todos".[11] Neste âmbito, a figura do direito do indivíduo sobrepunha-se ao direito da coletividade. O sujeito, entrincheirado em seu egoísmo e avesso à ideia de abrir mão de seus interesses foi figura central das políticas públicas e legislativas mesmo após a crise das políticas liberais e a ascensão da social democracia.

Obviamente, o conceito individualista da lei não se aplica mais em face dos novos direitos,[12] sobretudo aqueles de caráter difuso. Em relação a esses, é necessário que os princípios de garantia ao indivíduo sejam relativizados, ao menos quando o bem jurídico que se lhe oponha

---

[10] CAPPELLETTI; GARTH, 1988, p. 47 et seq.

[11] TESSLER, 2004, p. 165.

[12] Convencionou-se dividir os interesses chamados metaindividuais entre aqueles ditos difusos, coletivos e individuais homogêneos. Esta obra não pretende entrar a fundo nesta questão, motivo pelo qual basta uma pequena explanação. Os interesses metaindividuais são caracterizados por extrapolar a figura do indivíduo e abarcar uma imensa gama de sujeitos conexos por um fato gerador idêntico, que pode, ou não, ser divisível conforme a parte que caiba a cada um dos atingidos. A classificação consiste em separar os interesses difusos como aqueles que se caracterizam pela sua indivisibilidade e pela indeterminação de seus detentores; os direitos coletivos, que, por sua vez, mesmo sendo igualmente indivisíveis, possuem sujeitos determinados ligados apenas por uma situação jurídica em comum e os direitos individuais homogêneos que, contrariamente a seus corolários, são divisíveis, embora mantenham a característica de envolver uma extensa quantidade de sujeitos afetados por uma situação similar como, por exemplo, a compra de aparelho eletrônico de mesma marca que apresenta defeito idêntico, ou uma dada comunidade de pessoas atingida por um dano ambiental. Neste caso, fica clara a divisibilidade do interesse posto em litígio bem como a facilidade que este possui de ser reduzido à pecúnia. Sobre este tema ver: RODRIGUEIRO, 2004, p. 37 passim.

for fundamental à manutenção de meio ambiente saudável. O que não significa a extinção da possibilidade de busca individual pela tutela ambiental, aliás desejável, como já aventado, em consonância com a tutela coletiva em prol de uma maior efetividade do processo. De acordo com Tessler, duas máximas próprias do Estado liberal devem ser refutadas quando opostas ao Direito ambiental:

> 1 – A primeira máxima que se deve refutar é aquela referente à patrimonialidade dos direitos, ou seja, a ideia de que todo dano pode ser reduzido à pecúnia. Os danos ambientais raramente podem ser indenizados, e, quando essa solução for possível, deverá destinar-se à recuperação do meio ao seu *status quo ante*. A manutenção do meio ambiente é fim último de qualquer tutela que vise lhe conferir qualquer garantia, logo é desnecessário dizer que a redução do Direito Ambiental à pecúnia deve ser ao máximo evitada.
> 2 – Outro axioma que deve ser revisto é o da liberdade individual. A individualidade dentro do processo civil é preceito antiquado para, no mais das vezes, proteger o bem ambiental. De acordo com aquele instituto, a defesa dos direitos parte da esfera individual, e apenas ao indivíduo, em face da disponibilidade dos direitos, caberia buscar em juízo a reparação de eventual dano.[13]

Neste sentido há que se pensar um processo civil em que a legitimidade não esteja adstrita ao indivíduo, sendo mesmo perigosa a tutela ambiental da qual não se possa buscar a efetivação ainda que seja difícil ou, até mesmo, impossível determinar quem são os titulares do direito. Mesmo porque, o Direito ambiental é difuso e não pode ser endereçado a uns poucos sujeitos, pois não raras vezes, afeta a toda humanidade.

Este processo...

> é bastante complexo. Em primeiro lugar porque, tratando-se de direitos transindividuais, a legitimação para a causa, tradicionalmente fundada na 'titularidade' do direito invocado, deve ser pensada de forma diversa, uma vez que, como é óbvio, não é possível dizer que uma pessoa determinada é 'titular' do direito à higidez do meio ambiente (por exemplo), o que também exige uma outra maneira de se compreender a coisa julgada material, pois a eventual sentença de tutela destes direitos certamente beneficiará a coletividade, e não mais ficará limitada, como acontece em demandas individuais, aos 'titulares' do direito em litígio.[14]

---

[13] TESSLER, 2004, p. 164 passim.
[14] MARINONI; ARENHART, 2004, p. 784.

"Um Estado minimalista não interferia na atividade econômica, nem na conduta do cidadão. Não se cogitava de direitos que interessassem à sociedade".[15] Como é inadmissível a violação do bem ambiental, a figura da individualidade de interesses na composição da lide se torna danosa à consecução da inadmissibilidade, donde se depreende a necessidade de "(...) um 'representante adequado' para agir em benefício da coletividade, mesmo que os membros dela não sejam 'citados' individualmente".[16]

Cabe salientar, porém, que a busca da proteção ambiental na forma individual não pode ser refutada, pelo contrário, mas incentivada. Contudo, restringir essa tutela ao interesse individual pode causar a inefetividade da mesma, sobretudo quando a lide for por demais onerosa para ser levada a cabo de forma individual. Deve haver uma visão mais ampla, em que as ações individuais sirvam para maximizar os efeitos da tutela jurisdicional, impedindo o poluidor de se livrar incólume.

A estas máximas junta-se ao menos mais uma de extrema importância:

1 – O adágio da coisa julgada tem que ser flexibilizado. A questão fundamental reside no surgimento do Estado como detentor único da força, pois para legitimá-la instituiu-se que a coisa julgada não mais poderia ser alterada posto tratar-se de decisão do Estado. A concretização de uma injustiça acabava por tornar-se incorrigível; basta lembrar-se da célebre história do dito pai que, inconformado com a declaração judicial de sua paternidade procura a ciência (anos após a sentença que o declarara como pai da criança), por meio do teste de DNA, a fim de provar não ser ele o progenitor do menor, o que, de fato, acaba por conseguir. No entanto, este pai resta surpreendido pelo instituto da coisa julgada que o obriga a aceitar a decisão transitada em julgado, mesmo com a superveniência de prova em contrário. Outro aspecto, dito subjetivo da coisa julgada, é aquele que determina a eficácia da sentença apenas *inter partes*, o que impediria a coletividade de usufruir dos efeitos da sentença a ela benéficos (sobretudo na figura de suas unidades, os indivíduos). Nestes dois casos, fica evidente a incompatibilidade do instituto da coisa julgada face aos interesses coletivos; no primeiro caso por ameaçar a manutenção do meio ambiente hígido com base em sentença antiquada e, por vezes, maléfica, que impossibilita a propositura de nova ação, mesmo que demonstrado o dano que se alegara anteriormente (embora, é claro, esteja-se exagerando nesse sentido, não é difícil de imaginar a situação em que a inicial é indeferida após a constatação de existência de

---

[15] TESSLER, op. cit., p. 167.
[16] CAPPELLETTI; GARTH, 1988, p. 47 et seq.

sentença pró réu em caso com o mesmo fato gerador). No segundo caso é nítida a necessidade "(...) da extensão da coisa julgada ultra partes".[17] o que acabou por ser suprido após a publicação do Código de Defesa do Consumidor em seu art. 103. "Sinteticamente poderíamos concluir que ficaria estabelecido o sistema da coisa julgada nas ações coletivas *secundum eventum litis, erga omnes* ou *inter partes*, com a possibilidade de transporte *in utilibus* do julgado".[18] Ou seja, seria possível a aplicação da coisa julgada para além dos limites das partes litigantes, sendo aplicável o mesmo, no caso das ações coletivas, aos imediatamente ligados ao caso; o que acabaria por possibilitar a utilização do transporte *in utilibus* como forma de garantir a justa indenização do indivíduo pertencente à coletividade lesada, que encontra neste mecanismo o caminho para ver seu tutelado.[19]

"É das últimas décadas do século XX, a intensa legislação de apoio aos valores do meio-ambiente, da cultura e da história, de proteção aos consumidores como grupo em que se concentram interesses homogêneos etc. Tudo se reconduzindo ao conceito amplo de *direitos e interesses transindividuais*".[20]

Com a constatação de que os interesses difusos exigiam uma solução supraindividual, o processo civil também necessitava superar a característica da individualidade, objetivo alcançado no Brasil, por meio da Lei da Ação Civil Pública, seguida por diversas outras normatizações. As ações coletivas têm por intuito tutelar agremiações da sociedade que, de outra forma, poderiam ter seus interesses frustrados.[21]

Esta onda renovatória influenciou todo o Direito ao final do século XX, não apenas com relação à legitimidade para agir, mas também alargando os efeitos da coisa julgada que, ordinariamente, era aproveitada em prol apenas daquele que houvesse sido parte no processo. "O legislador nacional notou que o afrouxamento desses institutos vistos, no passado, como inamovíveis, era instrumento útil para lograr êxito frente a novos desafios, os quais a tutela jurisdicional, noutro momento, era incapaz de superar".[22]

Com a institucionalização de novos sujeitos de direito, aptos a propor ações em benefício da coletividade, o direito nacional pôde

---

[17] RODRIGUEIRO, 2004, p. 78.
[18] Idem, p. 79.
[19] Ibidem, p. 75 passim.
[20] DINAMARCO, 2004, p. 155.
[21] Idem, p. 155.
[22] DINAMARCO, 2004, p. 156.

avançar no campo da efetividade da tutela jurisdicional ambiental, conforme assevera Dinamarco:

> (...) era positiva a experiência norte-americana da *legitimacy of representation* outorgada a entidades intermediárias como essas. Foi assim que esses interesses e direitos absolutamente difusos – pertencentes a todos os membros da comunidade, mas indivisíveis e insuscetíveis de serem atribuídos a titulares individualizados – passaram a contar com tutela jurisdicional preventiva (adequar-se ou cessar atividades), reparatória (recompor o ambiente lesado) ou mesmo ressarcitório (indenização destinada a um *fundo* instituído para custear medidas de proteção ao meio ambiente).[23]

8.2 Das tutelas jurisdicionais próprias à defesa do meio ambiente[24]

Conforme salientado anteriormente, as tutelas jurisdicionais oferecidas pelo direito clássico não eram suficientes à finalidade imposta pelo interesse ambiental. As respostas do processo civil às demandas, em geral, compunham-se pela classificação trinaria: sentenças declaratórias, condenatórias e constitutivas.[25] Neste aspecto, cabe ressaltar a finalidade dessas sentenças.

A sentença declaratória tem por finalidade apenas declarar um direito, respondendo à *crise da certeza*:[26] "o bem da vida outorgado ao autor, através da sentença declaratória acobertada pela autoridade da coisa julgada material, é a eliminação da incerteza que recaia sobre a existência, a inexistência ou o modo de ser da relação jurídica".[27]

É importante destacar que o substrato da ação declaratória é uma dúvida advinda de um assunto controverso que paira sobre uma dada relação jurídica, e não apenas uma "dúvida meramente subjetiva".[28] Assim, deve-se chamar a atenção à negação da subjetividade do questionamento que possa ensejar a ação declaratória. No caso do

---

[23] Idem, p. 156 et seq.

[24] Neste tópico não se tratará da ação popular, tema ao qual será destinado tópico especial, relacionado ao dano moral e ao dano moral individual. Embora, certamente, a tutela desta modalidade de ação não esteja restrita a estes tópicos, eis que se presta a responder ao dano material ambiental.

[25] TESSLER, 2004, p. 169.

[26] DINAMARCO, 2004, p. 149 et seq.

[27] MARINONI; ARENHART, 2004, p. 464.

[28] MARINONI; ARENHART, 2004, p. 464.

Direito ambiental, a ação declaratória mostra-se ineficaz, porque possui o condão de apenas declarar o direito,[29] mas não pode ser proposta sem que haja um indício objetivo da existência do direito que se quer declarar. Em outras palavras, a mera ameaça de lesão, sem indícios comprovados da mesma, é insuficiente para justificar uma ação declaratória em matéria ambiental.

Por sua vez, a sentença constitutiva destina-se a estabelecer uma situação jurídica nova, respondendo à *crise das situações jurídicas*.[30] Seu objetivo é garantir ao litigante a mudança de uma dada situação jurídica, como ocorre, por exemplo, com o divórcio, situação em que o indivíduo busca constituir uma nova relação jurídica, qual seja, a de divorciado.[31] Justamente pelo seu caráter transformador, a tutela constitutiva tende a ser inadequada aos interesses de preservação do meio ambiente, porque a intenção da tutela ambiental é a manutenção de uma determinada realidade jurídica, apesar desta característica não a excluir como instrumento apto à preservação do meio ambiente. Pode-se imaginar, por exemplo, a proposição de ação constitutiva com vistas a uma sentença de interdição de obra potencialmente lesiva ao meio ambiente, que constituirá o estado de interdito.

Outra característica da sentença constitutiva, que pesa contrariamente à sua utilização na tutela ambiental, é de que "(...) seus efeitos se produzem, em princípio, *ex nunc*, isto é, para o futuro (...)".[32] Mesmo que um dos objetivos da tutela ambiental seja garantir efeitos benéficos ao meio ambiente no futuro, muitas vezes se exige uma retroação imediata dos efeitos do dano, como forma de compensar os malefícios por ele provocados.

Por fim, a sentença condenatória não serve apenas como forma de declarar um determinado direito, mas como instrumento de condenação do autor do dano e devedor de uma obrigação de ressarcimento específico – quando é possível realizar a vontade do autor, quanto ao bem tutelado – ou reduzido à pecúnia, quando o dano causado à vítima não pode ser desfeito ou quando o bem lesado não pode ter

---

[29] Quer-se com isso, frisar que a mera declaração do direito não possui o elemento coator, indispensável quando se trata de proteger o bem ambiental. É fundamental garantir que seguidamente à constatação do risco haverá uma sanção ou ameaça de sanção para aquele que insistir em praticar o ato lesivo ou negar-se a suspendê-lo, oferecendo todos os recursos necessários para prevenir o dano, ainda que contrariamente à vontade do sujeito sobre o qual incide a proibição.

[30] DINAMARCO, 2004, p. 151.

[31] MARINONI; ARENHART, op. cit., p. 467.

[32] ROCHA, 1991, p. 160.

uma "substituição" satisfatória, caso em que a reparação em dinheiro mostra-se a única razoável, ainda que imperfeita.[33]

A ineficácia da sentença condenatória na tutela ambiental, como se nota, reside no fato de se destinar a resolver a *crise do adimplemento*,[34] que não possui cunho preventivo, pois se constata após a percepção do dano, enquanto se limita ordinariamente, a perdas e danos, dependendo da execução forçada como forma de garantir a efetividade da sentença. No dizer de Tessler:

> Hoje o reconhecimento da crise da sentença condenatória, sobretudo para a tutela de direitos não patrimoniais, já não é mais novidade. *A sentença condenatória, para a defesa da inviolabilidade do meio ambiente, é absolutamente inidônea: primeiro por reduzir os direitos à pecúnia, segundo, em razão da correlação necessária com a execução forçada.*[35]

Por ser um procedimento posterior ao dano, não se deve considerar a tutela condenatória quando o bem a ser tutelado for o ambiental. Neste ponto, é fundamental relembrar que o meio ambiente não pode ser lesado e que a sentença condenatória, em seu decurso, não é apta a evitar a concretização do dano, pois não obriga, em tese, o responsável pela atividade danosa a cessá-la antes do fim da ação e à subsequente execução. "Fala-se, inclusive, que pelo fato de a sentença condenatória carecer de elemento de coerção, restringe-se a um mero conselho de cumprimento da obrigação".[36]

Resta clara, portanto, a inefetividade que se percebe na divisão trinaria das sentenças no processo civil. Tal visão, defendida por Liebman, demonstra limitações, sobretudo quando a tutela a ser defendida é a ambiental. Em igual pensamento, Pontes de Miranda defende a existência de, pelo menos, outras duas modalidades de sentenças capazes de se aplicar aos casos em que não seja viável a aplicação da teoria trinaria.[37] Defende o autor a existência de ações com eficácia mandamental e executiva *latu sensu*, as quais são aplicáveis principalmente na tutela dos novos direitos, seja de forma coletiva ou individual.

---

[33] MARINONI; ARENHART, 2004, p. 468 et seq.

[34] DINAMARCO, 2004, p. 150.

[35] TESSLER, 2004, p. 170 et seq.

[36] Idem, p. 172.

[37] Segundo Pontes de Miranda as sentenças apresentariam "cargas de eficácia", podendo dada modalidade de sentença apresentar-se de mais valia ao caso concreto (MIRANDA, 1970, p. 197 et seq).

A grande vantagem dessas modalidades de sentenças, propostas por Pontes de Miranda,[38] reside na efetiva capacidade de impelir o responsável pela lesão ou ameaça de lesão a cessá-la ou repará-la mediante a coerção do Estado, especialmente, diante da ameaça de sanção típica das sentenças mandamentais: "a mandamentalidade não está na ordem, ou no mandado, mas na ordem conjugada à força coercitiva que se empresta à sentença, admitindo-se o uso de medidas de coerção para forçar o devedor a adimplir".[39]

Cabe destacar que a decisão mandamental incide sobre a pessoa do devedor que pode, voluntariamente, adimplir com sua obrigação, ficando evidente a eficácia das decisões mandamentais, quando se tratar de obrigações personalíssimas, ou obrigações de não fazer, ambas de natureza *intuito personae*.[40] Seria o devedor coagido a adimplir mediante ato próprio,[41] assim, o escopo da sentença é convencer o réu a observar o direito nela declarado. Não seria mandamental, por conseguinte, a sentença que exigisse a expedição de mandado[42] para que um terceiro realizasse a obrigação (obviamente, no caso de obrigação de fazer; posto que as obrigações de não fazer são sempre infungíveis).[43]

Sobre isso, poderia o sujeito, por exemplo, a título individual, requerer do Poder Judiciário a imediata remoção do ilícito. Em caso de derramamento de petróleo poderia o indivíduo afetado requerer que a empresa responsável, quando identificada, e o Estado, em qualquer caso, ajam no sentido de minimizar o dano contendo, a mancha de óleo em área restrita.

---

[38] E presentes no ordenamento jurídico em favor do meio ambiente nos artigos 84 e 461 do Código de Processo Civil (BRASIL. *Lei nº 5.869, de 11 de janeiro de 1973*).

[39] MARINONI, 1998, p. 356.

[40] "(...) quando a pessoa do devedor é facilmente substituível, como é o caso do pintor de paredes ou do pedreiro, dizemos que a obrigação é fungível. Quando a obrigação é contraída tendo em mira exclusivamente a pessoa do devedor, como é o caso do artista contratado para restaurar uma obra de arte ou da equipe esportiva contratada para uma exibição, a obrigação é *intuito personae*, porque levamos em conta as qualidades pessoais do obrigado" (VENOSA, 2004, p. 104).

[41] TESSLER, 2004, p. 180.

[42] Acerca da diferenciação existente entre a sentença mandamental face as sentenças declaratória e condenatória Marinoni assevera que: "(...) a sentença mandamental delas se distancia por tutelar o direito do autor forçando o réu a adimplir a ordem do juiz. Na sentença mandamental há ordem, ou seja, *imperium*, e existe também coerção da vontade do réu; tais elementos não estão presentes no conceito de sentença condenatória, compreendida como sentença correlacionada com execução forçada" (MARINONI, op. cit., p. 351).

[43] MARINONI; ARENHART, 2004, p. 470.

Quanto às decisões de eficácia executiva, o juiz, por meio de medida sub-rogatória, supre a vontade da parte obrigada, realizando a pretensão do autor. Como bem destaca Tessler:

> A peculiaridade da sentença executiva é autorizar o juiz a adoção de medidas executivas, sem qualquer sentença condenatória. Permite-se a prática de atos de execução no âmbito do processo de conhecimento, rompendo-se com a ideia de que cognição e execução não podem ocorrer no mesmo processo.[44]

O resultado desta nova visão é a ampliação da efetividade do processo,[45] face à ineficácia da visão trinaria proposta por Liebman. De fato, com a inclusão dessas novas modalidades de tutela, fica patente a divisão presente na eficácia de cada modalidade de sentença frente à prestação fática, ou seja, a atuação da tutela jurisdicional no mundo concreto.[46]

8.2.1 *Lei de Ação Civil Pública* – a Lei de Ação Civil Pública (LACP)[47] é de caráter fundamentalmente processual e tem por escopo a disponibilização de instrumentos eficazes à realização da tutela de interesses difusos, dentre os quais se destaca a proteção ao meio ambiente.[48]

O que se conclui com a adoção da LACP é a tendência nacional a enveredar pelo caminho das *class actions* (ações de classe)[49] do sistema

---

[44] TESSLER, 2004, p. 181.

[45] "Ora, é preciso adequar o processo ao cumprimento de toda essa sua complexa missão, para que ele não seja fonte perene de decepções somadas a decepções ('toda decepção é muito triste'), nem permite que com isso se desgaste a legitimidade do sistema. Desse lavor, hão de participar o processualista e o juiz e de ambos se espera, para que possam chegar a bom termo, uma racional mas decidida mudança de racionalidade" (DINAMARCO, 2003, p. 331). Com este trecho, Dinamarco representa muito bem a necessidade de que o jurista procure por uma visão mais atual do processo, pensando não só na observância do direito positivado, mas nos anseios e necessidades da sociedade para a qual, afinal, fora criado.

[46] Estas tutelas são classificadas por ARENHART (2003, p. 92) como tutelas de prestação.

[47] Ada Pellegrini Grinover, citada por Daniela A. Rodrigueiro coloca que "o texto fala impropriamente em ação civil pública, impropriamente por que nem a titularidade da ação é deferida exclusivamente a órgãos públicos (MP; União, Estados e Municípios), nem é objeto do processo a tutela do interesse público". (RODRIGUEIRO, 2004, p. 110)

[48] Idem, p. 115.

[49] Rodrigueiro citando Isabella Franco Guerra nos traz as seguintes observações acerca das *class actions* e *common law*: "Common Law é um sistema originário da Inglaterra que, em razão da colonização inglesa, foi introduzido nos Estados Unidos. Está construído sob a égide das decisões das mais altas cortes estadunidenses. A transcrição da definição encontrada na *Barron's Dictionary of Legal Terms* é esclarecedora, pois o verbete consigna ser este: *'the system of jurisprudence, which originated in England and was later applied in the United States, that is based on judicial precedent (court decisions) rather than legislatives enactment (statutes) and is therefore derived from principles rather than rules. In the obscene of statutory law regarding a particular subject. Thus the traditional phrase 'at common law' refers to the state of the law in a*

norte-americano, que garante o acesso à justiça através da tutela dos interesses coletivos. O fato é que a Ação Civil Pública, eivada pelo seu "caráter processual",[50] busca dar efetividade ao processo civil garantindo a realização do direito material, por intermédio da tutela jurisdicional adequada. Neste sentido, ressalta Marinoni:

> Direito à adequada tutela jurisdicional não é o mesmo que direito ao provimento de mérito. O autor, para obter tudo aquilo e exatamente

---

particular field prior to the legislation in that field'. Ou seja: o sistema de Jurisprudência, o qual originou-se na Inglaterra e posteriormente foi aplicado nos Estados Unidos da América é baseado em precedente judicial (decisões das cortes) ao invés de disposições legislativas (leis) e, por conseguinte, é proveniente de princípios ao invés de normas. Na ausência de norma regulamentar referente a uma questão em particular, o juiz pode decidir com base no Direito Consuetudinário. Assim, a frase tradicional 'no Direito Consuetudinário' refere-se à condição da Lei numa área específica ao invés de Legislação naquela área. O arcabouço do Direito norte-americano é fornecido pela jurisprudência dos tribunais, a equity e pelo direito legislado (statutes). O traço marcante que distingue o Direito anglo-americano, baseado no sistema da common law, do Direito brasileiro, fundado no sistema europeu continental (família romano-germânica), pode ser apontado na autoridade dos precedentes jurisprudenciais. "The basic distinction between the two systems lies in the sources of law upon which they rely. The common-law system dues prior decided cases as very high sources of authority. The doctrine of stare decisions (let the decision stand) is one of its forms is the essence of the common law system. The doctrine states that courts should adhere to the law as set forth in prior cases decided by the highest court of a given jurisdiction as long as the principle form those cases is logically essential to their decision, is reasonable, and is appropriate to contemporary circumstances. Different courts apply this general policy with varying degrees of strictness; English courts, for instance, are inclined to be more rigorous than American courts in its application." Ou seja: A distinção básica entre os dois sistemas reside nas fontes do Direito nas quais se baseiam. O sistema do Direito Consuetudinário utiliza-se das decisões de casos anteriores como fontes de referência. A doutrina com base na 'stare decisions' (que prevaleça uma decisão) em uma de suas formas é a essência do sistema do Direito Consuetudinário. A doutrina determina que as cortes devem aderir à Lei conforme estabelecido nas decisões de casos anteriores pela Suprema Corte de uma dada Jurisdição, contanto que a forma de princípio daqueles casos seja na lógica essencial às suas decisões, bem como razoável e apropriada às circunstâncias coincidentes. Diferentes Cortes aplicam esta política geral com variações de grau e rigor. As Cortes Inglesas, por exemplo, tendem a ser mais rigorosas que as Cortes Americanas na aplicação da mesma. Quando as cortes do common law não oferecessem remédio para solucionar a lide de forma justa, a questão seria decidida pela corte da equity (nos dizeres da autora a equity seria um complexo de regras que traduzem a possibilidade de administrar a jurisdição de forma adequada). A ação de classe é um instrumento da equity, razão pela qual deve ser compreendida como remédio para responder às novas demandas emergentes na sociedade de massa". E continua Rodrigueiro: "A class action foi regulamentada em 1938 através da Rule 23, of Federal Rules of Civil Procedure. Ela é utilizada para defesa dos interesses de massa, como os afetos ao meio ambiente; por ela, um dos lesados ou o grupo lesado exerce o acesso a justiça em verdadeira forma de legitimidade ordinária concorrente; se o Juiz admitir a ação de classe proposta por um dos lesados, todos os demais integrantes do grupo deverão ser cientificados e, se pretenderem, deverão requerer sua exclusão do feito. A sentença alcançará todos que não solicitarem sua exclusão seja qual for o resultado do litígio" (RODRIGUEIRO, 2004, p. 110 et seq.).

[50] MANCUSO, 1998, p. 24.

aquilo que ele tenha direito de obter, precisa de uma série de medidas estabelecidas pelo legislador (procedimentos – inclusive com a adequada cognição, provimentos, meios coercitivos).[51]

Na esteira do que estabelece o doutrinador fica clara a ideia de que a LACP se enquadra entre as adequadas tutelas jurisdicionais, não apenas por dar ao autor o que este tem direito de obter, mas porque inova ao estabelecer a possibilidade de imposição das chamadas *astreintes*. A Lei de Ação Civil Pública institui, em seu artigo 11,[52] a possibilidade da adoção da pena de multa como forma de garantir a realização do que, por meio dela, restar determinado. O interessante, acerca deste instrumento, é a possibilidade de o juiz adotar tal medida mesmo sem o requerimento do autor, o que acaba por dar à LACP destaque no mundo jurídico nacional sendo, em princípio, instrumento ideal para garantir a efetivação das tutelas coletivas, dentre as quais a que se considera mais importante: a tutela ambiental.

A Constituição Federal da República de 1988 elencou várias atribuições do *Parquet*, entre as quais, a promoção da ação civil pública para a proteção do meio ambiente. A Lei nº 6.938/81, no art. 14, §1º também legitima o Ministério Público para propor ação de responsabilidade civil e criminal, pelos danos ambientais. A Lei nº 7.347/1985, que regula a Ação Civil Pública, legitima não só o *Parquet*, como também as pessoas jurídicas de direito público, paraestatais e associações que tenham a finalidade de proteger o ambiente, a ingressar com tal ação. O ordenamento jurídico possibilitou também ao cidadão, como deve ser no regime democrático, a legitimidade de ingressar em juízo para anular ato lesivo ao meio ambiente, mediante a ação popular, como se verá a seguir.

Há avanços reconhecidos, como aquele que superou a antiga posição que não admitia a cumulação dos pedidos de indenização e de obrigação de fazer nas ações civis públicas, sendo processualmente coerente a formulação de tais pedidos na mesma ação, conforme se denota do seguinte excerto jurisprudencial:

4. Exigir, para cada espécie de prestação, uma ação civil pública autônoma, além de atentar contra os princípios da instrumentalidade e

---

[51] MARINONI, 1996, p. 122.

[52] LACP – Lei da Ação Civil Pública, Art. 11: "Na ação que tenha por objeto o cumprimento de obrigação de fazer ou não fazer, o juiz determinará o cumprimento da prestação da atividade devida ou a cessação da atividade nociva, sob pena de execução específica, ou de cominação de multa diária, se esta for suficiente ou compatível, independentemente de requerimento do autor" (BRASIL. *Lei nº 7.347/1985*).

da economia processual, ensejaria a possibilidade de sentenças contraditórias para demandas semelhantes, entre as mesmas partes, com a mesma causa de pedir e com finalidade comum (medidas de tutela ambiental), cuja única variante seriam os pedidos mediatos, consistentes em prestações de natureza diversa. A proibição de cumular pedidos dessa natureza não existe no procedimento comum, e não teria sentido negar à ação civil pública, criada especialmente como alternativa para melhor viabilizar a tutela dos direitos difusos, o que se permite, pela via ordinária, para a tutela de todo e qualquer outro direito.[53]

A interpretação da expressão "ou" constante do artigo 3º da LACP – "a ação civil poderá ter por objeto a condenação em dinheiro ou o cumprimento de obrigação de fazer ou não fazer",[54] não leva ao um entendimento excludente (ou-ou) e sim à compreensão de que se permitem dois pedidos, sendo esta vertente a mais abrangente e a que melhor atende ao espírito democrático própria da Lei da Ação Civil Pública. Esta interpretação se encontra sumulada pelo Superior Tribunal de Justiça: "São cumuláveis as indenizações por dano material e dano moral oriundos do mesmo fato".[55]

Vasta jurisprudência poderia ser adicionada no sentido de demonstrar a importância das ações civis públicas na proteção ambiental. Cabe aqui citar o exemplo da ação ajuizada individualmente por pescadores membros da colônia de pesca Z-3, localizada na cidade de Pelotas, RS. Comunidade que desenvolve atividade pesqueira na Lagoa dos Patos.

O caso foi recentemente julgado pelo Tribunal de Justiça do Rio Grande do Sul e merece menção, na medida em que gerou responsabilidade civil objetiva por dano ambiental causado pelo navio Bahamas, que derramou ácido sulfúrico no canal portuário da região.[56] Embora a empresa tenha alegado que simplesmente seguiu as orientações das autoridades administrativas – realizando o despejo do ácido sulfúrico de forma controlada, para evitar um dano ainda maior diante do risco iminente de explosão do navio e da corrosão de sua estrutura. Segundo alegação da empresa, a pesca não havia sido proibida administrativamente. Porém, reconheceu-se que houve impacto negativo para os pescadores, pois diante da grande divulgação do acidente na mídia em

---

[53] BRASIL. STJ. *Acórdão no Recurso Especial nº 605.323-MG.*
[54] BRASIL. *Lei nº 7.347/1985.*
[55] STJ, Súmula 37.
[56] BRASIL. TJ/RS. *Acórdão na Apelação Cível Nº 70.064.684.038.*

setembro de 1998, os consumidores ficaram temerosos de comprar o pescado. Em vista disso, foi bem devida e justa a reparação ambiental. Outro ponto de fundamental importância trazido à baila neste caso, diz respeito à prescrição para a reparação individual durante o curso da Ação Civil Pública:

> 2. Durante a pendência de julgamento de ação coletiva não flui o prazo prescricional para a pretensão indenizatória individual. Inocorrência do transcurso do prazo prescricional que já havia sido declarada por esta Câmara e é reafirmada mesmo com a apresentação de novos argumentos pela ré. Apesar de ser controvertida a questão, deve-se ponderar que o a demonstração da ocorrência de um acidente de consumo de grandes proporções – no caso, um desastre ambiental –, com apuração dos potenciais responsáveis, é tarefa difícil que normalmente exige grandes conhecimentos técnicos e recursos financeiros para a realização de perícias sofisticadas e caras. Por essa razão é que normalmente é o Ministério Público a propor tais demandas, ou então outro ente público ou associações legitimadas para tanto. Tais ações quase que invariavelmente tramitam durante período razoável de tempo. Assim, seria desarrazoado pretender que as partes que tenham sido individualmente afetadas vejam-se compelidas a propor ações para que, nelas, tenham o ingente ônus de demonstrar o acidente ambiental em si e os seus responsáveis, além de demonstrar seu prejuízo individual. Muito mais razoável, assim, é que possam aguardar o desfecho da ação civil pública para só então pretenderem a reparação dos danos individualmente sofridos. Essa é a razão substancial pela qual se entende que, durante a tramitação de ação civil pública, não flui o prazo prescricional para a propositura da ação de reparação de danos individuais.[57]

Esta decisão consignou que o prazo para prescrição da propositura da ação de reparação de danos individuais não flui no curso da tramitação da ação civil pública. São cabíveis as indenizações pelos danos materiais e morais sofridos pelos pescadores – uma vez que a atividade pesqueira foi fortemente prejudicada em face da poluição do local durante e até mesmo após a cessação dos efeitos do evento danoso. Ademais, conforme mencionado anteriormente, o Superior Tribunal de Justiça já assentou entendimento no sentido da imprescritibilidade das ações de reparação e recuperação dos danos ambientais difusos ou coletivos.[58]

Em função da evolução da jurisprudência da ação civil pública enquanto tutela jurisprudencial própria para a defesa do meio ambiente,

---

[57] Idem.
[58] Neste sentido: BRASIL. STJ. *Acórdão no Recurso Especial nº 647.493-SC.*

TUTELAS JURISDICIONAIS DO MEIO AMBIENTE | 143

outra importante decisão foi exarada no julgamento do recurso que versava sobre o dever de recuperação da região sul de Santa Catarina, conhecida como Bacia Carbonífera do Estado de Santa Catarina, atingida pela poluição causada por mineradoras.

O Ministério Público Federal ajuizou ação civil pública pleiteando a elaboração de um cronograma de recuperação a ser implementado entre os anos de 1996 e 2000; a condenação dos réus a disponibilizar o montante financeiro indicado para efetivar o programa de recuperação; indenização da população de sete municípios sedes de mineradoras; além de outras cominações pecuniárias. Em síntese, reconheceu-se que:

> inúmeras empresas mineradoras atuaram por duas décadas na extração mineral, deixando um passivo ambiental exorbitante, proveniente dos rejeitos sólidos e das águas efluentes da mineração e do beneficiamento do carvão. Tais atividades acarretaram grave lesão e severa contaminação do solo e do lençol freático da região, o que somente fora comprovado anos após as primeiras atividades das empresas, dando inclusive à região, em meados da década de 1980, a classificação de área crítica nacional para os padrões de poluição e qualidade ambiental da época.[59]

Nesta decisão sedimentou-se o entendimento de que a responsabilidade do Estado por omissão – mesmo nos casos de dano ambiental – é subjetiva. Há necessidade da demonstração do elemento subjetivo que integrou a ação do agente. Motivo pelo qual se questionou a omissão da União Federal na fiscalização que lhe competia quanto às atividades mineradoras.

Ainda quanto à União, cabe pontuar que neste processo o ente federativo defendeu a tese de que não poderia ser responsabilizado pela reparação do dano, uma vez que, em última análise, seria a própria sociedade, através do pagamento de impostos, que estaria arcando com tais custos, sendo uma espécie de *"bis in idem"* negativo, pois a sociedade já havia sofrido o dano e seria ela mesma a responsável pela reparação. A tese não teve acolhida, ficando clara a presença da responsabilidade solidária da União, no entanto, de execução subsidiária, pois a União tem a obrigação de regressivamente buscar o ressarcimento das empresas poluidoras. Como se enfatiza a questão:

> Nada obstante a solidariedade do Poder Público, o certo é que as sociedades mineradoras, responsáveis diretas pela degradação ambiental,

---

[59] BRASIL. STJ. *Acórdão no Recurso Especial nº 647.493-SC.*

devem, até por questão de justiça, arcar integralmente com os custos da recuperação ambiental. E o fazendo o Estado, em razão da cláusula de solidariedade, a ele há de ser permitido o ressarcimento total das quantias despendidas, uma vez que, embora tenha sido omisso, não logrou nenhum proveito com o evento danoso, este apenas beneficiou as empresas mineradoras. Em face do dispositivo acima, entendo que a União não tem a faculdade de exigir dos outros devedores que solvam as quantias eventualmente por ela despendidas, mas sim, o dever, pois há interesse público reclamando que o prejuízo ambiental seja ressarcido primeiro por aqueles que, exercendo atividade poluidora, devem responder pelo risco de sua ação, mormente quando auferiram lucro no negócio explorado.[60]

A responsabilidade solidária pela reparação dos danos ambientais é a regra vigente no ordenamento jurídico brasileiro. Mas quando forem vários os causadores dos danos ambientais e estes estejam situados em locais geográficos distintos, mesmo que contíguos, não é possível impor a solidariedade, por não ser possível estabelecer o nexo causal entre o dano ocorrido em um determinado lugar e a atividade poluidora realizada em outro. Por fim, e não menos importante, novamente o Superior Tribunal de Justiça reconheceu que a ação para a reparação ambiental difusa ou coletiva é imprescritível.[61]

Em outra ação civil pública, o Tribunal de Justiça de Minas Gerais também se manifestou no sentido de que o conceito do dano extrapatrimonial é perfeitamente aplicável na seara ambiental:

> O dano extrapatrimonial não se verifica apenas no âmbito individual, sendo cabível também a sua configuração quando há desrespeito a valores morais que afetam de forma negativa a coletividade, inclusive no que concerne ao direito desta coletividade a um meio ambiente saudável e equilibrado, sendo possível o reconhecimento de dano moral ambiental.[62]

Neste caso foi reafirmada a responsabilidade civil objetiva, sendo "induvidoso que a conservação de área rural consubstancia imposição constitucionalmente prevista".[63] Embora, no mérito do dano moral ambiental, em decorrência das peculiaridades do caso, o Tribunal de

---

[60] Idem.
[61] Idem, ibidem.
[62] BRASIL. Tribunal de Justiça do Estado de Minas Gerais. Apelação Cível nº 1.0183.06.105344-7/001.
[63] Idem.

Justiça de Minas Gerais considerou que o desmatamento de pequena área rural ocorreu sem maiores consequências – mormente porque foi possível a recuperação da área – o que, por si só, não afetaria a coletividade em seus valores morais a ele relacionados.[64]

A reparação advinda de um dano extrapatrimonial ambiental passa a exigir uma maior abertura e sensibilidade dos julgadores. Um exemplo de tal sentimento pode ser extraído da apreciação do pedido de indenização de moradores da área conhecida como "Cidade dos Homens", no Estado do Rio de Janeiro, uma vez que a ilustre desembargadora relatora do caso havia realizado uma inspeção judicial no local em uma anterior oportunidade. No voto ficou consignado:

> In casu, com fundamento, não só nos fatos que conheci, mas na documentação farta trazida aos autos e nas manifestações do Ministério Público Federal, que orientaram meu convencimento, não tenho dúvidas quanto à responsabilidade da União, que agiu em flagrante desrespeito no seu dever de cautela e diligência, ressaltando-se precária a atuação do Poder Público para descontaminar a área denominada "Cidade dos Meninos", Duque de Caxias, reconhecidamente contaminada por resíduos organoclorados (HCH) e outras substâncias tóxicas, utilizadas por ocasião da implantação de uma fábrica de pesticidas, ativa no período de 1950 até 1965.[65]

Este exemplo realça a necessidade dos julgadores usarem de conhecimentos técnicos, mas olharem além e considerarem o impacto real na vida das pessoas, especialmente daquelas mais carentes e que residem em áreas mais afastadas. Portanto é possível pleitear-se a indenização pelos danos ambientais, inclusive os morais, de forma individual ou coletiva.

Outra situação de dano ambiental de elevadas proporções, na qual este pesquisador atuou diretamente – em conjunto com seus ex-sócios do escritório Bahr, Neves, Mello & Advogados Associados –, ocorreu em novembro de 2012, na ilha de Florianópolis, no bairro da Tapera, com o vazamento de aproximadamente doze mil litros de óleo mineral de arrefecimento de transformadores. A substância poluidora, bifenila policlorada (PCB), é conhecida como Ascarel. "Este produto químico é altamente cancerígeno, e proibido no mercado desde 1981". Mesmo assim, era utilizado no Centro de Formação e Aperfeiçoamento (CEFA),

---

[64] Idem, ibidem.
[65] BRASIL. TRF da 2ª Região. *Acórdão na Apelação Cível nº CNJ 0010179-43.2008.4.02.5101.*

das Centrais Elétrica de Santa Catarina (CELESC). Quando vazou, escoou ao longo de um curso d'água até atingir o mar catarinense. A tutela individual dos atingidos é comentada no tópico específico. Resta consignar que o pedido liminar em ação civil pública interposta pelo Ministério Público Federal foi deferido para determinar,

> com base nos Princípios da Precaução e da Prevenção, diante das incertezas de todas as autoridades envolvidas (ambientais, epidemiológicas, toxicológicas, de vigilância sanitária e defesa civil, etc.), e por se tratar de provável contaminação ambiental gravíssima, caracterizada por óleo composto por PCBs, de reconhecido perigo ao meio ambiente e à saúde pública – amplie o embargo administrativo atual (feito nas áreas imediatamente próximas ao local do acidente) para toda a franja da Ilha de Santa Catarina, isto é, para toda a região costeira compreendida nas Baías Norte e Sul (os municípios de Palhoça, São José, Florianópolis, Biguaçu e Governador Celso Ramos), até que haja um diagnóstico preciso, seguro e definitivo sobre a contaminação e os seus impactos. Para tanto, deverá proibir a produção, a venda e o consumo dos produtos de maricultura em cada um desses Municípios, afora todas as demais providências a serem tomadas em conjunto com os Poderes Públicos Municipal, Estadual e Federal, nos diversos âmbitos abrangidos pela Saúde Pública.[66]

Em virtude do risco iminente, houve o embargo das áreas atingidas, a proibição do contato com a água e a suspensão da exploração, cultivo e comércio de produtos de origem marinha (crustáceos, moluscos e peixes), por questão ambiental e de saúde pública. Nas palavras de Fernando Murilo Garcia, embora acertadas, tais medidas geraram "impactos econômicos [que] dificilmente são calculados quando um acidente ambiental deve ser enfrentado em suas múltiplas consequências e desdobramentos, especialmente quando envolvem vítimas".[67]

Esse dano ambiental é bastante recente e, em virtude de sua complexidade, continua gerando acaloradas discussões. Após a assinatura de um Termo de Ajustamento de Conduta (TAC), a poluidora se comprometeu em reparar integralmente os danos socioambientais causados, tendo sido estipulada "multa diária de R$ 100.000,00 (cem mil reais) em caso de descumprimento da determinação de apresentação de um estudo definitivo dos impactos ambientais causados na região". Embora o TAC tenha sido assinado pela empresa poluidora, que tomou

---

[66] BRASIL. *Ação Civil Pública nº 5001151-41.2013.404.7200/SC.*
[67] GARCIA, 2014, 15p.

medidas paliativas após o dano causado, "a questão deve voltar a ser julgada, desta vez no Tribunal Regional Federal da 4ª Região. Para o Ministério Público as sanções impostas pela decisão de primeira instância não são suficientes para encerrar a questão".[68]

Estes exemplos se prestam a demostrar que não há como negar que o instrumento da ação civil pública é um avanço, embora sua efetividade ainda seja questionável. Outros tantos casos poderiam ser citados, na medida em que, conforme afirma Edis Milaré, "são inúmeras as Ações Civis Públicas que não chegam ao fim, seja pela complexidade da questão, seja pela falta de identificação social". O professor Milaré define essas ações como a "comoção social empurrando a marcha processual ao seu deslinde, identificação social com o mérito da controvérsia, com o acompanhamento do processo".[69]

Tal representação social trata-se de uma legitimidade fictícia, pois o cidadão médio tem dificuldade até mesmo de se dirigir ao fórum, localizar o processo e agilizá-lo. Se fosse uma ação individual, o homem médio poderia simplesmente se dirigir ao fórum e, dando seu nome ao serventuário, localizar o processo, acompanhá-lo, ordenadamente. Isso gera identificação, confiança, credibilidade, empatia, êxito.

Todos sabem que a marcha processual é lenta, todavia quando se trata de uma ação coletiva, sem real identificação social, a marcha se torna ainda mais imprecisa, arrefecendo a opinião pública e o interesse na questão. Muitas vezes, diante do calor da opinião pública os representantes dos cidadãos ajuízam demandas coletivas, mas com o passar do tempo, com a diminuição do interesse da opinião pública, perdem força e disciplina para obter a tutela meritória. Se as pessoas esquecem em quem votam, o que se dirá de ações coletivas que não possuem nenhuma identificação direta com o cidadão!

Outro grave problema que resulta na falta de comoção social pelo deslinde das ações civis públicas é a incerteza de um retorno positivo para o cidadão. Fundos criados e administrados sorrateiramente, sem publicidade e sem efetiva participação direta do cidadão, muitas vezes representados por pessoas sem identificação com a sociedade afetada, acabam por se beneficiar do esforço coletivo, sem qualquer contrapartida digna à coletividade lesada.

Assim acredita-se que o cidadão deve ser demovido desse estado de inércia, sendo motivado a buscar a tutela jurisdicional de seus

---

[68] PROGRAMA VIA LEGAL, 2015.
[69] MILARÉ, 2005, p. 4 et seq.

direitos, especialmente quando na forma individual. O cidadão não pode nem deve esperar que os órgãos representativos busquem esta tutela. Os legitimados para propor as ações coletivas muitas vezes não possuem força de fato e, outras vezes, não se comprometem com o deslinde final da questão.

Fazer despertar a cidadania é imperioso, principalmente se tratando de direitos coletivos e difusos, nos quais a identificação com o resultado da demanda processual deve ser buscada pelo próprio cidadão.

8.2.2 *Ação popular como forma individual de exercício da tutela ambiental com vistas ao interesse coletivo* – o ordenamento jurídico ambiental clama pela participação popular não apenas em relação às ações civis públicas: "Certamente com o exame da ação popular ambiental se depreenderá claramente que o sistema positivo brasileiro institui uma democracia social ambiental, concedendo ao cidadão legitimidade, a título individual, de exercer a tutela jurisdicional ambiental (...)".[70]

> A ação popular não é apenas um meio idôneo para tutelar os interesses ambientais pertinentes ao dano material, como também pode se mostrar eficaz na resposta ao dano extrapatrimonial ambiental, pois há extrema dificuldade em se equiparar o dano extrapatrimonial entre os integrantes de uma dada coletividade.[71] O que se quer dizer é que a quantificação do dano extrapatrimonial na esfera individual depende da análise feita caso a caso.

Neste ponto, reside a qualidade da ação popular, porque sua principal característica consiste no seu tom individualista, que se afigura na possibilidade da busca pela tutela jurisdicional coletiva.[72] Trata-se de meio processual apto a garantir que o cidadão[73] possa postular

---

[70] LEITE, 2012, p. 155.

[71] Não se quer, com isso, fazer crer que o dano extrapatrimonial não possa ser averiguado de forma coletiva, ao contrário, já se falou a respeito de tal possibilidade. Entretanto a reparabilidade do dano extrapatrimonial coletivo não exclui a obrigação de reparar os danos extrapatrimoniais individualmente auferidos.

[72] "Qualquer cidadão é parte legítima para propor ação popular que vise a anular ato lesivo ao patrimônio público ou de entidade de que o Estado participe, à moralidade administrativa, ao meio ambiente e ao patrimônio histórico e cultural, ficando o autor, salvo comprovada má-fé, isento de custas judiciais e do ônus da sucumbência" (Artigo 5º, inciso LXXIII da Constituição Federal da República de 1988).

[73] Frise-se a limitação que a lei impõe quanto à legitimidade da propositura da ação. Segundo os artigos 1º e 4º da Lei da Ação Popular, o cidadão apto à propositura da ação deve ser brasileiro(a) e estar no pleno exercício de seus direitos políticos (BRASIL. *Lei nº 4.717/1965*). No entanto, como destaca José Rubens Morato Leite, o art. 5º da Constituição Federal da República de 1988 "parece ampliar o conceito de cidadão ao estabelecer parcial igualdade

em juízo a manutenção, a reparação ou a indenização pelo dano que, embora diga respeito ao interesse coletivo, fere sua esfera pessoal de interesses. Quando se fala de interesses metaindividuais, é óbvio que a esfera do cidadão será sempre lesada de alguma forma, pois o indivíduo é a unidade básica da coletividade. Bielsa traz a seguinte definição:

> Ação popular é o meio jurisdicional idôneo para defender, unido ao interesse pessoal, o interesse da coletividade referida a uma entidade pública: Nação, Estado ou Município. A concorrência de ambos os interesses não é acidental, senão necessariamente jurídica, ou seja, trata-se de uma solidariedade de interesses, os quais podem ser de ordem econômica – ou mais precisamente patrimonial – de ordem moral e cívica, mas acima de tudo, se trata sempre de interesses de ordem jurídico-político.[74]

Desta forma, a ação popular é instrumento apto a realizar a participação democrática do cidadão frente à necessidade de tutela dos interesses difusos. No que tange ao Direito ambiental, esta participação é mais do que apenas uma garantia democrática, mas a instrumentalização de um dever do cidadão, face à obrigatoriedade que se lhe impõe por meio do já mencionado artigo 225, da Constituição Federal da República de 1988: o dever de defender o meio ambiente para as presentes e futuras gerações.

A possibilidade do ser humano gozar de uma qualidade de vida e de um meio ambiente hígido lhe fornece um direito subjetivo, relativo a toda a coletividade, que pode ser exercido individualmente. De posse desse direito subjetivo e do dever a ele imposto pelo supracitado artigo 225, da Constituição Federal, o indivíduo fica autorizado a se utilizar da ação popular. Neste sentido, assevera Leite:

> A diferença primordial da tutela jurisdicional subjetiva, via ação popular, das demais de índole individualista está no fato de que esta última funda-se em um interesse próprio e, no caso de ressarcimento de lesões, destina-se ao indivíduo diretamente, de forma exclusiva e pessoal. No entanto, no primeiro caso, apesar de ser identificável com um interesse individual de todos, a tutela destina-se à proteção de um bem jurídico de dimensão coletiva ou difuso e o ressarcimento não se faz em prol do indivíduo, mas, sim, indiretamente, em favor da coletividade, por se tratar de um bem indivisível e de conotação social.[75]

---

entre brasileiros e estrangeiros; dentre essas igualdades relativas reside a legitimidade para propor ação popular, tendo em vista a igualdade perante a lei" (LEITE, op. cit., p. 157).

[74] BIELSA apud LEITE, 2012, p. 155.

[75] LEITE, 2012, p. 150.

150 FABIANO NEVES MACIEYWSKI
ADVOGAR NO DIREITO AMBIENTAL

Quanto à necessidade de individualizar a oportunidade processual de defender o meio ambiente, especialmente quando se trata de ação coletiva, veja-se o ensinamento de Fernando Reverendo Vidal Akaoui:

> Assim, é necessário que a coletividade se convença de que legar a defesa do meio ambiente apenas aos órgãos públicos ou às associações civis não é o suficiente, posto que as ações degradatórias infelizmente se multiplicam cada dia mais, e a cooperação de todos é necessária para que se possa vencer esta guerra que se estabeleceu entre a devastação do meio ambiente e a necessidade de preservação de nossos valores ambientais.[76]

Cabe concluir que a ação popular possui uma dupla funcionalidade: a primeira, diz respeito à faculdade que ela possui em responder aos anseios individuais, face ao dano ou à ameaça do dano, além de sua justa reparação. A segunda, e mais importante, diz respeito ao seu objetivo mediato "(...) a preservação, conservação e a recuperação do meio ambiente, ou seja, a proteção ambiental".[77] A título de ilustração, segue a jurisprudência do Superior Tribunal de Justiça, acerca de ação popular que visava revogar lei municipal da cidade de São Bernardo do Campo:

> PROCESSUAL CIVIL E ADMINISTRATIVO. AGRAVO REGIMENTAL NO RECURSO ESPECIAL. CABIMENTO DA AÇÃO POPULAR. REVOGAÇÃO DA LEI MUNICIPAL QUE SE PRETENDIA ANULAR. NÃO EXAURIMENTO DO OBJETO DO FEITO. POSSIBILIDADE DE UTILIZAÇÃO DA AÇÃO POPULAR PARA PROTEÇÃO DO MEIO AMBIENTE. 1. "A Lei 4.717/1965 deve ser interpretada de forma a possibilitar, por meio de Ação Popular, a mais ampla proteção aos bens e direitos associados ao patrimônio público, em suas várias dimensões (cofres públicos, meio ambiente, moralidade administrativa, patrimônio artístico, estético, histórico e turístico)" (REsp 453.136/PR, Relator Ministro Herman Benjamin, Segunda Turma, *DJe* 14/12/2009). Outro precedente: REsp 849.297/DF, Relator Ministro Mauro Campbell Marques, Segunda Turma, *DJe* 8/10/2012. 2. O fato de a Lei Municipal n. 4.437/1996, logo após a sua edição, ter [s]ido revogada pela Lei Municipal n. 4.466/1996 não ostenta a propriedade de exaurir o objeto da ação popular. Deveras, o autor popular pretende a recomposição do dano ambiental e o embargo definitivo da obra de terraplanagem, além da invalidação da Lei Municipal posteriormente revogada. Logo, o processamento da ação popular é medida que se impõe. 3. Agravo regimental não provido.[78]

---

[76] AKAOUI, 2010, p. 44.

[77] RODRIGUEIRO, 2004, p. 120.

[78] BRASIL. STJ. *REsp nº 1,151.540-SP.*

Embora a ação popular seja instrumento apto para, de forma individual, realizar o exercício da tutela ambiental com vistas ao interesse coletivo, este instrumento ainda é pouco utilizado, gerando ainda pouca jurisprudência sobre o tema. Este é mais um mecanismo que deveria ser valorizado pelas pessoas e pelo ordenamento jurídico brasileiro de modo geral.

Antes do fim deste tópico, deve-se falar sobre a importância do termo ou compromisso de ajustamento de conduta ambiental, importante ferramenta que pode ser utilizada tanto nas ações populares, quanto nas ações civis públicas, pois é a maneira mais eficaz de dar executividade (certeza, liquidez e exigibilidade) à proteção ambiental. Neste sentido, importa aprofundar-se no estudo deste precioso instrumento, analisado pelo Promotor Fernando Reverendo Vidal Akaoui.[79]

8.2.3 *Ações indenizatórias individuais* – acerca das ações indenizatórias individuais ambientais, Edis Milaré afirma que:

> A vítima do dano ambiental reflexo pode buscar a reparação do dano sofrido, no âmbito de uma ação indenizatória de cunho individual, fundada nas regras gerais que regem o direito de vizinhança. Esse ramo do Direito vem sofrendo diversas reformulações, incorporando conceitos relativamente novos, como a função socioambiental da propriedade, e ampliando conceitos mais antigos, como o da vizinhança, que hoje, por exemplo, já não abrangeria apenas as áreas contíguas a uma indústria poluidora, mas se aplicaria por igual às propriedades mais distantes e que houvessem de alguma forma, sido atingidas por emissões atmosféricas lesivas à saúde dos moradores locais.[80]

Conforme demonstrado em diversas passagens nesta pesquisa, acredita-se que a busca do direito individual homogêneo, por meio de ações indenizatórias individualizadas, é mais efetiva que a busca do direito por intermédio de ações coletivas.

Em primeiro lugar, deve-se ressaltar o aspecto da participação efetiva do cidadão, sem fictícias representações processuais, sem destinação da pecúnia indenizatória a fundos "ocultos" e mal geridos. As ações individuais representam a possibilidade de identidade, de participação com comoção e interesse direto da pessoa com o resultado da demanda, impedindo processos abandonados ou engavetados, sem deslinde, "sem dono".[81]

---

[79] AKAOUI, op. cit.
[80] MILARÉ, 2005, p. 178.
[81] Não se esqueça que conforme já mencionado, nas causas socioambientais, parece que se aplica aquele velho ditado, 'o que é de todo mundo não é de ninguém'. Nesse sentido se

Em segundo lugar, trata-se de utilizar a velha ferramenta processual em busca da efetividade do novo direito coletivo. É uma simples questão de comunicação: a melhor forma de se comunicar é utilizar a linguagem conhecida pela maioria. Neste caso, pela maioria dos operadores e aplicadores do Direito. Má comunicação pode levar a processos coletivos conduzidos a um deslinde desconectado com a efetividade.

Muitas vezes, ideias novas com figurino tradicional podem evitar o "medo do novo" e superar jurisprudências encalacradas advindas de pensamentos "velhos". O uso de boas e antigas ferramentas serve à efetividade dos direitos das pessoas, seja de qual for a forma processual.

Neste sentido, vale ressaltar José Rubens Morato Leite,[82] como também Karin Kässmayer, baseada nos posicionamentos do primeiro doutrinador, que colocam de maneira bem clara a importância de se utilizar "as velhas armas e ferramentas" em prol da construção do novo império do Direito, como segue:

> Como meio de tutelar o meio ambiente através da ação individual, demonstrando mais uma hipótese de dano individual, ressalta-se o direito de vizinhança na perspectiva ambiental. Aponta José Rubens Morato Leite: 'Entende-se, de fato, que existe uma tutela jurisdicional restrita à proteção ambiental, posto que depende de uma ação voluntária do indivíduo que sofreu um incômodo de vizinhança, mas não se pode negar a contribuição reflexa na proteção ao meio ambiente'. Diante do já assinalado, embora o direito de vizinhança restrinja-se à relação individual entre os vizinhos, ao ocorrer um incômodo ambiental o interesse individual dos particulares transfere-se ao coletivo, de modo reflexivo, citando como exemplo a emissão de gases poluentes. Sem dúvida, faz-se uma releitura do Direito Civil, 'desvinculando-se do individualismo radical e utilizando-se conjuntamente de todo o aparato legal ambiental.' (...) Por fim, afirmou-se da possibilidade de os indivíduos, através de instrumentos processuais consagrados em nosso ordenamento jurídico, buscarem a reparação do dano ambiental individual, acolhido por nossa legislação. Da análise jurisprudencial, todavia, evidenciou-se do não frequente acionamento destas espécies de ações, merecendo o dano ambiental individual maior atenção dos estudiosos do ramo ambiental, pois o objetivo é a tutela da sadia qualidade de vida, em todo e qualquer meio ambiente.[83]

---

afirma que parece não ter 'dono', sem esquecer, evidentemente, de que o meio ambiente se configura como *res omnius*, ou seja, um bem ambiental pertencente a todos em direitos e obrigações.

[82] LEITE, 2004; LEITE, 2011; LEITE, 2012; LEITE, 2014.

[83] KÄSSMAYER, 2009, p. 244-245.

Percebe-se que houve evolução da jurisprudência no tocante à reparação dos danos ambientais de forma individual, incluindo a hipótese de reparação do dano moral individual. Inicialmente, tal pretensão não era admitida pelos tribunais brasileiros. Mas o próprio Superior Tribunal de Justiça alterou seu posicionamento quando o tema chegou a ser objeto de recursos especiais, julgados sobre o rito dos recursos repetitivos.

Pelo rito dos recursos repetitivos foram julgados os pedidos de indenização por dano material e moral dos pescadores de Paranaguá, prejudicados pelo vazamento de nafta petroquímica do Navio N-T Norma, de propriedade da Petrobrás/Transpetro – Recurso Especial nº 1.114.398-PR.

Aquele recurso especial pode ser considerado um verdadeiro divisor de águas na história da jurisprudência do Direito ambiental brasileiro, em que este autor atuou em prol dos pescadores desde a primeira instância, em meados de 2001, até o julgamento do caso pelo egrégio Superior Tribunal de Justiça, em 2012, como também na fase de execução de sentença. Foram ajuizados centenas de processos individuais de indenização pelos danos ambientais sofridos.

O acidente que envolveu o navio tanque N-T Norma ocorreu em 18 de outubro de 2001, em Paranaguá, PR. Ao realizar uma manobra imprópria, o navio atingiu uma formação rochosa conhecida por "Pedra da Palanga", provocando o vazamento de aproximadamente vinte e dois milhões de litros de Nafta Petroquímica, um derivado de petróleo altamente explosivo.

O acidente ocasionou a proibição da atividade pesqueira, desde 19 de outubro de 2001 até 11 de novembro de 2001, na região do Porto de Paranaguá. A empresa ré sustentou a exclusão de sua responsabilidade por culpa exclusiva de terceiro, alegando que o acidente ocorreu porque a boia de localização na entrada do porto havia se deslocado e se encontrava em local errado.

No entanto, já nas sentenças de primeiro grau, essa tese foi afastada e ratificada a *posteriori*, diante da aplicabilidade da teoria da responsabilidade objetiva em matéria de dano ambiental. Esta decisão do Superior Tribunal de Justiça passou a ser paradigmática, tanto sobre o ponto de vista do direito material, quanto do direito processual.

Sob o ponto de vista do direito material, esta decisão assentou que é cabível o pagamento de dano moral aos pescadores que, em virtude de um acidente ambiental, se veem impedidos de exercer seu ofício. Tal fato não é mero dissabor ou incômodo, pois a situação ali retratada demonstra a ocorrência de um prejuízo acentuado para o profissional da pesca, que sofre com a impossibilidade de trabalhar e garantir o sustento de sua família, além da angústia pela espera do retorno às atividades profissionais naquele local.

Cabe transcrever trechos de sentenças de primeiro grau que, com a sensibilidade devida, bem souberam tratar do tema:

> Certamente inexiste angústia e desespero maior que despertar todos os dias olhando para o mar e não poder iniciar o seu labor, que é a pesca, sua principal fonte de renda e meio de sobrevivência. Trata-se de um sofrimento que causa desequilíbrio em seu bem-estar, e não simples dissabor, aborrecimento, mágoa, irritação ou sensibilidade exacerbada que faz parte da normalidade do nosso dia a dia. Registre-se que tal situação perdurou quase trinta dias.[84]

Neste mesmo sentido:

> Com efeito, é fato notório (art. 334, I do CPC), e não se pode negar por ninguém em sã consciência, que o impedimento do exercício laboral ocasiona abalo moral, pois qual constrangimento maior a um cidadão do que não poder sustentar sua família? Nesse passo, forçoso reconhecer que o impedimento das atividades laborais afeta a honra de qualquer homem médio, vez que, além de ocasionar inúmeros constrangimentos, sentimentos de impotência, desvalia e frustação, abala sobremaneira a honra subjetiva do vitimado, constituindo violação de seu patrimônio ideal e dignidade.[85]

Como pontua Fernando Murilo Costa Garcia, os pescadores, especialmente aqueles tradicionais, têm íntima ligação com o mar que lhes representa muito mais que apenas o seu ganha-pão, como também a vida que pulsa em seu coração:

> Quando o pescador se depara com a degradação ambiental do meio em que vive, questiona a sua própria existência, enquanto membro de uma comunidade tradicional. Pois sua identidade cultural, seu modo de ser e viver, sua atividade laboral, a coletividade em que nasceu, cresceu e aprendeu tradicionalmente as técnicas pesqueiras são colocadas em xeque, de vez que o futuro e a subsistência familiar através da pesca artesanal tornam-se incertas.[86]

---

[84] BRASIL. TJ/PR. 1ª Vara Cível. Autos nº 1.194/2005. *Consulta aos autos físicos em cartório.*

[85] BRASIL. TJ/PR. 2ª Vara Cível da Comarca de Paranaguá. *Autos nº* 005.518/2005. Consulta aos autos físicos em cartório.

[86] GARCIA, 2015, p. 62.

Atento a essas considerações, o Superior Tribunal de Justiça reconheceu a presença do dano moral individual, representado no acórdão da lavra do Sr. Ministro Sidnei Beneti, que o resume como um "sofrimento acentuado, diferente de mero incômodo, é verdadeiramente irrecusável, no caso de trabalhador profissional da pesca que resta, em virtude do fato, sem possibilidade de realização de seu trabalho".[87]

Assim, ficou reconhecido textualmente pelo Superior Tribunal de Justiça, para que se espantasse qualquer dúvida eventualmente existente, a ocorrência de dano moral individual nos casos de pescadores que se veem impedidos de exercer seu ofício por acidente ambiental causado por outrem, aplicando-se a teoria do risco integral.

A doutrina também notou e ressaltou tal posicionamento, levando à atualização da já consagrada obra "Dano Ambiental – do individual ao coletivo extrapatrimonial – Teoria e Prática", de autoria do Professor José Rubens Morato Leite, escrita em conjunto com o Professor Patryck de Araújo Ayala. Esta obra é uma grande referência para todos que tratam do tema dano ambiental. Em nota à 5ª Edição deste livro assim declinam os autores

> Nesta quinta edição a obra foi atualizada em momentos pontuais para o fim de que continuasse a refletir o estado da arte em relação ao desenvolvimento jurisprudencial sobre o regime jurídico de reparação dos danos ambientais na ordem jurídica brasileira. Para tanto a opção exposta na obra continuou a privilegiar a jurisprudência do Superior Tribunal de Justiça tendo sido agregadas novas referências e citações, merecendo destaque o expresso reconhecimento da teoria do risco integral no REsp 1.114.398/PR. Talvez um dos últimos obstáculos para o desenvolvimento de um regime de reparação que privilegia níveis elevados de proteção ao meio ambiente foi superado pelo expresso reconhecimento de que por meio dele, também não se admite a oposição de excludentes de responsabilidade.[88]

Quanto ao aspecto processual recursal do caso N-T Norma, houve aplicação do rito dos recursos repetitivos para julgamento das ações interpostas. O Superior Tribunal de Justiça manteve a condenação imposta pelo Tribunal de Justiça do Estado do Paraná e destacou o avanço que esta decisão representou, nos seguintes termos:

> Saliente-se que o julgamento das teses destacadas pela Presidência do Tribunal de origem representa avanço significativo para a prestação

---

[87] BRASIL. STJ. *REsp. nº 1.114.398-PR.*

[88] LEITE, 2012, p. 11.

jurisdicional, pois permite, em ações indenizatórias, decorrentes de um mesmo fato, movidas em processos diversos por vários interessados que se encontrem na mesma situação, o alinhamento de questões de direito que em cada um dos processos diversos poderiam vir a ter enfoque jurisdicional diverso, levando, portanto, à possibilidade de soluções contraditórias, além da indesejável demora maior de alguns dos processos, de modo subjetivamente incompreensível e objetivamente injusto para os próprios envolvidos – como, aliás, muitas vezes ocorre em casos como de naufrágios de embarcações, desastres de trens ou ônibus, acidentes aeronáuticos, em que todos os lesados se encontram, rigorosamente, na mesma situação fática, restando ao Poder Judiciário atribuir as consequências jurídicas às ações por eles movidas.[89]

Ressalte-se que o Superior Tribunal de Justiça também manteve o entendimento do Tribunal de Justiça do Estado do Paraná, no sentido de que basta a apresentação da carteira de pescador profissional fornecida pelo Ministério da Agricultura, para demonstrar e sustentar a legitimidade ativa para o pleito indenizatório.

A decisão sobre o caso N-T Norma serviu de base e fundamentação para acórdãos envolvendo as pretensões indenizatórias dos pescadores afetados pela ruptura do Oleoduto Araucária-Paranaguá (OLAPA), que faz o transporte de petróleo e derivados, ligando a Refinaria Presidente Getúlio Vargas (REPAR) em Araucária (PR), ao Porto de Paranaguá, PR.

Naquela mesma situação, em 16 de fevereiro de 2001, no município de Morretes (PR), ocorreu o vazamento de aproximadamente cinquenta e dois mil litros óleo diesel. Inicialmente, o óleo contaminou a vegetação e a fauna serrana, até atingir o Rio Nhundiaquara e agigantar seu lastro para as baías de Antonina e Paranaguá até as proximidades da Ilha do Teixeira. Em razão do vazamento, que formou mancha de óleo de vinte e oito quilômetros, foi determinado o embargo da atividade pesqueira pelo período de seis meses.

Em virtude desses episódios, o Escritório Bahr, Neves, Mello & Advogados Associados, integrado por este autor, ajuizou milhares de processos judiciais. Em alguns casos, o pedido era de indenização por dano moral, em outros, por dano material, além de ações pleiteando indenização por dano moral e material.

Desta atuação formou-se importante precedente derivado do acórdão exarado no REsp nº 1.145.358/PR, referente ao direito de levantamento dos recursos financeiros depositados judicialmente a título

---

[89] BRASIL. STJ. *REsp. nº 1.114.398-PR.*

indenizatório, no valor de até 60 (sessenta) salários mínimos, independentemente de caução, além do reconhecimento do caráter alimentar desta verba, considerando o impedimento do exercício profissional dos pescadores. Por oportuno e esclarecedor, transcreve-se o seguinte trecho do acórdão:

> No caso, a autora postula o levantamento do valor de R$ 24.900,00 (vinte e quatro mil e novecentos reais) sem a necessidade de contracautela. A controvérsia está na possibilidade ou não de dispensa de caucionamento em execução provisória, diante do perigo de irreversibilidade da decisão. A sistemática processual em vigor antes das alterações levadas a efeito pelas Leis nºs 11.232/05 e 11.382/06 não aceitava, como regra, o levantamento, pelo credor, do débito exequendo antes de garantido o juízo. (...) Todavia, essa regra admitia temperamentos, em situações peculiares, que justificassem a sua dispensa, tal como na hipótese de execução de crédito de natureza alimentar. (...) Percebe-se, portanto, que a alteração legislativa conferiu ao juiz da execução, diante das peculiaridades da situação, a possibilidade de dispensar a prestação de contracautela para levantamento de valores nas execuções provisórias decorrentes de ato ilícito ou de verba de natureza alimentar, desde que demonstrada a situação de necessidade do exequente, restringindo o valor, contudo, ao limite de sessenta vezes o salário mínimo. Em relação ao caso em comento, de início, tem-se que os prejuízos causados ao meio ambiente e à comunidade dos pescadores pelo vazamento de óleo nas águas em decorrência do rompimento do 'poliduto' de propriedade da Petrobras, é fato notório, ratificado pela própria recorrente, tendo sido amplamente divulgado inclusive pelas entidades fiscalizadoras. (...) No que se refere à natureza alimentar do crédito, conforme declinado pela instância ordinária, soberana na análise fática da causa, restou incontroversa, uma vez tratar-se de indenização por danos materiais e morais suportados pela autora/pescadora durante o período que ficou impossibilitada de exercer sua profissão. Inconteste, outrossim, o estado de necessidade da exequente, nos termos em que decidido pelo Tribunal de origem e não impugnado pela recorrente, conforme se extrai da letra do voto condutor. (...) Daí decorre entender que, comprovados os requisitos que a lei exige para o levantamento do crédito, pode o magistrado dispensar a prestação de contracautela, como na hipótese.[90]

Em julho de 2012, a administração das contas judiciais de todo o Estado do Paraná – por determinação do Tribunal de Justiça do Paraná – saiu do Banco do Brasil e passou a ser de exclusividade da Caixa

---

[90] BRASIL. STJ. *Acórdão no Recurso Especial nº 1.145.358-PR*.

Econômica Federal.[91] Tal fato aumentou o sofrimento dos atingidos pelos danos ambientais ocorridos no litoral do Paraná – pessoas em sua maioria humildes e de baixa escolaridade foram vítimas de vazamentos de extratos de contas judiciais sem qualquer ordem judicial para tanto, sendo enganadas por advogados que queriam cobrar duplamente honorários advocatícios, induzindo-as a erro, dizendo que os valores das contas judiciais teriam desaparecido,[92] pois ao consultar os extratos de suas contas judiciais onde estavam depositadas as indenizações, deparavam-se com a informação de que suas contas haviam sido encerradas e supostamente estariam zeradas, sem qualquer menção da transferência dos depósitos do Banco do Brasil para a Caixa Econômica Federal.

Esta situação gerou solo fértil para oportunistas mal-intencionados, que pulverizassem informações inverídicas sobre os andamentos dos processos, gerando um falso clamor público[93] e caos no litoral do Paraná e uma enxurrada de novas ações judiciais, com base em procurações anuladas *a posteriori* pelo próprio Tribunal de Justiça do Paraná. Inúmeras foram as consequências desastrosas destas ações, não apenas para as vítimas dos danos ambientais e seus advogados, como também para a própria imagem do poder judiciário, diante da opinião pública em geral.

Assim, em agosto de 2013, a título de informação e esclarecimento para os milhares de clientes do Escritório Bahr, Neves, Mello & Advogados Associados, foi produzido um audiovisual intitulado "O

---

[91] Por resolução da Presidência do Tribunal de Justiça do Estado do Paraná – Contrato n. 2011.0384067-3/000.

[92] Sobre o assunto: AGRAVO DE INSTRUMENTO. AÇÃO CIVIL PÚBLICA PROPOSTA PELA FEDERAÇÃO DOS PESCADORES DO ESTADO DO PARANÁ. *ALEGAÇÃO DE OUTORGA DE NOVAS PROCURAÇÕES DE FORMA FRAUDULENTA.* PERICULUM IN MORA E FUMUS BONI IURIS CONFIGURADOS. SUSPENSÃO DOS EFEITOS DOS CONTRATOS E DAS PROCURAÇÕES QUESTIONADAS. SUSPENSÃO DE ATOS DE LEVANTAMENTO DOS VALORES DEPOSITADOS EM JUÍZO, BEM COMO DAS AÇÕES INDIVIDUAIS EM CURSO, EM QUE JÁ FORAM JUNTADAS AS PROCURAÇÕES E CONTRATOS ADVOCATÍCIOS. (...) De acordo com os documentos juntados às fls. 248/256, a própria Presidente da OAB, de Paranaguá se pronunciou no sentido de ter conhecimento da conduta dos advogados em convencer os pescadores a mudarem a representatividade legal. Verifica-se que houve também a suspensão preventiva dos agravados junto à Comissão de ética e Disciplina da OAP-PR, na Medida Cautelar 5301/2013 (certidão de fls.465/467). (...) AGRAVO PROVIDO. [TJPR. Quarta Câmara Cível. Nº. 1151612-2. Rel. Des. REGINA AFONSO PORTES. J. 22. 04. 2014]

[93] Sobre o assunto, o TJPR assim julgou: "A situação que se apresenta entre os Agravantes e os advogados divulgadores dos vídeos é notória no Estado do Paraná e tem desencadeado inúmeras demandas judiciais, que inclusive já culminaram com a prisão de alguns deles. *Desse modo, as alegações apresentadas nos vídeos divulgados pelos advogados são notórias e de conhecimento público como falsas e com potencial enorme de causar danos a terceiros.*" [TJPR. 18ª Câmara Cível. AI 1.353.289-5. Rel. Des. MARCELO GOBBO DALLA DEA. J. 03.12.16]

Fim do Processo",[94] com o objetivo de prestar esclarecimentos sobre as fases finais das ações que envolvem tanto o rompimento do oleoduto Olapa, quanto o caso do Nafta. O objetivo do audiovisual[95] era esclarecer as dúvidas das vítimas dos danos ambientais acerca da mudança de instituição bancária, onde os pagamentos das indenizações seriam realizados.

Nos dias 25 e 26 de julho de 2015, com o intuito de informar e oferecer esclarecimentos às vítimas dos citados danos ambientais foi criada pelo Escritório Bahr, Neves, Mello & Advogados Associados a ação pedagógica intitulada "Maré de Justiça". Ela contou com 50 colaboradores voluntários, equipe de suporte e "staff", que se dirigiram a Paranaguá, Superagui, Guaraqueçaba, Ilha das Peças e Ilha Rasa e Antonina, de acordo com a gerente de operações do projeto, Srª Deise Warken.[96] Todos os pescadores que se fizeram presentes foram atendidos, tiveram seus processos individuais consultados e suas dúvidas sanadas. Este autor acredita que mais do que uma "Maré de Justiça", esta ação foi uma verdadeira "maré de verdade", de vez que os advogados estiveram em todas as comunidades com o objetivo de esclarecer as dúvidas das pessoas.

Para esta ação foram convidadas formalmente juízes, promotores e membros da Ordem dos Advogados do Brasil para participarem como observadores.

Tempos atrás, um acidente de grande repercussão ocorreu em 15 de novembro de 2004, quando o navio de bandeira chilena Vicuñã explodiu quando estava atracado no Porto de Paranaguá, no terminal da empresa Cattalini Terminais Marítimos Ltda. O evento acarretou a morte de quatro tripulantes, enquanto foram despejados ao mar mil e quinhentas toneladas de óleo combustível, além de cinco milhões de litros de metanol. A pesca acabou proibida por mais de dois meses nas baías de Paranaguá, Antonina e Guaraqueçaba.

Desde então, o Escritório Bahr, Neves, Mello & Advogados Associados defendeu os pescadores prejudicados por intermédio de centenas de ações individuais de indenização pelos danos ambientais sofridos. A maior parte dessas ações judiciais acabou sendo resolvida via composição. Foram celebrados acordos abrangendo a proprietária

---

[94] *O fim do processo*, 2015.

[95] Somado ao telefone de chamada gratuita – "0800" – criado pelo escritório, para que as vítimas pudessem entrar em contato e consultar o andamento de cada um dos seus processos individuais.

[96] *Maré de justiça*, 2015.

160

FABIANO NEVES MACIEYWSKI
ADVOGAR NO DIREITO AMBIENTAL

do navio Vicuña, a empresa chilena Sociedade Navieira Ultragás, e a proprietária do terminal, a empresa Cattalini Terminais Marítimos. As referidas empresas, sem reconhecerem qualquer tipo de culpa, concordaram em pagar uma indenização a cada um dos pescadores no valor aproximado de mil e setecentos reais.

Contudo, outros advogados e outros escritórios de advocacia também entraram com ações similares para outras pessoas, cujas ações permaneceram tramitando na justiça não sendo alcançadas pelo acordo supramencionado em virtude da falta de documentação pessoal das vítimas, as quais não conseguiram provar, *a priori*, que eram pescadores artesanais.

Ainda foram intentadas ações buscando o ressarcimento por parte das empresas que haviam encomendado a carga, tais como a Borden Química Indústria e Comércio Ltda., Synteko Produtos Químicos S.A, GPC Química S/A, Momentive Química do Brasil Ltda. e Dynea Brasil S/A. Mas essas ações foram consideradas improcedentes, tanto pelos juízes de primeiro grau quanto pelo Tribunal de Justiça do Estado do Paraná, os quais, equivocadamente, não reconheceram nexo de causalidade entre o ato de adquirir uma carga química que vazou e o dano ambiental provocado – poluição.

A respeito deste lastimável episódio são colacionados os seguintes trechos do acórdão da lavra do Desembargador Hélio Henrique Lopes Fernandes Lima

> Na hipótese, as empresas rés-apeladas não são poluidoras, nem mesmo por equiparação, pois somente adquiriram a carga que não chegou a lhes ser entregue, uma vez que a explosão do navio ocorreu ainda no terminal marítimo, antes da tradição da coisa. (...) O ato de adquirir determinado produto, por si, não caracteriza o nexo de causalidade com o dano reclamado, uma vez que, a mera aquisição, sem a tradição da coisa adquirida, não é a causa dos prejuízos. Os prejuízos foram causados pela explosão do navio, sem guardar relação com a compra do produto por ele transportado. Nesta ótica, a responsabilidade pelo sinistro não pode ser imputada às rés/apeladas, pois ausente a tradição da coisa que pereceu antes do desembarque.[97]

Infelizmente, restou pacífico, que as empresas que haviam encomendado a carga não poderiam ser responsabilizadas. Somente quando analisado o recurso especial nº 1.596.081/PR, o Ministério Público

---

[97] BRASIL. TJ/PR. *Acórdão na Apelação Cível nº 0006955-52.2008.8.16.0129 (939.434-9).*

Federal, por meio de seu Ilmo. Subprocurador-Geral da República, Dr. Eugênio José Guilherme de Aragão, posicionou-se no seguinte sentido:

> No que diz respeito ao julgamento do recurso como representativo da controvérsia, é de ser consolidado o entendimento de que as empresas adquirentes de carga poluente respondem pelo dano ambiental causado pela explosão do navio transportador, antes mesmo da tradição da mercadoria, pois compõem a cadeia produtiva da qual retiram proveito econômico, advindo, daí, o nexo de causalidade entre a atividade potencialmente poluidora e o dano ambiental.[98]

Tal recurso ainda aguarda julgamento final perante o E. STJ estando sob relatoria do Ministro Ricardo Villas Bôas Cueva.

Outro evento causador de dano ambiental de consideráveis proporções foi o naufrágio de barcaça da NORSUL, que carregava trezentos e quarenta bobinas de aço, ocorrido em 31 de janeiro de 2008, na baía Babitonga, a dezoito quilômetros do canal de acesso ao Porto de São Francisco do Sul. Este dano ambiental acarretou enormes prejuízos aos pescadores artesanais e às pessoas que vivem direta ou indiretamente da pesca, em decorrência das toneladas de óleo que foram derramados no mar, causando poluição e depreciação dos preços dos pescados.

O Escritório Bahr, Neves, Mello & Advogados Associados interpôs centenas processos de indenização judicial pelos danos materiais e morais, danos emergentes e lucros cessantes em decorrência do naufrágio dessa barcaça na Baía da Babitonga. Em acórdão emblemático, o Tribunal de Justiça de Santa Catarina assentou:

> AÇÃO DE INDENIZAÇÃO POR DANOS MATERIAIS E MORAIS. NAUFRÁGIO DE NAVIO E EMPURRADOR OCORRIDO NA BAÍA DA BABITONGA. EMBARCAÇÃO DE PROPRIEDADE DA PRIMEIRA RÉ QUE TRANSPORTAVA CARGA PERTENCENTE À SEGUNDA RÉ QUANDO OCORREU O NAUFRÁGIO. PROCEDÊNCIA PARCIAL DOS PEDIDOS NO JUÍZO DE ORIGEM. INSURGÊNCIA DAS PARTES MEDIANTE RECURSO DE APELAÇÃO. JULGAMENTO DOS RECURSOS NESTA INSTÂNCIA RECURSAL. SUPERVENIÊNCIA DE PETIÇÃO FIRMADA PELOS PROCURADORES DAS PARTES NOTICIANDO A FORMALIZAÇÃO DE ACORDO EXTRAJUDICIAL. PEDIDO DE EXTINÇÃO DO RECURSO DE APELAÇÃO. PARTES MAIORES, CAPAZES E DEVIDAMENTE REPRESENTADAS. PETIÇÃO FIRMADA PELOS PROCURADORES DAS PARTES OS QUAIS POSSUEM PODERES EXPRESSOS PARA TRANSIGIR.

---

[98] BRASIL. STJ/PR. *Parecer MPF no REsp 1.596.081/PR.*

POSSIBILIDADE DE HOMOLOGAÇÃO DO ACORDO NESTE GRAU DE JURISDIÇÃO. EXTINÇÃO DO PROCESSO COM RESOLUÇÃO DO MÉRITO COM FULCRO NO ARTIGO 269 III DO CÓDIGO DE PROCESSO CIVIL. CUSTAS PROCESSUAIS E HONORÁRIOS ADVOCATÍCIOS NA FORMA CONVENCIONADA. RECURSOS PREJUDICADOS. A superveniência de requerimento das partes litigantes, pessoas maiores, capazes e devidamente representadas por seus advogados e pelos representantes legais, noticiando acordo extrajudicial, visando o encerramento do litígio, enseja a homologação do acordo nesta instância recursal, e extinção do processo com resolução do mérito, com fulcro no artigo 269, III, do Código de Processo Civil, restando prejudicados os recursos. As custas processuais e honorários advocatícios devem ser quitados na forma convencionada.[99]

No presente caso, laudo pericial e termo de ajustamento de conduta confirmaram o sinistro e os prejuízos experimentados pelos pescadores da região, sendo a apresentação de carteiras de pescador profissional a prova de exercício da atividade pesqueira. Diante do prejuízo do meio de subsistência de vida dos pescadores artesanais, se deu a responsabilização solidária da proprietária do comboio oceânico e da empresa que produziu as bobinas de aço. O que mais chamou à atenção neste caso foi a solução do litígio por intermédio de acordo homologado pelo juízo.[100]

Outro caso já abordado nesta obra diz respeito ao vazamento do Ascarel, em Florianópolis, em 2012, que escorreu pelos cursos d'águas até atingir o oceano. Resta mencionar que, em decorrência das perdas econômicas e sociais sofridas pelas vítimas, elas buscaram individualmente a tutela jurisdicional do Estado.

Este autor foi um dos advogados das mil, setecentas e trinta e seis vítimas que interpuseram individualmente suas ações judiciais – entre elas pescadores artesanais, maricultores e catadores de berbigão, que buscavam reaver os danos ambientais sofridos.

Como o caso é recente, nem todas as ações já tiveram seu mérito julgado. Embora o Ascarel seja altamente tóxico – e o governo federal tenha proibido seu uso no Brasil desde 1981 – o fato é que decisões como a que segue parecem não ter capturado a gravidade do vazamento ocorrido em Florianópolis:

---

[99] BRASIL. Tribunal de Justiça do Estado de Santa Catarina. *Acórdão na Apelação Cível nº 2013.041385-0.*

[100] Idem.

AGRAVO DE INSTRUMENTO. INDENIZATÓRIA. VAZAMENTO DE ÓLEO DA SUBESTAÇÃO DA CELESC. IRRESIGNAÇÃO EM FACE DA DECISÃO QUE CONCEDEU A ANTECIPAÇÃO DE TUTELA, A FIM DE DETERMINAR QUE A PARTE AGRAVANTE PAGASSE, EM FAVOR DO AGRAVADO, UM SALÁRIO MÍNIMO MENSAL, ENQUANTO PERDURAR O EMBARGO, ATÉ NOVE MESES APÓS SUA LIBERAÇÃO, SOB PENA DE MULTA DIÁRIA. EMBARGO ADMINISTRATIVO QUE PERDUROU, NA LOCALIDADE ONDE A PARTE AGRAVADA LABORA, POR APENAS QUATRO DIAS. AUSÊNCIA DE COMPROVAÇÃO DOS REQUISITOS DO ARTIGO 273 DO CÓDIGO DE PROCESSO CIVIL QUE IMPEDE O DEFERIMENTO DA ANTECIPAÇÃO PLEITEADA. PERIGO, ADEMAIS, DE IRREVERSIBILIDADE DO PROVIMENTO ANTECIPADO. DECISÃO REFORMADA. RECURSO PROVIDO.[101]

O Tribunal de Justiça de Santa Catarina entendeu que o maricultor não apenas não conseguiu provar "o dano decorrente da suspensão dos trabalhos", não havendo "qualquer motivo plausível para se manter a decisão que determinou o pagamento de um salário mínimo a título de verba de caráter alimentar",[102] pelo fato do embargo administrativo no local ter sido de apenas quatro dias.

Este é um exemplo de uma postura do Estado que desconsidera e negligencia a realidade das pessoas pobres, pescadoras artesanais, que vivem direta e exclusivamente da pesca e que têm – por suas próprias peculiaridades – dificuldades de fazer prova de seus proventos. Ademais, um audiovisual disponível no sítio eletrônico do Tribunal Regional Federal da 4º Região[103] dá conta de que o dano só foi noticiado às autoridades públicas um mês depois do ocorrido, o que comprova um dano que vai muito além dos mencionados quatro dias, além dos efeitos deletérios futuros que nem se sabe ao certo quais serão.

Infelizmente, avolumam-se os danos ambientais no Brasil, sendo simbólico outro caso, ocorrido no Paraná e ainda em discussão judicial, que envolve ações coletivas e milhares de ações individuais, interpostas por moradores da cidade de Adrianópolis e região. A pretensão é pleitear a concessão de indenização por dano moral em decorrência da exposição ao risco de contaminação por chumbo e outros metais pesados.

---

[101] BRASIL. Tribunal de Justiça de Santa Catarina. Acórdão no Agravo de Instrumento nº 2013.032611-7.

[102] Idem.

[103] PROGRAMA VIA LEGAL, 2015.

Em parecer elaborado para integrar os autos dos processos, o doutrinador José Rubens Morato Leite assim resumiu a situação e a presença do dano ambiental moral, *in verbis*:

> 3. No caso de contaminação de Adrianópolis não se trata de mera suspeita, pois a poluição é certa e conhecida. Seus moradores foram vítimas de dano ambiental pela exposição ao risco de desenvolverem diversas doenças graves decorrentes da contaminação por chumbo e outros metais pesados. Bem como, sofreram dano ambiental em sua acepção moral por terem de suportar todas as consequências nefastas de uma degradação desta gravidade. Cada indivíduo morador de Adrianópolis sofreu de forma particular os efeitos do dano, seja sendo vítima de discriminação por serem conhecidos por "povo contaminado", "chumbado", "herdeiros do chumbo" e etc., seja por terem dificuldades de inserção no mercado de trabalho, seja por terem que deixar o lugar em que sempre viveram, tudo em decorrência da contaminação ambiental. Assim, cada caso concreto suscita uma diferenciada reparação do dano, de acordo com a gravidade do dano a que foi submetido. Cada circunstância como estas mencionadas são suficientes a torná-lo de maior gravidade.[104]

O mínimo que estas pessoas de Adrianópolis e região[105] poderiam esperar do Estado brasileiro seria uma tutela jurisdicional que lhes dê tratamento justo e digno, que lhes permitisse não apenas ter o reconhecimento dos danos gerados exclusivamente pelos poluidores, mas também a sua devida reparação, de acordo com as peculiaridades de cada caso, por ser esta uma questão de justiça socioambiental.

Na esfera individual, no que toca às nuances processuais, especificadamente quanto à prescrição das ações individuais, um caso interessante chegou ao Superior Tribunal de Justiça, envolvendo pedido de indenização de uma senhora que pleiteava reparação pelos danos patrimoniais sofridos pela desvalorização da sua propriedade e danos morais diante do sofrimento pela doença que acometeu sua filha, pois sua propriedade estava em área contaminada por produtos químicos utilizados em tratamento de madeira destinada à fabricação de postes.

A empresa que fabricava os postes havia encerrado suas atividades, mas antes havia veiculado anúncios avisando sobre o acidente. No entanto, somente tempos depois a filha da autora passou a sentir os efeitos da doença. A empresa sustentava a ocorrência de prescrição

---

[104] LEITE, 2014, p. 136.

[105] A exemplo de tantas outras pessoas atingidas por danos ambientais no vasto território brasileiro.

diante do lapso temporal, considerando como termo inicial a veiculação dos avisos sobre o acidente. Entendeu o Tribunal que o termo inicial do prazo prescricional para o ajuizamento de ação de indenização, por dano moral e material, conta-se da ciência inequívoca dos efeitos decorrentes do ato lesivo, e no caso concreto, a contagem só teve início quando da ciência da doença causada pelos produtos químicos que haviam contaminado o solo e o lençol freático do local, onde a criança residia:

APELAÇÃO CÍVEL. RESPONSABILIDADE CIVIL. AÇÃO DE INDENIZAÇÃO POR DANOS MORAIS E MATERIAIS. DANO AMBIENTAL. UNIDADE DE PRESERVAÇÃO DE MADEIRA DE BARRETOS. CONTAMINAÇÃO DO SOLO E DO LENÇOL FREÁTICO POR PRODUTOS QUÍMICOS UTILIZADOS EM TRATAMENTO DE MADEIRA DESTINADOS À FABRICAÇÃO DE POSTES. PRESCRIÇÃO. INOCORRÊNCIA. A permanência dos efeitos do dano ambiental elide a prescrição, mesmo no caso de cessação da conduta lesiva, pois o dano da véspera é acrescido diuturnamente até a recuperação integral do ambiente. Hipótese em que, embora findada a atividade poluidora produzida pela usina de tratamento de madeira, os danos ao meio ambiente continuam a ser perpetrados, pois não recuperada a área degradada, afastando, dessa forma, a prescrição da pretensão indenizatória da parte autora. APELAÇÃO PROVIDA (fl. 1.908).

Assim, vez mais, o STJ reitera que a prescrição para a reparação dos danos ambientais individuais ou por ricochete só pode começar a fluir quando há claro conhecimento dos efeitos nocivos causados e isto não necessariamente se dá de imediato ao incidente.[106]

Por fim, apenas para acrescentar mais um exemplo jurisprudencial, enfatizando o aspecto processual atinente a outra situação de dano ambiental, o rito dos Recursos Repetitivos também foi aplicado no caso dos moradores da cidade de Muriaé, em Minas Gerais, quando sofreram danos pelo vazamento de mais de dois bilhões de litros de resíduos de lama tóxica (bauxita). A ementa do acórdão definiu a responsabilidade objetiva da mineradora e o dever de reparar integralmente os danos causados:

AÇÃO INDENIZATÓRIA. AGRAVO RETIDO. ROMPIMENTO DE BARRAGEM DE DEJETOS DE MINERAÇÃO. ATIVIDADE DE RISCO.

---

[106] Lembrando que para as ações individuais vale a regra do artigo 206, §3º, inciso V, do Código Civil, cuja prescrição da pretensão da reparação civil ocorre em 03 (três) anos contados do conhecimento do fato, o qual, nas palavras de José Rubens Morato Leite, "em muitas hipóteses pode se postergar no tempo em caso de dano ambiental continuado, como exemplo" (LEITE, 2011, p. 203).

RESPONSABILIDADE OBJETIVA. JUNTADA DE DOCUMENTO DURANTE A INSTRUÇÃO PROCESSUAL. POSSIBILIDADE. INEXISTÊNCIA DE FORÇA MAIOR. DANOS MORAIS PRESUMIDOS POR AQUELE QUE SE VIU AFASTADO DA SUA RESIDÊNCIA. CRITÉRIOS DE FIXAÇÃO. 3) É objetiva a responsabilidade das empresas que realizam atividade tipicamente de risco, sendo imprescindível que atue com máxima cautela para assegurar um desenvolvimento regular de seu empreendimento (inteligência do art. 927, parágrafo único, do CC). 4) A ocorrência de grande quantidade de chuva nos meses de dezembro e janeiro não se trata de fato imprevisível, devendo a Mineradora responder pelos danos advindos e potencializados pelo rompimento de barragem de dejetos que vêm a causar a destruição de imóveis. 5) Os danos morais são presumidos se a pessoa se vê afastada de seu lar, ficando à própria sorte e na dependência da solidariedade de terceiros e da atuação estatal. 6) A dosagem da indenização por danos morais obedece ao critério do arbitramento judicial, norteado pelos princípios da proporcionalidade e da razoabilidade, observando-se o caráter compensatório para a vítima e punitivo para o ofensor.[107]

No episódio da cidade de Muriaé, em Minas Gerais, foram mais de três mil novecentos e trinta e oito ações em que, através de julgamento único, foram afastados os argumentos da mineradora causadora do acidente, reconhecendo-se o direito das vítimas à indenização pelos danos patrimoniais e morais.[108]

Por fim, vale frisar os casos de danos ambientais individuais oriundos da poluição atmosférica (mau cheiro) provenientes de estações de tratamento de esgoto do Estado do Paraná, em que o Tribunal de Justiça do Estado do Paraná assim decidiu:

AÇÃO DE INDENIZAÇÃO POR DANOS MORAIS C/C PEDIDO DE TUTELA ANTECIPADA – POLUIÇÃO E MAU CHEIRO CAUSADOS POR ESTAÇÃO DE TRATAMENTO DE ESGOTO – AGRAVOS RETIDOS DE AMBAS AS PARTES – ALEGAÇÃO DE CERCEAMENTO DE DEFESA – AFASTADA – PROVA ROBUSTA DA OCORRÊNCIA DO DANO, NÃO ELIDIDA MALGRADO TENHA SIDO OPORTUNIZADA PRODUÇÃO DE PROVA NESTE SENTIDO – LEGITIMAÇÃO ATIVA – PROVA QUE FOI OPORTUNIZADA À PARTE, SEM QUE HOUVESSE SUFICIENTE DEMONSTRAÇÃO – CERCEAMENTO INOCORRENTE – RECURSOS A QUE SE NEGA PROVIMENTO – SENTENÇA QUE JULGA PARCIALMENTE

---

[107] BRASIL. STJ. *Acórdão no Recurso Especial nº 1.374.284-MG.*
[108] Idem.

PROCEDENTES OS PEDIDOS INICIAIS – INCONFORMISMO DE AMBAS AS PARTES. APELAÇÃO 01 – INCONFORMISMO DA PARTE RÉ – SANEPAR – ALEGAÇÃO DE CERCEAMENTO DE DEFESA – AFASTADA – RESPONSABILIDADE OBJETIVA PELO DANO AMBIENTAL CAUSADO – CONCESSIONÁRIA DE SERVIÇO PÚBLICO – APLICAÇÃO DO ART. 37, §6º, DA CF – NÃO DEMONSTRAÇÃO DE CASO FORTUITO, FORÇA MAIOR OU CULPA EXCLUSIVA DA VÍTIMA OU DE TERCEIRO – ALEGAÇÃO DE LITIGÂNCIA DE MÁ FÉ – NÃO CARACTERIZADA – RECURSO CONHECIDO E NÃO PROVIDO. APELAÇÃO 02 – INCONFORMISMO DOS AUTORES – PLEITO DE MAJORAÇÃO DOS DANOS MORAIS E DOS HONORÁRIOS ADVOCATÍCIOS – PROCEDÊNCIA – DANO QUE PROTRAIU NO TEMPO POR APROXIMADAMENTE 9 (NOVE) ANOS. FATOS PÚBLICOS E NOTÓRIOS – RECONHECIMENTO DA LESÃO E DESATIVAÇÃO DA USINA – PRECEDENTES DE CASOS ASSEMELHADOS DO RIO GRANDE DO SUL – VALOR INADEQUADO – MAJORAÇÃO DO VALOR ARBITRADO PARA R$ 5.000,00 (CINCO MIL REAIS) E DOS HONORÁRIOS ADVOCATÍCIOS PARA 20% (VINTE POR CENTO) DO VALOR DA CONDENAÇÃO – TERMO INICIAL – RELAÇÃO EXTRACONTRATUAL – APLICAÇÃO DA SÚMULA 54 – TERMO INICIAL DEVE SE DAR A PARTIR DA DATA DO EVENTO DANOSO – INÍCIO DAS ATIVIDADES DA ESTAÇÃO DE TRATAMENTO DE ESGOTO – ALEGAÇÃO DO DANO MORAL SOFRIDO EM RELAÇÃO AOS DEMAIS AUTORES – POSSIBILIDADE – PRINCÍPIO DA COOPERAÇÃO – PROVA SUFICIENTE NÃO ELIDIDA QUE RESIDIAM NAS REDONDEZAS DA ETE – APLICAÇÃO DA TEORIA DA ASSERÇÃO – RECURSO CONHECIDO E PROVIDO. (TJPR, 8.ª CÂMARA CÍVEL – APELAÇÃO CÍVEL Nº 1.179.964-9, APELANTE 01: COMPANHIA DE SANEAMENTO DO PARANÁ – SANEPAR. APELANTE 02: CARMEM LÚCIA JANUÁRIO DE SOUZA E OUTROS. APELADOS: OS MESMOS. RELATOR: DES. JOSÉ LAURINDO DE SOUZA NETTO. RELATOR SUBSTITUTO: DR. MARCO ANTONIO MASSANEIRO).[109]

Portanto, o ordenamento jurídico brasileiro consolida, seja por intermédio dos textos normativos, pelos princípios, na doutrina e na jurisprudência, a possibilidade do ajuizamento de ações indenizatórias individuais pelo dano ambiental sistêmico e reflexo, como o modo mais efetivo de restauração socioambiental econômica, produzindo, consequentemente, efeitos de caráter pedagógico ao infrator ambiental.

---

[109] BRASIL. Tribunal De Justiça Do Estado Do Paraná, 8.ª Câmara Cível. *Apelação Cível nº 1.179.964-9*.

Por meio de acordos individuais,[110] os poluidores poderão e deverão mitigar e compensar os danos ambientais, além de tomar todas as medidas efetivas para cessarem os danos, especialmente quando essas ações indenizatórias tiverem pedidos liminares de obrigações, com multa diária, *astreintes*.

---

[110] Neste sentido, deve-se destacar que mesmo em acordos individuais, com base na autonomia da vontade, pode-se definir que o poluidor repare o meio ambiente, restaure, compense, etc., exatamente como ocorreu nos Termos ou Compromissos de Ajustamento de Conduta supracitados.

A NOVA FONTE DO DIREITO

É impossível separar o homem do ambiente. Eles interagem, comungam, partilham, dividem, coexistem com sincronia e sinergia. Parte da racionalidade humana convida à adaptação ao ambiente, enquanto parte das ações humanas se voltam contra ele, destruindo, repelindo, exterminando chances de convívio harmonioso. Quando a racionalidade reflexiva do homem que se vê parte do ambiente, encontrará eco na racionalidade do sistema econômico forjado pelo próprio homem? É impossível ao ser humano viver sem água, ar, comida. Fome, doenças, violência, desrespeito ao ambiente são os frutos de uma racionalidade instrumental, que devora o mundo insaciavelmente.

A desmedida do acúmulo de capital aumenta o abismo entre as classes sociais e eterniza a exclusão dos trabalhadores, mantendo-os como constantes vítimas do desequilíbrio do ambiente. O endividamento dos Estados, a monetarização do sistema econômico, a assimetria da carga tributária, apontam para um uso irracional e insustentável dos recursos naturais não renováveis.

Todavia, sem o enriquecimento das nações não se tem como arcar com os custos sociais, não há como investir em educação, saúde, ciência, desenvolvimento social. Por este motivo, Leonardo Boff, em sua obra *Saber Cuidar*, defronta os seres humanos racionais com uma "nova ética humana".[1] Aprender a resolver conflitos baseando-se em novos princípios e paradigmas, em prol da felicidade e da satisfação da comunidade global.

---

[1] "Tudo o que existe e vive precisa ser cuidado para continuar a existir e a viver: uma planta, um animal, uma criança, um idoso, o planeta terra. uma antiga fábula diz que a essência do ser humano reside no cuidado" (BOFF, 1999).

Sem o devido cuidado para com o meio ambiente, não haverá autodeterminação dos povos, respeito, dignidade, não haverá vida futura. Mas o futuro não é retornar às cavernas. O futuro está na geração da qualidade de vida, por meio da economia, da ciência e do desenvolvimento.

Para enfrentar esses novos desafios, o homem contemporâneo vem criando formas legais, especialmente calcadas nos direitos difusos e coletivos, na função social da terra, por meio de entendimentos suprapartidários, com o objetivo de tutelar legalmente os direitos de todos e do planeta em que vivemos.

Tais princípios – que demonstram esse novo paradigma social, histórico, econômico e humano – vêm sendo verificados em diversas normas ao longo dos anos. São tratados, protocolos e leis internacionais, supraconstitucionais, constitucionais e infraconstitucionais. Neste "solo fértil" floresce a doutrina de Dworkin.[2]

As discussões sobre a interpretação das normas ambientais brasileiras, com todos os seus avanços e peculiaridades – muitos, diametralmente opostos aos princípios clássicos e ultrapassados do direito pátrio,[3] amplamente consolidados nas legislações e julgados antigos, bem como na educação jurídica arcaica e mercantilista, que se apresentava no país até meados do Século XX – transformaram as demandas ambientais tratadas como casos difíceis de serem julgados, em jurisprudência que serve de exemplo para outros países do mundo. Por certo, vários dos ensinamentos de Dworkin[4] ainda podem e devem ser analisados quando da interpretação das normas e análise dos casos concretos, com maior profundidade.

Enquanto advogado das vítimas, este autor teve a honra de acompanhar os acontecimentos, o desenvolvimento de teses, o enquadramento

---

[2] DWORKIN, 2003.

[3] O Direito Ambiental, especialmente no Brasil, se expandiu nos últimos tempos, modificando outras áreas do Direito, afastando a aplicação de antiquados princípios "clássicos" do Direito Brasileiro, tanto materiais quanto processuais, como a questão da propriedade "plena e absoluta", do contrato fazendo a "lei" entre as partes, de ninguém poder pleitear direito alheio em nome próprio, do direito de vizinhança, da responsabilidade objetiva (sem culpa), influenciando a jurisprudência pátria.

[4] A obra de Ronald Dworkin é fundamental, moderna e versa sobre o estudo do Direito de uma maneira clara, utilizando o estudo de casos concretos e fictícios para exemplificar a dificuldade de compreender como todos são comandados por normas, ainda que obscuras e ambíguas. Dworkin ressalta que durante anos vem desenvolvendo um pensamento no sentido de que o raciocínio jurídico é um exercício de interpretação construtiva, de que o Direito constitui a melhor justificativa do conjunto das práticas jurídicas, e de que este é a narrativa que faz dessas práticas as melhores possíveis.

jurídico, o ajuizamento, andamento e o desfecho de inúmeros processos individuais de pescadores, vítimas de numerosos danos ecológicos, morais e patrimoniais surgidos em decorrência de um dos maiores acidentes ambientais ocorridos no litoral paranaense.[5]

Em virtude dessas demandas, iniciou-se uma leitura mais clara e ambiciosa da importância da atividade interpretativa, especialmente em relação aos juízes, em prol da evolução e do crescimento do Direito, da satisfação das comunidades, da confiança das pessoas no sistema jurisdicional e das repercussões sistemáticas, advindas da interpretação e aplicação do Direito, na busca pela sua efetividade.

As discussões ambientais, invariavelmente, envolvem complexas questões econômicas, sociais e políticas, resultando em conflitos diretos entre dois ou mais princípios do Direito. Trata-se da discussão entre o direito ao emprego, à moradia e à qualidade de vida, à proteção ambiental, e a livre iniciativa de atividades potencialmente poluidoras. Em meio a essas disputas mais visíveis, permeiam questões intrínsecas e subliminares relativas às questões ambientais, especialmente, quanto à defesa e à proteção ambiental, que são utilizadas como um "manto sagrado", para cobrir interesses econômicos, muitas vezes na forma de reserva de mercado.

Veja-se o caso de alguém que toma uma medida judicial para deter uma obra potencialmente poluidora, não apenas por questões de proteção ambiental, mas também para impedir que o novo empreendimento gere impactos imediatos em sua atividade econômica? Essa motivação de ordem subjetiva não deve atrapalhar a interpretação sobre o caso, em especial quando há efetivo desrespeito às normas ambientais ou risco ao meio ambiente.

Imaginem uma questão de Direito Civil: muitas pessoas buscam por uma indenização, não apenas por entenderem que têm direito, mas também por ambição, ganância, inveja etc. Pessoas não litigam apenas por princípios valiosos, mas também por motivos menos nobres. Será que a interpretação que se faz do Direito deve se ater a estas questões

---

[5] "O acidente ocorrido no Porto de Paranaguá no dia 15.11.2004, com a explosão do navio chileno Vicunã e derramamento de álcool metanol e óleo combustível retrata um exemplo fático no tocante a danos ambientais, individuais, patrimoniais e extrapatrimoniais (...) No plano individual, os maiores lesados foram os pescadores, já que as Portarias 025/04 (IBAMA/IAP) e 032/04 (IBAMA/IAP) proibiram a pesca em mar aberto em um trecho compreendendo os balneários de Shan-gri-lá e a Baía de Pinheiros. Embora tenha ocorrido a distribuição de cestas básicas aos pescadores, além do pagamento de seguro pelo Governo Federal, a perda patrimonial decorrente do dano ambiental às famílias que vivem da pesca local é inconstatável". (KÄSSMAYER, 2009, p. 242 et seq.)

psicológicas e de foro íntimo dos litigantes? Acredita-se que não, pois como Dworkin relata, a missão de interpretar e aplicar as normas, superando os problemas semânticos e linguísticos, a intenção dos legisladores e a rudeza das leis, já é por demais penosa e difícil. Seria impossível ao aplicador do Direito, ainda analisar os motivos de foro íntimo, que levaram a pessoa litigar. Se os aplicadores do Direito também começassem a se preocupar com o foro íntimo do litigante ativo, como também do passivo, seria impossível julgar, decidir, administrar o Direito.

Voltando à questão ambiental, frise-se que o Direito ambiental no Brasil evoluiu muito, desde 1981, com a Lei da Política Nacional de Meio Ambiente,[6] recepcionada pela Constituição de 1988.[7] Contudo, somente a partir de 1998, com a Lei de Crimes Ambientais,[8] chegou-se realmente a uma mudança de paradigma jurídico-ambiental, oriundo da vontade de legisladores, eleitos democraticamente pela vontade popular. Esta lei ambiental, rigorosa, com evoluções jurídicas, mesmo com imperfeições técnicas, foi fruto direto da evolução social da nação brasileira.

Na atualidade, o Direito ambiental brasileiro está em um momento de confirmação das normas e princípios, em que muitas questões levadas à Justiça até recentemente começam a ter um deslinde, com a interpretação e aplicação das normas gerando resultados práticos para as comunidades, como se demonstrou com as decisões cotejadas nesta pesquisa.

---

[6] A concepção de uma política ambiental nacional, implantada pela Lei nº 6.938/81, foi um passo importante para tratar a defesa ao meio ambiente de forma global e unitária. A criação do Sistema Nacional do Meio Ambiente (SISNAMA), por sua vez, capacitou o Poder Público a se organizar de forma coesa e estruturada, criando órgãos com competência específica, evitando invasões de um órgão no campo do outro e otimizando a aplicabilidade das normas e princípios de proteção ao meio ambiente. Conforme demonstrado anteriormente a Lei nº 6.938/81 e Constituição da República Federal de 1988 permitem que todas as pessoas determinadas ou determináveis que compartilhem prejuízos morais ou materiais, divisíveis, oriundos de um mesmo dano ambiental, podem e devem buscar a tutela jurisdicional.

[7] Conforme já mencionado a Constituição Federal da República de 1988, em seu artigo 225, parágrafo terceiro, encontra-se o seguinte enunciado: "Art. 225. (...) §3º – As condutas e atividades consideradas lesivas ao meio ambiente sujeitarão os infratores, pessoas físicas ou jurídicas, a sanções penais e administrativas, independentemente da obrigação de reparar os danos causados" (BRASIL. Constituição Federal de 1988).

[8] Na esfera penal e administrativa, deve-se ressaltar a rígida Lei de Crimes Ambientais, a qual dispõe sobre as sanções penais e administrativas derivadas de condutas e atividades lesivas ao meio ambiente, dando ainda outras providências. Portanto, verifica-se que a pessoa física ou jurídica que ensejar dano ambiental poderá ser penalizada, tanto na esfera criminal, quanto na administrativa e na cível, independentemente. (BRASIL. *Lei nº 9.605/1998*).

O leitor pode se perguntar: por que só agora, mais de três décadas anos após a lei configurar a responsabilidade objetiva, mais de duas décadas após a Constituição Federal, quase duas décadas após a lei de crimes ambientais, está se verificando o deslinde de questões ambientais na esfera judicial?

Primeiramente, é relevante mencionar que essas leis trouxeram uma grande evolução e uma mudança cultural enorme, da qual tanto os operadores, aplicadores como, em grande parte, a sociedade, demoraram a compreender a amplitude, a importância e até mesmo a aplicabilidade, funcionalidade e efetividade das normas ambientais. Ressalte-se, igualmente, a complexidade das questões ambientais, em que as provas periciais se faziam longas e difíceis, em que os interesses coletivos e difusos protegidos pelo Ministério Público se convertiam em algo distante da realidade do defensor destes direitos, perdendo-se na marcha processual. Recorde-se da lenta construção da legitimidade real dessas leis em meio à sociedade, pois os cidadãos representados não se reconheciam em causas diluídas por direitos difusos e coletivos, nas quais sequer seus nomes constavam.

Somente com o tempo, as questões ambientais começaram a adquirir respeitabilidade, maior interesse, tanto da população, quanto dos operadores e aplicadores do Direito, em face da repercussão na mídia resultante dos grandes acidentes ambientais ocorridos no país, como os vazamentos de óleo na Baía de Guanabara, no Rio Iguaçu, no Rio Nhundiaquara, na Baía de Antonina e Paranaguá, além de vazamento de resíduos em Cataguazes (MG), a explosão do navio Vicunã no Porto de Paranaguá, o naufrágio da barcaça na Baía Babitonga, o vazamento de óleo mineral na Baía de Florianópolis e, mais recentemente, em novembro de 2015, o rompimento da barragem de rejeitos de minérios e metais pesados da Samarco, em Minas Gerais. Todos sempre com ampla cobertura pela imprensa, gerando grande comoção social pelos danos diretos, diversos, sistêmicos e reflexos nas comunidades atingidas. Todos esses casos, somados aos inúmeros outros de menor intensidade e repercussão, fazem com que o Direito ambiental experimente, atualmente, a travessia de sua principal fronteira: sua interpretação e aplicação.

O Direito ambiental no Brasil vem se tornando um exemplo perfeito,[9] um ótimo pano de fundo para relatar, debater e contextualizar

---

[9] Dworkin corrobora este posicionamento, já que em sua obra, O Império do Direito, utiliza-se de alguns casos reais que foram decididos por juízes ingleses e norte-americanos; entre eles

questões inerentes à evolução do Direito e suas diversas teorias, em especial a efetividade e o sucesso do Direito na sociedade pós-moderna. Como Dworkin ensina, não se deve fazer exercícios circulares, no sentido de descobrir o que este ou aquele filósofo do Direito quer dizer com esta ou aquela teoria. É preferível preservar ao máximo uma linha de raciocínio resultante da experiência prática e profissional, que pode ser relatada um estudo acadêmico, cujo diferencial se encontra na aplicação concreta.

9.1 O meio ambiente e seu novo Direito

O Direito ambiental é um campo extremamente fértil[10] para a discussão de outros temas fundamentais, como o controle social do Direito, o Direito e o poder, a validade, eficácia, efetividade, legitimidade, aplicação, lacunas e a integração do Direito com outras ciências.[11]

Em primeiro lugar, é preciso recordar que se vive aqui em um país em desenvolvimento, que necessita ampliar as fronteiras do Direito, em face de uma enorme dívida social, uma inaceitável distribuição de renda, muita exclusão e marginalização de numerosa camada da sociedade brasileira.

Essa realidade social aumenta o potencial de conflitos ambientais. A par com uma legislação extremamente rigorosa, existem órgãos ambientais em todos os níveis, um Ministério Público ciente de seus poderes e deveres, mas ainda um enorme caminho pela frente, no sentido do desenvolvimento humano.

Quais soluções a encaminhar? De fato, a resolução provém do próprio conflito, no embate diário é que se deve buscar por um crescimento sustentável.[12] Verifica-se que os conceitos referentes ao crescimento

---

o caso *Snail Darter*, um caso ambiental ocorrido em 1973, especificamente sobre a interpretação e aplicação da Lei americana das Espécies Ameaçadas, em que o escritor relata: "Um grupo de preservacionistas do Tenesse vinha se opondo aos projetos de construção de uma barragem, não devido a alguma ameaça às espécies, mas porque esses projetos estavam alterando a geografia da área ao transformarem regatos que corriam livremente em feios e estreitos fossos. (...) Esse grupo descobriu que uma barragem quase concluída, que já consumira mais de cem milhões de dólares, ameaçava destruir o único *habitat* do *Snail Darter*, um peixe de 7,5 cm, destituído de qualquer beleza, interesse biológico ou importância ecológica especiais. (...) Não obstante, a Suprema Corte ordenou que a barragem fosse interrompida, apesar do enorme desperdício de recursos públicos" (DWORKIN, 2003, p. 19 passim).

[10] Tendo como embasamento material a obra de Dworkin (2003).

[11] DWORKIN, 2003, p. 113.

[12] "A noção de sustentabilidade tem-se firmado como o novo paradigma do desenvolvimento humano. A Agenda 21 significa a construção política das bases do desenvolvimento sustentável,

sustentável são conflituosos em essência, demonstrando desde sempre a importância da interpretação do Direito ambiental, com a inclusão da universalidade e a inserção da componente humana,[13] tendo como "campo de batalha" todo o planeta e a vida sobre ele. Quando o Direito ambiental ganha em universalidade, alcançando o planeta e todas as suas formas de vida,[14] fica evidente o tamanho desse império.

Por outro lado, a preocupação com a fauna e a flora não pode ultrapassar os limites da ética e da proteção aos direitos individuais dos cidadãos. O desenvolvimento sustentável é a premissa, o objetivo e a missão. O homem sem sustento, sem renda, sem educação, é o maior fator de degradação ambiental, produzindo lixo sem destinação, explorando toda e qualquer fonte de recursos de maneira inadequada, caçando, matando, roubando, produzindo exclusão social. Esses são os conflitos geridos pelo atual Direito ambiental, social e econômico,

---

cujo objetivo é conciliar justiça social, equilíbrio ambiental e eficiência econômica. De forma gradual e negociada, resultará em um plano de ação e de planejamento participativo nos níveis global, nacional e local, capaz de permitir o estabelecimento do desenvolvimento sustentável, no século XXI". José Sarney Filho, Ministro do Meio Ambiente no Governo do Presidente Fernando Henrique Cardoso, durante a Conferência das Nações Unidas sobre Meio Ambiente e Desenvolvimento, realizada no Rio de Janeiro, em 1992. (SARNEY FILHO, 1992).

[13] Definitivamente, o meio ambiente equilibrado é um direito fundamental do ser humano, mas será que é um direito humano internacional? Vejam-se alguns ensinamentos sobre a definição de Direitos Humanos, dados por Louis Henkin: "Direitos humanos constituem um termo de uso comum, mas não categoricamente definido. Esses direitos são concebidos de forma a incluir aquelas 'reivindicações morais e políticas que, no consenso contemporâneo, todo ser humano tem ou deve ter perante sua sociedade ou governo', reivindicações estas reconhecidas como "de direito" e não apenas por amor, graça ou caridade" (STEINER, 2005, p. 39). Conforme enfatizado pela Prof. Flávia Piovesan em sua obra, Henry Steinar ensina que: "Muitos dos princípios nos quais o Direito Internacional dos Direitos Humanos está baseado relacionam-se à necessidade de assegurar que não apenas violações cessem, mas que a justiça seja feita em relação a ambos, vítimas e perpetradores. Esses princípios incluem o direito a um remédio, à responsabilização, à punição dos autores e ao pagamento de uma indenização apropriada, bem como a medidas que facilitem a reabilitação da vítima" (STEINER, idem).

[14] Em 1977, Sérgio Ferraz, em seu artigo denominado Responsabilidade Civil por dano ecológico, aponta a degradação do meio ambiente como um problema mundial, afeto aos "cidadãos do mundo", consoante já citado neste texto. Com razão, Sérgio Ferraz, o qual já demonstrava a preocupação com a dimensão global dos problemas ambientais, ensina que: "Assim, eu poderia, dentro desse esquema idealmente imaginado, propor uma ação contra o Poder Público que resolvesse construir uma estrada discutível na Amazônia, sem estar ali residindo e sem pensar sequer em para lá mudar meu destino ou domicílio. E não só eu: enquanto a Amazônia é uma reserva atmosférica, para todo o nosso planeta, na realidade, qualquer cidadão do mundo deveria estar legitimado a procurar uma atuação do Poder Judiciário do Brasil contra um ato administrativo brasileiro que tivesse permitido uma agressão à integridade da Floresta Amazônica" (FERRAZ, 1977, p. 38). Vê-se, novamente, que a questão universal e ampla da proteção ao meio ambiente é condição *sine qua non* para a proteção da dignidade da pessoa humana, da saúde física e mental, do moral, do trabalho, da moradia, da qualidade de vida, da sociedade, da cidade, do planeta.

revelando sua importância crescente na sociedade contemporânea. Daí segue sua amplidão, mas também cada vez mais dificuldade de interpretação, exatamente como Dworkin menciona em sua obra.

Sabe-se que toda mudança de paradigma provém de muita luta, testes de força e rupturas sociais. Porém, quando a sobrevivência está em jogo, as pessoas alteram suas razões, se adaptam e começam a moldar novos conceitos sociais, jurídicos e econômicos, visando retomar o bem comum, a partir de novos sentidos da vida.

No Brasil, a legislação ambiental é rigorosa e ampla. Mas são necessários ainda alguns "novos" ingredientes relativos ao processo civilizatório. Advogados, empreendedores, cidadãos cientes de seus direitos e dispostos a exercitá-los, além de magistrados motivados e confiáveis, tanto no aspecto técnico, quanto no aspecto ético e moral.

9.2 A interpretação do Direito ambiental

Em face de tudo o que se mencionou nesta pesquisa, é mais difícil do que se imagina a interpretação do Direito ambiental positivo. De nada serve aos advogados buscarem os direitos desrespeitados, convencer as pessoas a exercer sua cidadania, acreditar e acompanhar a marcha processual, se a aplicação da norma não for determinada de forma clara e direta. O direito ao pleito do cidadão, favorável ou não, precisa ser rápido e compreensível. Disso, demanda-se do advogado desde vocação, até formação técnica e humana. Observa-se a cada dia, diminuírem os operadores e aplicadores do Direito vocacionados para a lide. Professam o Direito tão somente pelo resultado financeiro.

Nos Estados Unidos, há a figura do juiz eleito, situação que mantém o magistrado em eterna dependência de legitimidade social. No Brasil, se defende uma magistratura independente (da pressão popular), com inúmeras prerrogativas que, na prática, enfraquecem a legitimidade da instituição, na medida em que a distanciam da sociedade real.

Poucos são os cursos motivacionais e de reciclagem, não há obrigatoriedade de desempenho e produtividade – não existe efetivo acompanhamento da opinião pública. Não são questões de controle externo, mas de publicidade real das decisões, baseadas em debate exaustivo das decisões. O aplicador do Direito no Brasil vive em uma ilha, isolado econômica e socialmente. Quando trabalha mais, nada ganha com o esforço dobrado; se nada fizer, nada perde.

Por outro lado, veem-se operadores do Direito cada vez mais jovens, recém-aprovados em concursos, empossados em comarcas distantes, cuidando de todas as áreas jurídicas, sem ter nenhuma experiência profissional anterior. Essa situação se agrava, na medida em que esses jovens operadores do Direito ganham grande importância em uma comunidade, amealhando grande poder político, em contato direto com as consequências de suas decisões judiciais.

Todavia, independentemente dessas características nacionais, o aplicador do Direito tem a árdua missão de aplicá-lo ao caso concreto, gerando efeitos práticos. Sem sombra de dúvidas, trata-se de um sacerdócio que precisa ser respeitado e compreendido em todas as suas nuances. Deve-se compreender as dificuldades dos aplicadores do Direito em seus âmbitos técnicos ou psicológicos.

Na esfera do Direito ambiental as dificuldades se multiplicam. Os conflitos de maior relevo ocorrem nas fronteiras do desenvolvimento, especialmente onde se encontram os novos magistrados. Lá, o conflito ambiental é mais premente, devido à desinformação, o isolamento, a pressão social e política que se acerbam.

Aqui se deve buscar pela necessária motivação, aperfeiçoamento técnico e psicológico dos aplicadores do Direito, de modo que a interpretação da norma e sua aplicação sejam exercidas em sua plenitude. Vladimir Passos de Freitas sugere a atitude que o magistrado deve tomar quando se tratar de conflitos ambientais:

> No exercício da jurisdição o juiz deverá atentar para a relevância social das ações ambientais, sendo assim, o juiz não deve ser expectador apático dos fatos que lhe são submetidos. Ao contrário, deve acompanhar a prova a avaliá-la tendo em vista o interesse coletivo na busca da verdade, interesse este que por ser público e genérico, sobrepõe-se aos casos em que a ofensa seja individual.[15]

O papel do juiz na defesa do meio ambiente deve ser analisado de maneira mais efetiva. A doutrina ensina que:

> Nesse contexto, deve o juiz pautar-se pela cautela e bom senso, dada a sua responsabilidade na tutela do ambiente, frente à tendência dos seres humanos a devastarem a natureza. Há que se notar que, em termos ecológicos, o interesse tutelado pela norma jurídica é a vida em si mesma, de modo que trata-se, então, de interesse público de alta importância a ser considerado no ponderado julgamento da demanda. Poderá o Juiz a vir

---

[15] FREITAS, V.; FREITAS, 2000, p. 42 et seq.

se deparar com interesses de poderosos grupos econômicos ou políticos contrários ao interesse postulado na causa, em rota oposta à defesa do ambiente. E, então, deverá o Magistrado adotar postura destemida, atuante e de acordo com o sentimento mais profundo da comunidade e do meio jurídico. Não raro o Juiz esbarra em conflitos de interesses públicos de difícil solução, a exemplo da construção de uma rodovia em local em que a flora e a fauna poderão ser prejudicadas. Caberá a ele sopesar, ponderadamente, os valores sob exame e proceder à uma opção, sem dúvida, imbuído de certa discricionariedade. (...) Reclama-se do Juiz em ações desse jaez um papel mais ativo e menos inerte, a fim de fazer incidir, de forma efetiva, o comando constitucional previsto no artigo 225 da Carta Magna. Com efeito, "no exercício da jurisdição o juiz deverá atentar para a relevância social das ações ambientais", sendo assim, "o juiz não deve ser expectador apático dos fatos que lhe são submetidos. Ao contrário, deve acompanhar a prova e avaliá-la tendo em vista o interesse coletivo na busca da verdade, interesse este que por ser público e genérico, sobrepõe-se aos casos em que a ofensa seja individual".[16]

Quando o juiz analisa uma questão ambiental, não deve interpretar suas normas sob o prisma dos princípios jurídicos clássicos, pois estes não são capazes de oferecer a correta tutela para as questões coletivas, difusas e individuais homogêneas. Sobre isso comenta Luciane Gonçalves Tessler:

> A inviolabilidade é característica inerente ao meio ambiente. Portanto, se o direito material confere este direito, cabe ao processo permitir a sua realização. Todavia o processo civil clássico, da forma como foi estruturado, não se apresenta preparado para prestar as respostas adequadas às necessidades decorrentes das peculiaridades do direito ao meio ambiente.[17]

Em função dessas importantes peculiaridades, pode-se compor um cotejo analítico sobre decisões ambientais em nosso país, a partir das três concepções sugeridas por Dworkin: o convencionalismo, o pragmatismo jurídico e o direito como integridade.

O convencionalismo, segundo Dworkin, aceita a ideia do Direito e dos direitos jurídicos, da vinculação jurídica como motivo para exigir que a força coercitiva do Estado seja usada de maneira coerente com decisões políticas anteriores.

---

[16] JUCOSVSKY, 2000, p. 42 et seq.
[17] TESSLER, 2004, p.165.

O pragmatismo jurídico utiliza o ceticismo como sua principal ferramenta, sugerindo que o Direito não deve se basear em qualquer suposto direito dos litigantes à coerência com outras decisões políticas passadas. Dworkin afirma que: "(...) os juízes tomam ou devem tomar quaisquer decisões que lhes pareçam melhores para o futuro da comunidade, ignorando qualquer forma de coerência com o passado como algo que tenha valor por si mesmo".[18]

Deve-se ter em mente, para compreender o pragmatismo jurídico, que a utilização dos conceitos tradicionais sobre a natureza do Direito leva o estudioso a uma ideia clara e direta: o Direito não existe, não passa de ilusão. Dworkin utiliza como exemplo o regime nazista, que possuía uma estrutura jurídica, mas em face de práticas iníquas, não teria legitimidade para reivindicá-la como Direito.[19] Não se pode falar em expectativas asseguradas ou prévias de um direito, de um direito natural, positivo ou até mesmo consuetudinário ou jurisprudencial, pois o Direito não é pré-existente, passando a existir só após uma decisão judicial, que não deve ficar atrelada às convenções políticas, legislativas e jurídicas do passado.

O Direito como integridade é uma concepção jurídica de Dworkin que encontra alguns pontos de contato com o convencionalismo. O Direito como integridade também aceita o direito pré-existente vindo de decisões anteriores, mesmo que estas decisões não estejam fundamentadas, explícitas ou claras.

Aqui, emerge um problema para interpretação no Direito ambiental: os escassos precedentes acerca de alguns temas ambientais. Alguns dos temas tutelados pelo Direito ambiental não têm muitas decisões emitidas pelos tribunais, mas apenas convenções proferidas por legisladores, com uma imensa carência jurídica e até gramatical, passando por outras "gafes" técnicas multidisciplinares e científicas, essenciais para legislar a questão ambiental.

Apressadamente, a concepção escolhida para a lide ambiental seria o pragmatismo jurídico indicado por Dworkin. No entanto, acredita-se que a desvinculação dos precedentes jurídicos traria imensa aleatoriedade às decisões judiciais. Essa aleatoriedade colide com as expectativas geralmente mantidas pelos cidadãos, em face do Direito. E por mais que não se devam criar expectativas, elas compõem parte

---

[18] DWORKIN, 2003, p. 119.
[19] DWORKIN, idem, p. 126 et seq.

daquilo que se conhece como segurança jurídica, mesmo que relativa ou parcial.

Como os advogados poderiam fazer os cidadãos acreditarem, investindo vultosas somas para custear demandas judiciais, só para correrem o risco de vê-las julgadas improcedentes? Por certo, é preciso apostar nas expectativas de direito em favor do cidadão.[20]

Dworkin critica os "advogados acadêmicos", identificados como aqueles que esperneiam e refutam ideias, argumentando sobre o que o Direito não pode ser. Não serve dizer que o Direito é o que os juízes "bem entendem", conforme a "temperatura e pressão", somadas ao que eles (juízes) "tomaram no café da manhã".

Entretanto, fora do academicismo, os advogados práticos e militantes também temem a discricionariedade aleatória. A própria sociedade brasileira refuta esta ideia, em prol de uma segurança jurídica e de um controle externo. Esse pensamento prático, no Brasil, possui um elemento fático importante: a corrupção.

Diante de práticas iníquas e imorais como a corrupção, seria possível afirmar que a sociedade brasileira possui um Estado Democrático de Direito? Esta reflexão é importante para refletir sobre o positivismo e a semântica. Sob o prisma positivista e semântico, existe um Estado Democrático de Direito, na medida em que há leis que o regulam formalmente. Mas, observando o funcionamento do sistema pela chave da integridade, não é tão fácil encontrar essa "certeza" positivada.

Sobre o contexto brasileiro, retorna-se ao estudo das concepções de Dworkin, trazendo uma questão para reflexão: não se pode confundir flexibilidade com insegurança.

É neste sentido, que se acredita que a concepção de Dworkin, chamada de direito como integridade, deve ser entendida e analisada com credibilidade acadêmica e prática, dentro de um contexto.[21] Ele afirma ainda: "Segundo a minha teoria, nosso conceito de direito é constituído por um precário acordo que abarca o campo de uma nova

---

[20] "Do ponto de vista da concepção popular, isso é perigoso. Uma vez aceito que os princípios podem fazer parte do direito por razões que não refletem a convenção, mas apenas por serem moralmente atraentes, uma porta terá sido aberta para a ideia mais ameaçadora de que alguns princípios fazem parte do direito em virtude de seu apelo moral, ainda que contrariem aquilo que é endossado pela convenção". (DWORKIN, 2003, p. 146)

[21] "A sensibilidade do contexto é ainda mais importante quando a questão em jogo é mais sensível, mais especializada, mais prática do que simplesmente uma questão de classificação ou crítica geral de um sistema legal estrangeiro e muito diferente". (DWORKIN, 2003, p. 130)

controvérsia: a de que o Direito oferece, em princípio, uma justificativa para coerção oficial".[22]

Portanto, o juiz deve se ater, inicialmente, ao direito supostamente pré-existente, sem deixar de utilizar todas as demais ferramentas de interpretação, todas possíveis e moralmente, historicamente, politicamente, conjunturalmente e culturalmente aceitáveis para afirmar ou não suposto direito, utilizando-se do conceito de integridade.

Há momentos em que o juiz se confronta com casos difíceis, especialmente na área do Direito ambiental, quando sua análise preliminar não lhe dá subsídios para escolher este ou aquele caminho, este ou aquele fundamento, este ou aquele princípio, esta ou aquela convenção, todos normalmente legítimos, embora conflitantes. Nesse momento, o juiz deve decidir-se por uma interpretação aceitável, crendo ser a mais eficaz, mais reta, do ponto de vista moral e político.

Com base nos ensinamentos de Dworkin: "há uma grande diferença em saber o caminho e percorrer o caminho".[23] Até mesmo na aplicação da legislação processual resta evidente que as atitudes e as decisões proferidas pelos magistrados devem ir ao encontro do mais hodierno posicionamento doutrinário, quanto à interpretação e aplicação da legislação processual e material, em casos sociais e ambientais, porque

> (...) no Direito Ambiental, diferentemente do que se dá com outras matérias, vigoram dois princípios que modificam, profundamente, as bases e a manifestação do poder de cautela do juiz: a) o princípio da prevalência do meio ambiente (da vida) e b) o princípio da precaução, também conhecido como princípio da prudência e da cautela. Tutela jurisdicional que chega quando o dano ambiental já foi causado perde, no plano da garantia dos valores constitucionalmente assegurados, muito, quando não totalmente, de sua relevância ou função social.[24]

Os esclarecimentos doutrinários e jurisprudenciais são totalmente pertinentes, em vista da necessidade de atuação imediata do Poder Judiciário na precaução dos danos ambientais, em que o magistrado não pode titubear ou vacilar. Não é por outro motivo que na atualidade

---

[22] Idem, p. 135.

[23] "Mas o julgamento político que ele deve fazer é em si mesmo complexo e, às vezes, vai opor uma parte de sua moral política à outra: sua decisão vai refletir não apenas suas opiniões sobre a justiça e a equidade, mas suas convicções de ordem superior sobre a possibilidade de acordo entre essas ideias quando competem entre si." (Ibidem, p. 306)

[24] BRASIL. Tribunal de Justiça do Estado do Paraná. *Embargos de Declaração Cível – 0124144-1/01.*

tem-se falado da imperiosa necessidade de um "ativismo judicial", quando se trata do papel do juiz na implementação da legislação ambiental, que encontra subsídio no próprio ordenamento jurídico pátrio:

> (...) 7. No Brasil, ao contrário de outros países, o juiz não cria obrigações de proteção do meio ambiente. Elas jorram da lei, após terem passado pelo crivo do Poder Legislativo. Daí não precisarmos de juízes ativistas, pois o ativismo é da lei e do texto constitucional. Felizmente nosso Judiciário não é assombrado por um oceano de lacunas ou um festival de meias-palavras legislativas. Se lacuna existe, não é por falta de lei, nem mesmo por defeito na lei; é por ausência ou deficiência de implementação administrativa e judicial dos inequívocos deveres ambientais estabelecidos pelo legislador.[25]

Nessa difícil missão dos magistrados, ainda mais em se tratando de conflitos ambientais, importante ressaltar que suas decisões devem ultrapassar a dificuldade da linguagem, da chamada "letra fria da lei", seguindo-se para uma atitude interpretativa, explicada por Ronald Dworkin,[26] em que valor e conteúdo se confundem.

Quando os juízes se encontram na encruzilhada entre qual caminho a seguir, deparam-se com um momento sublime do Direito, em que a atitude interpretativa traz luz ao caso, tanto em relação às partes e seus advogados, quanto em relação ao objeto e, principalmente, em relação ao próprio juiz e suas bases filosóficas, ideológicas e políticas.

Saber-se-á com mais certeza qual é o direito e quais são seus fundamentos, se o juiz decidir por uma atitude interpretativa baseada no Direito como integridade. Ou a fraude se revelará quando proferir uma decisão apenas atraente e estratégica. Dworkin ensina que: "Na maioria das ocasiões, porém, os juízes terão condições de reconhecer quando submeteram um problema à disciplina que a recomendação descreve. E também de reconhecer quando algum juiz deixou de fazê-lo".[27]

Deve-se frisar que não se trata de verificar se a decisão é certa ou errada, ou se não existem outras melhores e piores. Nesse sentido, é imperioso que o juiz reflita sobre o seguinte:

> Não obstante, é possível que um juiz enfrente problemas novos e desafiadores como uma questão de princípio, e é isso que dele exige o direito como integridade. Deve admitir que, ao preferir finalmente uma

---

[25] BRASIL. *Superior Tribunal de Justiça. Acórdão no Recurso Especial nº 650.728–SC.*
[26] DWORKIN, 2003, p. 58.
[27] DWORKIN, 2003, p. 308.

interpretação à outra de uma séria de precedentes muito contestadas, talvez depois de uma reflexão que o leve a mudar de opinião, ele está desenvolvendo sua concepção aplicável do direito em uma direção, e não em outra. Esta deve parecer-lhe a direção certa em matéria de princípios políticos, e não uma atração passageira, por proporcionar uma decisão atraente no caso presente. Essa recomendação comporta bastante espaço para a decepção, inclusive a auto-decepção.[28]

Os ensinamentos de Dworkin possuem uma ampla gama de entendimentos possíveis, que são fundamentais na luta pelo direito mais justo e coerente com a realidade social.

9.3 Da atitude de interpretação para a eficaz aplicação

Conforme aqui relatado, é preciso dispor de atitude, desde os aplicadores do Direito, até a manifestação plena da decisão judicial, objetivando sua efetividade e obediência à interpretação hodierna. Com relação ao Direito ambiental, a sociedade está acostumada a esperar pela iniciativa do Ministério Público ou por organizações não governamentais que buscam a tutela jurisdicional para proteger seus direitos coletivos e difusos. Tal postura pode levar à velha expressão: "O que é de todo mundo, não é de ninguém".

Vale aqui recordar-se do texto denominado Direitos Invisíveis, de Carlos Frederico Marés de Souza Filho, que discorre sobre a mudança de paradigma enfrentada pelo direito moderno: "rompendo com os clássicos direitos individuais, fincados nos tradicionais institutos da propriedade e do contrato, agora sobre o prisma da função social, em busca de encontrar um direito capaz de tutelar direitos coletivos, de forma universal, eficaz, autônoma, concreta e materializada".[29]

Esta questão também se apresenta em uma curiosa metáfora no romance de Manoel Scorza, *Garabombo, o invisível*.[30] Trata-se de um personagem, cuja doença o torna invisível quando defende os direitos da coletividade. O personagem só consegue se livrar do mal que o acomete, quando começa a organizar e dar efetividade aos direitos dessa coletividade, tornando-se visível novamente. Mas, em virtude de sua visibilidade, acaba sendo morto.

---

[28] Idem.

[29] SOUZA FILHO, 1999, p. 307 passim.

[30] SCORZA, 1975.

Isso também faz lembrar que esta é a era dos direitos intangíveis. É difícil verificar e afirmar onde foi o ponto de mutação que permitiu novos entendimentos acerca da função social da propriedade, dos contratos de adesão e sua relativização, do papel das ONGs etc.[31]

Dentro desse novo contexto, torna-se necessário verificar a evolução dos operadores e aplicadores do direito, sua criatividade e atitude interpretativa, de modo que não se tornem invisíveis diante da tomada de decisão.[32] Ronald Dworkin ensina que o império do Direito não é definido pelo território, poder ou processo, mas pela atitude. Segundo Dworkin, é plenamente construtiva,

> sua finalidade, no espírito interpretativo, é colocar o princípio acima da prática para mostrar o melhor caminho para um futuro melhor, mantendo a boa-fé com relação ao passado. É por último, uma atitude fraterna, uma expressão de como somos unidos pela comunidade apesar de divididos por nossos projetos, interesses e convicções. Isto é, de qualquer forma, o que o direito representa para nós: para as pessoas que queremos ser e para a comunidade que pretendemos ter.[33]

Aristóteles entendia que amizade e justiça estão estreitamente ligadas. Pode-se mesmo dizer que a primeira se mostra como o verdadeiro liame mantenedor da coesão de todas as cidades-estados, corroborando assim, a necessidade de uma atitude fraternal, diante dos temas expostos aqui.

Para finalizar, deve-se ressaltar que Leonardo Boff oferece esperanças acerca do futuro, em que haverá condições e recursos naturais e sociais para que as próximas gerações possam viver com dignidade, respeito e mínimas condições humanas. Sobre isso, o autor afirma que:

---

[31] O Ponto de Mutação. A Ciência, A Sociedade e a Cultura Emergente, Fritjof Capra, Doutor em Física pela Universidade de Viena. Com uma aguda crítica ao pensamento cartesiano na Biologia, na Medicina, na Psicologia e na Economia, Capra explica como a abordagem, limitada aos problemas orgânicos, levou as pessoas a um impasse perigoso, ao mesmo tempo em que antevê boas perspectivas para o futuro e traz uma nova visão da realidade, que envolve mudanças radicais nos pensamentos, percepções e valores. Essa nova visão inclui conceitos de espaço, de tempo e de matéria, desenvolvidos pela Física subatômica; a visão de sistemas emergentes de vida, de mente, de consciência e de evolução; a correspondente abordagem holística da Saúde e da Medicina; a integração entre as abordagens ocidental e oriental da Psicologia e da Psicoterapia; uma nova estrutura conceitual para a Economia e a Tecnologia; e uma perspectiva ecológica e feminista. Citando o I Ching – "Depois de uma época de decadência chega o ponto de mutação". (CAPRA, 2007).

[32] Para sobreviver, o advogado moderno terá que desenvolver suas competências empreendedoras para buscar seu diferencial: competência técnica, administrativa, de liderança, estratégica e comportamental. Mãos à obra! Não existe impossível" (SELEM; BERTOZZI, 2005, p. 11).

[33] DWORKIN, 2003, p. 492.

Mobilizam-se grupos e a opinião pública em defesa dos direitos dos animais e dos direitos humanos sociais e culturais; há um notável esforço de superação do patriarcalismo e pelo fortalecimento da dimensão da anima no homem e na mulher, pelo apoio às mulheres, às minorias socialmente discriminadas que podem representar milhões e milhões de pessoas como os negros, os povos originários, os portadores de alguma deficiência ou doença, etc. A espiritualidade cósmica volta a animar espíritos sensíveis à mensagem que emana do universo e da natureza.[34]

---

[34] BOFF, 2015.

ADVOGAR: PRERROGATIVAS E *LAWFARE*

10.1 Advocacia é uma atividade de risco

A advocacia brasileira passa por uma enorme crise que se inicia na multiplicação de cursos jurídicos, gerando uma enorme quantidade de advogados inscritos perante a Ordem dos Advogados do Brasil, para, em seguida, encontrar um Brasil corrupto, onde a opinião pública massificada confunde a advocacia com os clientes que defende, tornando o exercício da defesa de direitos em uma verdadeira atividade de risco.

Advogar é uma atividade contramajoritária, que enfrenta interesses opostos e contrários, seja do poder econômico, do poder do estado e da política, do poder da imprensa, das organizações criminosas e da opinião pública que deseja e necessita cada vez mais de testemunhar a punição de autoridades, dentro ou mesmo fora dos limites legais.

É temerária a ampla rejeição que a advocacia experimenta diante diversos e poderosos interesses, tornando-se, frise-se, em uma atividade de risco.

Exercer uma advocacia independente e ética representa perigo. Confrontar a injustiça para defender vítimas de um sistema social e econômico arcaico parece bater-se contra a opinião pública e o imaginário coletivo.

A advocacia enfrenta este paradoxo, de vez que além de todas as contrariedades externas já mencionadas, enfrenta inclusive um ambiente interno corporativista, resultante da natural e velada luta entre milhares de advogados, por espaço profissional, honorários e clientes.

Por outro lado, vertem por todos os âmbitos do Direito, contrariedades aos ordenamentos jurídicos capazes de criar um paraíso de oportunidades profissionais, para advogados que desenvolveram a capacidade jurídica, acadêmica, ética e, especialmente, empreendedora.

O volume de ilícitos é tão grande que se todos os cidadãos tivessem educação jurídica poderiam ajuizar uma demanda judicial por dia, para ver seus direitos fundamentais serem observados, respeitados, tutelados e protegidos. Mas nosso atual contrato social degringolou para a regra do vale tudo, da vantagem a qualquer custo, do quem pode mais chora menos, do absoluto e total autoritarismo da força, em todas as suas variáveis.

Sem mínimo ético comum, sem educação e sem informação completa e de qualidade, a população e a opinião pública consomem desgraças, destruindo as instituições e o próprio estado democrático de direito, defenestrando líderes, obstaculizando empreendedores, abastardando profissões, arruinando o país.

10.2 O advogado empreendedor

A independência necessária para confrontar o atual estado de miséria cívica, encontra na advocacia sua principal trincheira. Por incrível que pareça, o presente momento modificou a genética do advogado, oferecendo a ele o desenvolvimento de diferentes habilidades que, baseadas em suas prerrogativas, poderão trazer à cidadania algum alento.

A independência é a maior destas prerrogativas.

Desde que calcado na lei, poder dizer expressamente "não" a alguns que o procuram, significa a liberdade que o advogado pode exercer, pois na maioria dos casos vive e se sustenta dos honorários que são pagos somente após a vitória em uma demanda judicial. Esta liberdade de escolher as causas em que militar, escolher o cliente que deseja atender e a natureza da legislação que entende defender são prerrogativas exclusivas da advocacia.

Versão utópica da realidade? Para a grande maioria dos advogados sim, mas plenamente viável para o advogado empreendedor. A justa mescla de advocacia e empreendedorismo torna o advogado capaz de mergulhar no mar de ilícitos pululam diariamente em nossa volta, para entrever a boa causa e amealhar seus merecidos honorários advocatícios, quando frutos de seu árduo, duro, perigoso e longo trabalho.

Trata-se do mais claro exercício de livre iniciativa.

Estudar, investir tempo e dinheiro, estudar mais, trabalhar, empreender, esperar anos, arriscar-se, dirimir conflitos, gerar empregos, alimentar um sistema legal, pagar impostos, acompanhar os mais diversos clientes de seu trabalho, enfrentar todos os interesses opostos e contrários e, ao final, como sobrevivente e vencedor de uma causa, receber seus justos honorários advocatícios.

Quando possível, prosperar pelo trabalho!

Mas para boa parte da opinião pública, não! Para esses, qualquer lucro advindo do exercício da advocacia precisa ser manchado pela suspeita. Os diversos interesses contramajoritários à advocacia pintam um cenário em que todos os advogados honestos devem se parecer com monges sacramentados a votos de pobreza.

Portanto, o advogado empreendedor, em função desse preconceito, tem que sobreviver à maledicência programada pelos poderosos interesses que golpeiam a legalidade através de seu maior agente: o advogado.

O pescador, depois de árduos dias de trabalho e risco, enfrenta a natureza do mar, para retirar de sua fúria o alimento da família. Advogar também se parece com o lançar de redes ao mar dos conflitos sociais para pescar a realização de um direito. Patrocinar uma causa, defender a cidadania legal, é empreender[1] num Brasil onde a ilicitude se tornou regra, é combater a fúria de um sistema de afrontas ao direito, usando de criatividade contra o risco de se lutar por um novo e melhor estado de direito.

10.3 *Lawfare*, pós verdade e o abuso de autoridade

Dentro desse ambiente em que a advocacia se arrisca a exercer o Direito, o mundo jurídico desenvolve outras facetas onde o advogado

---

[1] Segundo o SEBRAE, no artigo "O que é ser empreendedor": "*O economista austríaco Joseph A. Schumpeter, no livro "Capitalismo, socialismo e democracia", publicado em 1942, associa o empreendedor ao desenvolvimento econômico.*
Segundo ele, o sistema capitalista tem como característica inerente, uma força que ele denomina de processo de destruição criativa, fundamentando-se no princípio que reside no desenvolvimento de novos produtos, novos métodos de produção e novos mercados; em síntese, trata-se de destruir o velho para se criar o novo.
Pela definição de Schumpeter, o agente básico desse processo de destruição criativa está na figura do que ele denominou de empreendedor.
Ser empreendedor significa, acima de tudo, ser um realizador que produz novas ideias através da congruência entre criatividade e imaginação.
Seguindo este raciocínio, a professora Maria Inês Felippe, em seu suplemento Empreendedorismo: buscando o sucesso empresarial, defende a ideia de que o empreendedor, em geral, é motivado pela autorrealização e pelo desejo de assumir responsabilidades e ser independente.
Considera irresistíveis os novos empreendimentos e propõe sempre ideias criativas, seguidas de ação. A autoavaliação, a autocrítica e o controle do comportamento são características do empreendedor que busca o autodesenvolvimento." Disponível em: <http://www.sebrae.com.br/sites/PortalSebrae/bis/o-que-e-ser-empreendedor,ad17080a3e107410VgnVCM1000003b74010aRCRD>. Acesso em: 30 abr. 2017.

empreendedor exerce sua atividade de risco. *Lawfare*[2] é o termo que nomeia uma prática há pouco definida como guerrilha jurídica: a utilização de manobras jurídicas legais, como substituto da força. Trata-se de uma forma de utilização da lei que pode ser usada de modo republicano e legítimo, para a defesa da segurança internacional e contraterrorismo, como também de forma ilegítima e autoritária, com a finalidade de causar prejuízos a um adversário.

Um grande adversário dos poderosos interesses econômicos é o advogado empreendedor, especialmente em conflitos ambientais.[3] *Lawfare* se encaixa nessa estratégia de utilização de ações judiciais e administrativas para prejudicar adversários, que já vem sendo utilizada contra o advogado empreendedor, visando jogar a opinião pública

---

[2] Conforme o conceito inserido no Wikipédia: "*Lawfare é uma palavra-valise (formada por law, 'lei', e warfare, 'guerra';em português, 'guerra jurídica') introduzida nos anos 1970 e que originalmente se refere a uma forma de guerra assimétrica na qual a lei é usada como arma de guerra. Basicamente, seria o emprego de manobras jurídico-legais como substituto de força armada, visando alcançar determinados objetivos de política externa ou de segurança nacional.*

Enquanto alguns estudiosos consideram haver tanto aspectos negativos quanto positivos no uso da lei como instrumento de guerra (sobretudo no contexto das discussões sobre segurança internacional e contraterrorismo, outros entendem lawfare como um uso ilegítimo da legislação (nacional ou internacional) em manobras jurídicas com a finalidade de causar danos a um adversário político (estrangulando-o financeiramente, encurtando seus prazos etc) de modo que este não possa perseguir objetivos, tais como concorrer a uma função pública. Nesse sentido, a lawfare seria comparável ao uso estratégico de processos judiciais visando criar impedimentos a adversários políticos – uma prática conhecida, nos países anglo-saxões, como SLAPP, acrônimo de strategic lawsuit against public participation ('ação judicial estratégica contra a participação pública').

No Brasil

No contexto político brasileiro recente, o termo lawfare tem sido empregado principalmente no sentido de uso de instrumentos jurídicos para fins de perseguição política, destruição da imagem pública e inabilitação de um adversário político.

Nesse sentido, uma característica fundamental da lawfare seria o uso de acusações sem materialidade, incluindo-se também, entre suas táticas, as seguintes:
- *Manipulação do sistema legal, com aparência de legalidade, para fins políticos;*
- *Instauração de processos judiciais sem qualquer mérito;*
- *Abuso de direito, com o intuito de prejudicar a reputação de um adversário;*
- *Promoção de ações judiciais para desacreditar o oponente;*
- *Tentativa de influenciar opinião pública com utilização da lei para obter publicidade negativa;*
- *Judicialização da política: a lei como instrumento para conectar meios e fins políticos;*
- *Promoção de desilusão popular;*
- *Crítica àqueles que usam o direito internacional e os processos judiciais para fazer reivindicações contra o Estado;*
- *Utilização do direito como forma de constranger o adversário;*
- *Bloqueio e retaliação das tentativas dos adversários de fazer uso de procedimentos e normas legais disponíveis para defender seus direitos;*
- *Acusação das ações dos inimigos como imorais e ilegais, com o fim de frustrar objetivos contrários.*" Disponível em: <https://pt.wikipedia.org/wiki/Lawfare>. Acesso em: 30 abr. 2017

[3] MACIEYWSKI, Fabiano Neves. *Conflitos ambientais e direitos visíveis.* Disponível em: <http://www.gazetadopovo.com.br/vida-publica/justica-direito/artigos/conflitos-ambientais-e-direitos-visiveis-efjfrqdwyiub52li9hj8n6wy6>. Acesso em: 30 abr. 2017.

contra a advocacia. Esta ferramenta de perseguição política, econômica e judicial objetiva a destruição e a inabilitação do patrocinador da causa.

Quando a causa é profundamente legítima, seus adversários tentam inviabilizar a atividade do patrocinador da causa, do advogado que empreende e luta pelo direito de seus clientes. Pior ainda: os adversários abusam do poder econômico instilando por vários meios de comunicação a desconfiança popular na advocacia, no sistema jurídico, como também no Estado Democrático de Direito.

Lawfare é uma forma de manipular a opinião pública e as autoridades contra adversários. Na era digital, com a informação fragmentada em excesso, onde a pós-verdade[4] e a *fake news*[5] se disseminaram

---

[4] Conforme disposto no Wikipédia: "Pós-verdade é um neologismo que descreve a situação na qual, na hora de criar e modelar a opinião pública, os fatos objetivos têm menos influência que os apelos às emoções e às crenças pessoais. Na cultura política, se denomina política da pós-verdade (ou política pós-factual) aquela na qual o debate se enquadra em apelos emocionais, desconectando-se dos detalhes da política pública, e pela reiterada afirmação de pontos de discussão nos quais as réplicas fáticas — os fatos — são ignoradas. A pós-verdade difere da tradicional disputa e falsificação da verdade, dando-lhe uma "importância secundária". Resume-se como a ideia em que "algo que aparente ser verdade é mais importante que a própria verdade". Para alguns autores, a pós-verdade é simplesmente mentira, fraude ou falsidade encobertas com o termo politicamente correto de "pós-verdade", que ocultaria a tradicional propaganda política.
A questão da pós-verdade relaciona-se com a dimensão hermenêutica na fala de Nietzsche, admitindo-se que "não há fatos, apenas versões". A busca pela suposta verdade passa a segundo plano, ganhando expressão o perspectivismo de Foucault e as teorias da dissonância cognitiva e percepção. Atualmente, em ciências humanas e sociais, a discussão ganha importância com a agonística, que investiga e analisa o contexto social através da teoria dos jogos. Conceitos clássicos acerca do domínio dos fatos, da verdade, da informação e da esfera pública são, portanto, ressignificados.
Em 2016, a Oxford Dictionaries, departamento da Universidade de Oxford responsável pela elaboração de dicionários, elegeu o vocábulo "pós-verdade" como a palavra do ano na língua inglesa. Segundo a mesma instituição, o termo "pós-verdade" com a definição atual foi usado pela primeira vez em 1992 pelo dramaturgo sérvio-americano Steve Tesich. O termo tem sido empregado com alguma constância desde meados da década de 2000, mas houve um pico de uso da palavra com o crescimento das mídias sociais. Só no ano de 2016, por exemplo, houve um crescimento 2.000% no uso do termo. A Wikipédia é um exemplo real da pós-verdade, quando permite-se que seus editores, com a anuência de seus administradores, pautem os artigos aos quais editam com base em emoções, ignorando completamente os fatos." Disponível em: <https://pt.wikipedia.org/wiki/P%C3%B3s-verdade>. Acesso em: 30 abr. 2017

[5] Sobre o assunto, João José Horta Nobre, em 19 de Janeiro de 2017, discorreu em seu blog sobre *Fake News* no texto "O Pânico em Torno das "*Fake News*" Significa Apenas Que o Sistema Começa a Ficar Desesperado...": "*Sempre gostei de ouvir David Icke e apesar de não estar minimamente de acordo com a sua teoria "reptiliana" – que a meu ver é apenas uma metáfora para "sionistas" ou "supremacistas judeus" – não posso, no entanto, deixar de concordar com muito do que ele diz e escreve sobre a maquiavélica elite, que a partir dos bastidores anda a tentar construir o inferno na Terra.*
Desde há alguns meses a esta parte, mais propriamente desde que Donald Trump venceu a eleições presidenciais nos Estados Unidos, que começou a circular nos mainstream media um pânico em relação

definitivamente em nossos meios de comunicação, a generalizada confusão na opinião pública serve para constranger o advogado empreendedor inclusive com formas venais de acusações imorais e ilegais.[6]

Falsas denúncias que em muitas vezes encontram apoio em autoridades influenciadas pela mídia seletiva, que abusam na produção de provas ilícitas, materializadas por falsos dossiês, em ações judiciais descabidas, temerárias e frívolas, alimentadas por investigações criminais midiáticas com manipulação da cadeia de custódia das provas e com a participação de agentes perpetradores.

A criminalização da advocacia é uma realidade a ser enfrentada com inteligência pelo advogado empreendedor. É preciso evitar a *lawfare*, sempre se aprimorando tecnicamente, aprendendo a utilizar os meios de comunicação de forma eficiente, utilizando-se das prerrogativas da profissão e da indignação social contra os abusos de autoridades.

---

a umas supostas "fake news", que seriam a explicação para o porquê de tantos radicais da "pavorosa ultra-extrema-direita", estarem a ganhar tanta popularidade pelo Ocidente fora.

O facto é que este pânico revela na perfeição que o "sistema" está a perceber de vez que começou a perder a batalha da informação, para pequenos e modestos bloggers e utilizadores de redes sociais como eu próprio. Pouco a pouco, a nossa "artilharia" eletrônica começa a fazer mossa no "sistema", o mesmo "sistema" que durante décadas usufruiu de um monopólio absoluto no domínio da informação, tendo usado e abusado da censura e da mentira a um nível nunca antes visto.

É que podem ter a certeza de que nem sequer os regimes totalitários do passado, se atreviam a praticar tão descarada deturpação da verdade como a que se tem visto praticar no Ocidente durante as últimas décadas. Obviamente, o "sistema" e os donos dos grandes media, não toleram que nós, pouco a pouco, lhes estejamos a retirar o tapete do poder de debaixo dos pés e reagem ladrando "fake news", num acto de desespero patético. Não lhes irá servir de nada. Antes pelo contrário, quanto mais os cães do "sistema" ladrarem e chafurdarem, mais razão nos darão. No fundo, é como dizia e muito bem George Orwell: "Quanto mais uma sociedade se distancia da verdade, mais ela odeia aqueles que a falam"... Notas: David Icke é a meu ver, de longe, o mais completo e intelectual de todos os pensadores contemporâneos anti-sistema." Disponível: <http://historiamaximus.blogspot.com.br/2017/01/o-panico-em-torno-das-fake-news.html>. Acesso em: 30 abr. 2017.

[6] Segundo texto de Donay Mendonça, no website English Experts: ""*Lawfare" is a weapon designed to destroy the enemy by using, misusing, and abusing the legal system and the media in order to raise a public outcry against that enemy.* ["Lawfare" é uma arma feita para destruir o inimigo, fazendo mau uso do sistema jurídico e da mídia, a fim de incitar a população contra esse inimigo.]". Disponível em: <https://www.englishexperts.com.br/forum/significado-de-lawfare-t55368.html>. Acesso em: 30 abr. 2017.

CONCLUSÃO

A luta diária, sem trincheiras, pela proteção ambiental, investe no equilíbrio entre o meio ambiente e a qualidade da vida humana. São batalhas civilizacionais que incluem questões acerca da saúde, alimento, emprego e inclusão social em um ambiente hígido.

Tratando-se de direitos e interesses universais, resta buscar na tutela jurisdicional, seja de forma individual ou coletiva (como ambas), um meio efetivo de inibir os responsáveis pela degradação humana, social e ambiental. Existem instrumentos de Direito material e processual suficientes para esta luta, exigindo o afloramento do ativismo do cidadão e dos advogados. Neste sentido, sem dúvida alguma, o Poder Judiciário já tem dado (como se percebe pela jurisprudência) respostas efetivas e necessárias.

A sociedade não pode ficar à mercê de uma realidade econômica que lhe é imposta, vítima de uma perspectiva obscura e desesperadora, correndo riscos e sofrendo desastres que ocorrem em função de atividades industriais e comerciais predatórias e irresponsáveis.

Neste aspecto, não se pode esquecer de que a reparação do dano material ou moral, individual ou coletivo, deve ser o derradeiro objetivo do Direito ambiental, como forma de coibir atitudes danosas, realizando a finalidade última da tutela ambiental: a prevenção de danos.

REFERÊNCIAS

ADORNO, Theodor; HORKHEIMER, Max. *Dialética do esclarecimento*: fragmentos filosóficos. Rio de Janeiro: Jorge Zahar, 1997.

AKAOUI, Fernando Reverendo Vidal. *Compromisso de ajustamento de conduta ambiental*. 3. ed. São Paulo: RT, 2010.

ALEXY, Robert. *Teoria de los derechos fundamentales*. Madrid: Centro de Estudos Constitucionales, 1997.

ALTHUSER, Louis. *Sobre a reprodução*. Petrópolis: Vozes, 1999.

ANTUNES, Paulo De Bessa, *Direito Ambiental*. 4. ed. Rio de Janeiro: Lumem Juris, 2000.

ARISTÓTELES. *Política*. São Paulo: Martin Claret, 2002.

BAHIA, Carolina Medeiros. Noção Jurídica de risco ao meio ambiente e sua proteção no sistema brasileiro de responsabilidade civil ambiental. *Revista de Direito Ambiental*, ano 19, v. 73, jan./mar. 2014.

BARACHO JUNIOR, Luís Alfredo de Oliveira. *Responsabilidade civil por dano ao meio ambiente*. Belo Horizonte: Del Rey, 2000.

BARRETO, Lílian; KARLINSKI, Luciane. Fundos públicos relativos ao meio ambiente. In: FREITAS, Vladimir Passos de (Coord.). *Direito ambiental em evolução*. Curitiba: Juruá, 2009. n. 4.

BENJAMIN, Antônio Herman de Vasconcellos. Responsabilidade civil pelo dano ambiental. *Revista de Direito Ambiental*, n. 09, 1998.

BITTERLICH, Pedro Fernández. *Manual de Derecho Ambiental chileno*. 2. ed. atual. Santiago: Editorial Juridica de Chile, 2004.

BITTAR, Carlos Alberto. *Reparação civil por danos morais*. São Paulo: RT, 1993.

BOFF, Leonardo. *Ética da vida*. Rio de Janeiro: Sextante, 2005.

BOFF, Leonardo. *Saber cuidar, ética do humano*: compaixão pela terra. Petrópolis: Vozes, 1999.

BOFF, Leonardo. *A falta de cuidado*: estigma de nosso tempo. Disponível em: <https://twiki. ufba.br/twiki/bin/viewfile/PROGESP/ItemAcervo549?rev=&filename=A_falta_de_cuidado_estigma_do_nosso_tempo_Leonardo_Boff.pdf>. Acesso em: 01 dez. 2015.

BRASIL. *Ação Civil Pública n.º 5001151-41.2013.404.7200/SC*. Vara Ambiental Federal da Capital. Florianópolis, Estado de Santa Catarina. Juiz Federal Marcelo Krás Borges. Publicação em 28 jan. 2013. Disponível em: <http://www2.prsc.mpf.mp.br/conteudo/servicos/noticias-ascom/ultimas-noticias/arq/decisao-vazamento-oleo>. Acesso em: 25 ago. 2015.

BRASIL. *Constituição Federal da República de 1988*. Disponível em: <http://www.planalto. gov.br/ccivil_03/constituicao/ConstituicaoCompilado.htm>. Acesso em: 16 nov. 2015.

BRASIL. *Decreto n.º 591, de 06 de julho de 1992*. Atos internacionais: pacto internacional sobre direitos econômicos, sociais e culturais. Promulgação. Disponível em: <http:// www.planalto.gov.br/ccivil_03/decreto/1990-1994/D0591.htm>. Acesso em: 16 nov. 2015.

BRASIL. Ibama. *Laudo técnico preliminar*: impactos ambientais decorrentes do desastre envolvendo o rompimento da barragem de fundão, em Mariana, Minas Gerais. Brasília: Instituto Brasileiro do Meio Ambiente e dos Recursos Naturais Renováveis – Ibama, 2015. Disponível em: <http://www.ibama.gov.br/phocadownload/barragemdefundao/laudos/laudo_tecnico_preliminar_Ibama.pdf>.

BRASIL. *Lei nº 4.717, de 29 de junho de 1965*. Regula a ação popular. Disponível em: <http://www.planalto.gov.br/ccivil_03/LEIS/L4717.htm>. Acesso em: 30 nov. 2015.

BRASIL. *Lei n.º 5.869, de 11 de janeiro de 1973*. Institui o Código de Processo Civil. Disponível em: <http://www.planalto.gov.br/ccivil_03/leis/L5869.htm>. Acesso em: 30 nov. 2015.

BRASIL. *Lei n.º 6.453, de 17 de outubro de 1977*. Dispõe sobre a responsabilidade civil por danos nucleares e a responsabilidade criminal por atos relacionados com atividades nucleares e dá outras providências. Disponível em: <http://www.planalto.gov.br/ccivil_03/leis/L6453.htm>. Acesso em: 21 nov. 2015.

BRASIL. *Lei n.º 6.938, de 31 de agosto de 1981*. Dispõe sobre a Política Nacional do Meio Ambiente, seus fins e mecanismos de formulação e aplicação, e dá outras providências. Disponível em: <http://www.planalto.gov.br/ccivil_03/Leis/L6938.htm>. Acesso em: 16 nov. 2015.

BRASIL. *Lei n.º 7.347 de 24 de julho de 1985*. Disciplina a ação civil pública de responsabilidade por danos causados ao meio-ambiente, ao consumidor, a bens e direitos de valor artístico, estético, histórico, turístico e paisagístico (VETADO) e dá outras providências. Disponível em: <http://www.planalto.gov.br/ccivil_03/Leis/L7347orig.htm>. Acesso em: 29 nov. 2015

BRASIL. *Lei nº 8.078, de 11 de setembro de 1990*. Dispõe sobre a proteção do consumidor e dá outras providências. Disponível em: <http://www.planalto.gov.br/ccivil_03/Leis/L8078.htm>. Acesso em: 25 nov. 2015.

BRASIL. *Lei n.º 9.605, de 12 de fevereiro de 1998*. Dispõe sobre as sanções penais e administrativas derivadas de condutas e atividades lesivas ao meio ambiente, e dá outras providências. Disponível em: <http://www.planalto.gov.br/ccivil_03/LEIS/L9605.htm>. Acesso em: 21 nov. 2015.

BRASIL. *Lei n.º 9.709, de 18 de novembro de 1998*. Regulamenta a execução do disposto nos incisos I, II e III do art. 14 da Constituição Federal. Disponível em: <http://www.planalto.gov.br/ccivil_03/leis/l9709.htm>. Acesso em: 20 nov. 2015.

BRASIL. *Lei n.º 10.406, de 10 de janeiro de 2002*. Institui o Código Civil. Disponível em: <http://www.planalto.gov.br/ccivil_03/leis/2002/L10406.htm>. Acesso em: 20 nov. 2015.

BRASIL. *Lei n.º 11.105, de 24 de março de 2005*. Regulamenta os incisos II, IV e V do §1º do art. 225 da Constituição Federal, estabelece normas de segurança e mecanismos de fiscalização de atividades que envolvam organismos geneticamente modificados – OGM e seus derivados, cria o Conselho Nacional de Biossegurança – CNBS, reestrutura a Comissão Técnica Nacional de Biossegurança – CTNBio, dispõe sobre a Política Nacional de Biossegurança – PNB, revoga a Lei no 8.974, de 5 de janeiro de 1995, e a Medida Provisória no 2.191-9, de 23 de agosto de 2001, e os arts. 5º, 6º, 7º, 8º, 9º, 10 e 16 da Lei nº. 10.814, de 15 de dezembro de 2003, e dá outras providências. Disponível em: <http://www.planalto.gov.br/ccivil_03/_ato2004-2006/2005/lei/l11105.htm>. Acesso em: 24 nov. 2015.

BRASIL. Ministério do Meio Ambiente. *Agenda* 21. Disponível em: <http://www.mma.gov.br/responsabilidade-socioambiental/agenda-21>. Acesso em: 16 nov. 2015.

BRASIL. Ministério do Meio Ambiente. *Convenção da diversidade biológica*. Disponível em: <http://www.mma.gov.br/biodiversidade/convencao-da-diversidade-biologica>. Acesso em: 15 nov. 2015.

BRASIL. Superior Tribunal de Justiça. *Acórdão no Recurso Especial nº 0008768*. T – 04, decisão em 18 fev. 1992, Diário de Justiça, 06 abr. 1992. Relator Ministro Barros Monteiro. Disponível em: <http://www.jusbrasil.com.br/diarios/46625878/trt-15-18-02-2011-pg-609>. Acesso em: 25 nov. 2015.

BRASIL. Superior Tribunal de Justiça. *Acórdão no Recurso Especial n.º 965078-SP* (2006/0263624-3). Recorrente Ministério Público do Estado de São Paulo. Recorrida Neide Motta Aysso. Relator Ministro Herman Benjamin. Disponível em: <https://ww2.stj.jus.br/processo/revista/documento/mediado/?componente=ATC&sequencial=5952775&num_registro=200602636243&data=20110427&tipo=51&formato=PDF>. Acesso em: 05 ago. 2015.

BRASIL. Superior Tribunal de Justiça. *Acórdão no Recurso Especial nº 86.271-SP*, 3ª T., Rel. Min. Menezes Direito, data do julgamento: 10 nov. 1997. 09 dez. 1997. Disponível em: <http://www.stj.jus.br/SCON/jurisprudencia/toc.jsp?i=1&b=ACOR&livre=((%27RESP%27.clas.+e+@num=%2786271%27)+ou+(%27RESP%27+adj+%2786271%27.suce.))&thesaurus=-JURIDICO>. Acesso em: 05 ago. 2015.

BRASIL. Superior Tribunal de Justiça. *Acórdão no Recurso Especial nº 650.728–SC*. Recorrente H Carlos Schneider S/A Comércio e outro. Recorrido Ministério Público Federal. Relator Ministro Herman Benjamin. Data do Julgamento: 23 out. 2007. Data da Publicação/fonte: 02 dez. 2009. Disponível em: <http://www.stj.jus.br/SCON/jurisprudencia/toc.jsp?processo=650728&&b=ACOR&thesaurus=JURIDICO&p=true>. Acesso em: 05 ago. 2015.

BRASIL. Superior Tribunal de Justiça. *Acórdão no Agravo em Recurso Especial n.º 243.372 - MS* (2012/0217571-0). Relator Ministro Castro Meira. Data de publicação 09 nov. 2012. Disponível em: <http://www.stj.jus.br/SCON/decisoes/toc.jsp?livre=dano+adj+moral+adj+puro+e+meio+adj+ambiente&&b=DTXT&thesaurus=JURIDICO&p=true>. Acesso em: 28 nov. 2015.

BRASIL. Superior Tribunal de Justiça. *Acórdão no Recurso Especial nº 1.114.398-PR*. Recorrente Petróleo Brasileiro S/A Petrobrás. Recorrido Gabriel Correa. Relator Ministro Sidnei Beneti. Disponível em: <https://ww2.stj.jus.br/processo/revista/documento/mediado/?componente=ATC&sequencial=20163334&num_registro=200900679891&data=20120216&tipo=51&formato=PDF>. Acesso em: 05 ago. 2015.

BRASIL. Superior Tribunal de Justiça. *Acórdão no Recurso Especial nº 1.145.358-PR*. Recorrente Petróleo Brasileiro S.A. Recorrida Alcídia Alves Rodrigues. Relator Ministro Ricardo Villas Bôas Cueva. Disponível em: <https://ww2.stj.jus.br/processo/revista/documento/mediado/?componente=ATC&sequencial=18502021&num_registro=200901163256&data=20120509&tipo=51&formato=PDF>. Acesso em: 05 ago. 2015.

BRASIL. Superior Tribunal de Justiça. *Acórdão no Recurso Especial nº 647.493-SC*. Recorrente União Federal e outros. Recorrido os mesmos. Relator Ministro João Otávio de Noronha. Disponível em: <https://ww2.stj.jus.br/processo/revista/documento/mediado/?componente=ATC&sequencial=2210414&num_registro=200400327854&data=20071022&tipo=91&formato=PDF>. Acesso em: 10 ago. 2015.

BRASIL. Superior Tribunal de Justiça. *Acórdão no Recurso Especial nº 1.374.284-MG*. Recorrente Mineração Rio Pomba Guataguases Ltda. Recorrida Emilia Mary Melato Gomes. Relator Ministro Luiz Felipe Salomão. Disponível em: <https://ww2.stj.jus.br/processo/revista/documento/mediado/?componente=ATC&sequencial=38047251&num_registro=201201082657&data=20140905&tipo=91&formato=PDF>. Acesso em: 05 ago. 2015.

BRASIL. Superior Tribunal de Justiça. *Acórdão no Recurso Especial nº 605.323-MG*. Recorrente Metalsider Ltda. Recorrido Ministério Público do Estado de Minas Gerais. RELATOR Ministro José Delgado. R.P/ACÓRDÃO Ministro Teori Albino Zavasck. Disponível em: <https://ww2.stj.jus.br/processo/revista/documento/mediado/?componente=ATC& sequencial=1963534&num_registro=200301950519&data=20051017&tipo=5&formato= PDF>. Acesso em: 15 set. 2015.

BRASIL. Superior Tribunal de Justiça. *Acórdão no Recurso Especial nº* REsp 1,151.540 -SP ((2009/0191197-4). Relator Ministro Benedito Gonçalves. Data da publicação: 20 jun. 2013. Disponível em: <http://www.stj.jus.br/SCON/decisoes/toc.jsp?processo=REsp%2F+115154-0+ou+REsp+1151540&&b=DTXT&thesaurus=JURIDICO&p=true>. Acesso em: 30 nov. 2015.

BRASIL. Superior Tribunal de Justiça. *Acórdão no Recurso Especial nº* 1.346.489 – RS. Recorrente AES Sul Distribuidora Gaúcha de Energia S/A e outro. Recorrida Neuzali da Silva. Relator Ministro Ricardo Villas Bôas Cueva. Disponível em: <https://ww2.stj.jus.br/ processo/revista/documento/mediado/?componente=ATC&sequencial=25083998&num_ registro=201200984441&data=20130826&tipo=51&formato=PDF>. Acesso em: 05 ago. 2015.

BRASIL. Supremo Tribunal Federal. Súmulas. *Súmulas n.º* 301 a 400. Disponível em: <http://www.stf.jus.br/portal/cms/verTexto.asp?servico=jurisprudenciaSumula& pagina=sumula_301_400>. Acesso em: 20 nov. 2015.

BRASIL. Tribunal de Justiça do Estado de Minas Gerais. *Apelação Cível* 1.0183.06.105344-7/001. Relator (a): Des. (a) Sandra Fonseca, 6ª Câmara Cível, julgamento em 30 out. 2012, publicação em 13 nov. 2012. Disponível em: <http://www5.tjmg.jus.br/jurisprudencia/ pesquisaNumeroCNJEspelhoAcordao.do;jsessionid=04AA85CB02E83877B21FF1ACC43A 6F4A.juri_node2?numeroRegistro=1&totalLinhas=1&linhasPorPagina=10&numero Unico=1.0183.06.105344-7%2F001&pesquisaNumeroCNJ=Pesquisar>. Acesso em: 05 ago. 2015.

BRASIL. Tribunal de Justiça do Estado do Paraná. 1ª Vara Cível da Comarca de Paranaguá. *Autos nº* 1.194/2005. Consulta aos autos físicos em cartório.

BRASIL. Tribunal de Justiça do Estado do Paraná. 2ª Vara Cível da Comarca de Paranaguá. *Autos nº* 005.518/2005. Consulta aos autos físicos em cartório.

BRASIL. Tribunal de Justiça do Estado do Paraná. *Embargos de Declaração Cível* - 0124144-1/01. Disponível em: <http://tj-pr.jusbrasil.com.br/jurisprudencia/5012295/embargos-de-declaracao-civel-embdeccv-1241441-pr-embargos-de-declaracao-civel-0124144-1-01/ inteiro-teor-11519657>. Acesso em: 05 ago. 2015.

BRASIL. Tribunal de Justiça do Estado do Paraná. *Acórdão na Apelação Cível nº* 0006955-52.2008.8.16.0129 (939.434-9). Apelantes: Zenilda do Nascimento das Neves e outras. Recorrente Adesivo: Dynea Brasil. Disponível em: <https://portal.tjpr.jus.br/consulta-processual/publico/b2grau/consultaPublica.do?tjpr.url.crypto=8a6c53f8698c7ff7d88bd-1d17bac0727df8ab941b113325a>. Acesso em: 01 set. 2015.

BRASIL. Tribunal de Justiça do Estado do Santa Catarina. *Acórdão na Apelação Cível nº* 2013.041385-0. Apelante: Sebastião Gonçalves. Apelado: Companhia de Navegação Norsul Ltda. Apelado: Arcelormittal Brasil S/A. Interessadas Vega do Sul S/A e outro. 1ª Vara Cível de São Francisco do Sul. Relator Desembargador Saul Steil. Julgamento em 01 jul. 2014. Disponível em: <http://www.jusbrasil.com.br/busca?q=POSSIBILIDADE +DO+JULGAMENTO+DO+M%C3%89RITO+DA+A%C3%87%C3%83O+RECURSO+ PREJUDICADO&c=>. Acesso em: 01 ago. 2015.

BRASIL. Tribunal de Justiça do Estado do Rio Grande do Sul. *Acórdão na Apelação Cível N.º* 70.064.684.038. Apelante/Apelado Bunge Fertilizantes S.A. Apelante Nair Marques

Oreano. Relatora Desembargadora Iris Helena Medeiros Nogueira. Disponível em: <http://www.tjrs.jus.br/busca/?tb=proc>. Acesso em: 05 ago. 2015.

BRASIL. Tribunal de Justiça de Santa Catarina. *Acórdão no Agravo de Instrumento n$^\circ$* 2013.032611-7. Relator: Des. Eduardo Mattos Gallo Júnior. Julgamento em 24 jun. 2014. Disponível em: <http://tj-sc.jusbrasil.com.br/jurisprudencia/25197387/agravo-de-instrumento-ag-20130326117-sc-2013032611-7-acordao-tjsc/inteiro-teor-25197388>. Acesso em: 25 nov. 2015.

BRASIL. Tribunal Regional Federal da 2ª Região. *Acórdão na Apelação Cível n.º CNJ* 0010179-43.2008.4.02.5101. Apelante Vânia Regina do Nascimento Fardin e outros. Apelado União Federal. Relator Desembargador Federal Guilherme Calmon Nogueira da Gama. Disponível em: <http://www.trf2.gov.br/cgi-bin/pingres-allen?proc=00101794320084025 101&andam=1&tipo_consulta=1&mov=3>. Acesso em: 05 ago. 2015.

BURKE, Peter (Org.). *A escrita da História*. São Paulo: Unesp, [19--].

BURNS, Edward McNall. *História da civilização ocidental*. 30. ed. Rio de Janeiro: Globo, 1980. 2 v.

CAFFERATTA, Néstor A. *Tratado jurisprudencial y doctrinario de derecho ambiental*. Buenos Aires: La Ley, 2012.

CAHALI, Yussef Said. *Dano moral*. São Paulo: RT, 1998.

CAPPELLETTI, Mauro; GARTH, Bryant. *Acesso à justiça*. Porto Alegre: Fabris, 1988.

CAPRA, Fritjof. *O ponto de mutação:* a ciência, a sociedade e a cultura emergente. 28. ed. São Paulo: Cultrix, 2007.

CARVALHO, Ivan Lira de. *Revista de Direito Ambiental*, n. 13, 1999.

CAVALCANTI, Amaro. *Responsabilidade civil do Estado*. Rio de Janeiro: Borsoi, 1956.

CAVALIERI FILHO, Sergio. *Programa de responsabilidade civil*. 8. ed. São Paulo: Atlas, 2008.

COELHO, Fábio Ulhoa. *Manual de Direito Comercial*. 15. ed. São Paulo: Saraiva, 2004.

COELHO, Luiz Fernando. *Aulas de introdução ao Direito*. São Paulo: Manole, 2004.

COHN, Gabriel (Org.). *Adorno*. 2. ed. São Paulo: Ática, 1994.

CRUZ, Branca Martins da. Responsabilidade civil pelo dano ecológico: Alguns problemas. *Revista de Direito Ambiental*, n. 5, 1997.

DE GIORGI, Raffaele. O risco na sociedade contemporânea. *Revista Sequência*, n. 28, ano 15, jun.1994.

DEDA, Artur Oscar de Oliveira. *Dano moral*. Enciclopédia Saraiva de Direito. São Paulo: Saraiva, 1977. v. 22.

DENTI, Vittorio. *Un progetto per la giustizia civile*. Bologna: Il Mulino, 1982.

DERANI, Cristiane. *Direito ambiental econômico*. São Paulo: Max Limonad, 1997.

DIAS, José de Aguiar. *Da responsabilidade civil*. 7. ed. Rio de Janeiro: Forense, 1983. 2 v.

DINAMARCO, Cândido Rangel. *A instrumentalidade do processo*. 11. ed. São Paulo: Malheiros, 2003.

DINAMARCO, Cândido Rangel. *Instituições de Direito Processual Civil*. 4. ed. São Paulo: Malheiros, 2004. v. 1.

DWORKIN, Ronald. *O império do Direito*. São Paulo: Martins Fontes, 2003.

ECO, Umberto. *O nome da rosa*. Rio de Janeiro: Record, 2009.

ENGELS. *A origem da família, da propriedade e do Estado*. 3. ed. Rio de Janeiro: Global, 1986. Coleção Bases.

FARIAS, Bernardete Ferreira. Noção de meio ambiente no Direito Brasileiro. *Revista da Faculdade de Direito*, n. 27, v. 27, 1992/1993.

FERRAZ, Sérgio. Responsabilidade civil por dano ecológico. *Revista de Direito Público*, n. 49-50, São Paulo, RT, 1977.

FIGUEIREDO, Guilherme José Purvin de. *Curso de Direito Ambiental*. 4. ed. São Paulo: Revista dos Tribunais, 2011.

FONSECA, Arnoldo Medeiros da. Dano moral. In: SANTOS, J. M. Carvalho (Coord.). *Repertório enciclopédico do Direito Brasileiro*. Rio de Janeiro: Borsoi, 1947. n. 14.

FONSECA, Ricardo Marcelo. *Modernidade e contrato de trabalho*: do sujeito de direito à sujeição jurídica. São Paulo: LTR, 2002.

FREITAS, Vladimir Passos de. O dano ambiental coletivo e a lesão individual. *Revista de Direito Ambiental*. São Paulo: RT. 2004. v. 35.

FREITAS, Vladimir Passos de; FREITAS, Gilberto Passos de. *Crimes contra a Natureza*. 5. ed. São Paulo: RT, 1997.

GALLI, Alessandra. *Educação ambiental como instrumento para o desenvolvimento sustentável*. Curitiba: Juruá, 2012.

GALLIANO, A. Guilherme. *Introdução a Sociologia*. São Paulo: Habra, 1986.

GALVÃO, Paulo Braga. *Os direitos nas Constituições*. São Paulo: LTR, 1981.

GARCIA, Fernando Murilo Costa. *Os impactos econômicos e os danos socioambientais do vazamento de ascarel na capital de Santa Catarina – Brasil*. João Pessoa: CONPEDI, 2014. Disponível em <http://www.publicadireito.com.br/artigos/?cod=cbb6cde82b65aa8d>. Acesso em: 30 nov. 2015.

GARCIA, Fernando Murilo Costa. *Dano ambiental existencial*: reflexo do dano aos pescadores artesanais. Curitiba: Juruá, 2015.

GILL, Duane A. environmental disaster and fishery co-management in a natural resource community: impacts of the exxon valdez oil spill. In: DYER, C.L.; BOULDER, J. R. McGoodwin. *Folk management in the world's fisheries*: implications for fisheries managers. Colorado: University of Colorado Press, 1994.

GOMES, Orlando. *Introdução ao Direito Civil*. 12. ed. Rio de Janeiro: Forense, 1996.

HOBBES, Thomas. *Leviatã*. São Paulo: Martin Claret, 2002.

HUXLEY, Aldous. *Admirável mundo novo*. Disponível em: <http://www.machadodeassis. com.br/downloads/20120416110559.pdf>. Acesso em: 15 nov. 2015.

IHERING, Rudolf von. *A luta pelo Direito*. São Paulo: Martin Claret, 2002.

JUCOVSKY, Vera Lucia Rocha Souza. O papel do juiz do meio ambiente. *Revista de Direito Ambiental*, v. 5, 2000.

JÜNGER, Ernst. *Der Arbeiter*. Herrschaft und Gestalt. 2. ed. Hamburgo: [S.n.], 1932.

KÄSSMAYER, Karin. Dano ambiental individual: reflexões. In: FREITAS, Vladimir Passos de (Coord.). *Direito Ambiental em evolução*. Curitiba: Juruá, 2009. n. 4.

KEYNES, John Maynard. *The general theory of employment, interest and money*. London: Macmillan and Co., 1936.

KLIPPEL, Rodrigo. *Direito alternativo*. Disponível em: <http://jus2.uol.com.br/doutrina/texto.asp?id=36>. Acesso em: jul. 2006

KLÖEPFER, Michael. *Umweltrecht*. München: Beck, 1989.

KONDER, Leandro. *O futuro da filosofia da práxis*. Rio de Janeiro: Paz e Terra, 1992.

KUMAR, Krishan. *Da sociedade pós-industrial à pós-moderna*. Rio de Janeiro: Jorge Zahar, 1997.

LASSALLE, Ferdinand. *O que é uma Constituição?* Campinas: Russel, 2005.

LAWFARE. In: Wikipédia: a enciclopédia livre. Disponível em: <https://pt.wikipedia.org/wiki/Lawfare>. Acesso em: 30 abr. 2017.

LEITE, José Rubens Morato; DANTAS, Marcelo Buzagio (Org.). *Direito Ambiental*. 2. ed. São Paulo: Forense Universitária, 2004.

LEITE, José Rubens Morato; AYALA, Patryck de Araújo. *Dano ambiental:* do individual ao coletivo extrapatrimonial – teoria e prática. 4. ed. rev., atual. e ampl. São Paulo: Revista dos Tribunais, 2011.

LEITE, José Rubens Morato. *Dano ambiental:* do individual ao coletivo extrapatrimonial. 5. ed. São Paulo: RT, 2012.

LEITE, José Rubens Morato. *Parecer sobre o caso Adrianópolis*: dano moral individual e responsabilidade solidária pelo risco integral. Florianópolis: [S. n.], 2014.

LYRA, Marcos Mendes. Dano ambiental. *Revista de Direito Ambiental*, n. 8, 1997.

MACHADO, Paulo Affonso. *Estudos de Direito Ambiental*. São Paulo: Malheiros Editores, 1994.

MACHADO, Paulo Affonso. *Direito Ambiental brasileiro*. 7. ed. São Paulo: Malheiros, 1998.

MACHADO, Paulo Affonso. *Direito à informação e ao meio ambiente*. São Paulo: Malheiros, 2006.

MACHADO, Paulo Affonso. *Direito Ambiental brasileiro*. 21. ed. rev., ampl. e atual. São Paulo: Malheiros, 2013.

MACHADO, Paulo Affonso. *Direito Ambiental brasileiro*. 23. ed. rev., ampl. e atual. São Paulo: Malheiros, 2015.

MACIEYWSKI, Fabiano Neves. *Conflitos ambientais e direitos visíveis*. Disponível em: <http://www.gazetadopovo.com.br/vida-publica/justica-direito/artigos/conflitos-ambientais-e--direitos-visiveis-efjfrqdwyiub52li9hj8n6wy6>. Acesso em: 30 abr. 2017.

MALISKA, Marcos Augusto. *Introdução à Sociologia de Eugen Ehrlich*. Curitiba: Juruá, 2001.

MANCUSO, Rodolfo de Camargo. *Ação Civil Pública*. 5. ed. São Paulo: RT, 1998.

MARCUSE, Herbert. *Cultura e sociedade*. Rio de Janeiro: Paz e Terra, 1997. v. 1.

MARÉ *de justiça*. Disponível em: <https://www.youtube.com/watch?v=MNmYmntxEuE>. Acesso em: 25 ago. 2015.

MARINONI, Luiz Guilherme. *A antecipação da tutela*. 8. ed. São Paulo: Malheiros, 2004.

MARINONI, Luiz Guilherme. *Novas linhas do processo civil*. 2. ed. São Paulo: Malheiros, 1996.

MARINONI, Luiz Guilherme. *Tutela inibitória* (individual e coletiva). São Paulo: RT, 1998.

MARINONI, Luiz Guilherme; ARENHART, Sérgio Cruz. *Manual do processo do conhecimento*. 3. ed. São Paulo: RT, 2004.

MELLO, Fernando de Paula Batista. O dano não patrimonial transindividual. *Revista de Direito do Consumidor*, ano 23, v. 26, nov./dez. 2014.

MENDONÇA, Donay. *Lawfare*: english experts. Disponível em: <https://www.englishexperts.com.br/forum/significado-de-lawfare-t55368.html>. Acesso em: 30 abr. 2017.

MILARÉ, Edis (Coord.). *A ação civil pública após 20 anos*: efetividade e desafios. São Paulo: RT, 2005.

MILARÉ, Edis (Coord.). *Direito do Ambiente*. 4. ed. São Paulo: RT, 2005b.

MIRANDA, Francisco Cavalcanti Pontes de. *Tratado das ações*. São Paulo: RT, 1970. v. 1.

MIRRA, Álvaro Luiz Valery. *Ação civil pública e a reparação do dano ao meio ambiente*. São Paulo: Juarez de Oliveira, 2002.

MIRRA, Álvaro Luiz Valery. Princípios fundamentais do Direito Ambiental. *Revista de Direito Ambiental*, n. 2, abr./jun.1996.

MOREIRA, Luiz. *Fundamentação do Direito em Habermas*. 2. ed. Belo Horizonte: Mandamentos, 2002.

NERY JUNIOR, Nelson; NERY, Rosa Maria Andrade. *Dano ambiental, prevenção, reparação e repressão*. São Paulo: Revista dos Tribunais, 1993.

NOBRE, João José Horta. *O pânico em torno das "fake news" significa apenas que o sistema começa a ficar desesperado*...Disponível: <http://historiamaximus.blogspot.com.br/2017/01/o-panico-em-torno-das-fake-news.html>. Acesso em: 30 abr. 2017.

OBRAS estéticas. Filosofia da imaginação criadora. Rio de Janeiro: Vozes, 1993.

O FIM do processo. Vídeo produzido por Bahr, Neves, Mello & Advogados Associados. ano 2013, duração: 05:32'.

PACCAGNELLA, Luís Henrique. Dano moral ambiental. *Revista de Direito Ambiental*, n. 13, 1997.

PALUDO, Francisco. *Direito alternativo*. Plano de Ensino de Processo Civil I. FESP. Disponível em: <https://www.google.com.br/url?sa=t&rct=j&q=&esrc=s&source=web&-cd=6&cad=rja&uact=8&ved=0ahUKEwjA_MWixbvJAhVCm5AKHSqSCjYQFgg1MAU&url=http%3A%2F%2Fwww.fesppr.br%2F~francisco%2Fpro1.dot&usg=AFQjCNGwA3WTlzaepUvLviBDsCj1X7nL6A&bvm=bv.108194040,bs.1,d.Y2I>. Acesso em: 30 nov. 2015.

PIOVESAN, Flávia. *Direitos humanos e o Direito Constitucional Internacional*. 15. ed. São Paulo: Saraiva, 2015.

POLANYI, Karl. *A grande transformação*. 7. ed. Rio de Janeiro: Campus, 2000.

PÓS-VERDADE. In: Wikipédia: a enciclopédia livre. Disponível em: <https://pt.wikipedia.org/wiki/P%C3%B3s-verdade>. Acesso em: 30 abr. 2017.

PROGRAMA *Via Legal 554 – Ascarel*. Disponível em: <http://www2.trf4.jus.br/trf4/controlador.php?acao=video_visualizar&id_video=90>. Acesso em: 25 nov. 2015.

REVISTA VIA LEGAL. Saúde, ano III, n. VIII. Disponível em: <http://www5.cjf.jus.br/cjf/unidades/ascom-1/publicacoes/revista-via-legal/revista-via-legal/revista-via-legal-8a-edicao/@@download/arquivo>. Acesso em: 20 nov. 2015.

ROCHA, José de Albuquerque. *Teoria geral do processo*. 2. ed. São Paulo: Saraiva, 1991.

ROCHA, Leonel Severo. *Direito, complexidade e risco*. n. 28, jun. 94. Disponível em: <https://periodicos.ufsc.br/index.php/sequencia/article/view/15870/14359>. Acesso em: 08 ago. 2015.

RODRIGUEIRO, Daniela A. *Dano moral ambiental*. São Paulo: Juarez de Oliveira, 2004.

ROMPIMENTO *de barragem em Mariana*: perguntas e respostas. Disponível em: <http://g1.globo.com/ciencia-e-saude/noticia/2015/11/rompimento-de-barragens-em-mariana-perguntas-e-respostas.html>. Acesso em: 18 nov. 2015.

ROUSSEAU, Jean-Jaques. *Do contrato social*. São Paulo: Martin Claret, 2002.

SAMPAIO, Francisco José Marques. *Evolução da responsabilidade civil e reparação de danos ambientais*. Rio de Janeiro: Renovar, 2003.

SANTOS, Boaventura de Sousa. *Pela mão de Alice*. São Paulo: Cortez, 1995.

SARNEY FILHO, José. *A agenda* 21. Disponível em: <http://ambientes.ambientebrasil.com.br/agua/agenda_21/a_agenda_21.html>. Acesso em: 01 ago. 2015.

SCORZA, Manuel. *História de Garabombo*: o invisível. São Paulo: Civilização Brasileira, 1975.

SEBRAE. *O que é ser empreendedor*. Disponível em: <http://www.sebrae.com.br/sites/PortalSebrae/bis/o-que-e-ser-empreendedor,ad17080a3e107410VgnVCM1000003b74010aRCRD. Acesso em 30/04/2017>.

SELEM, Lara; BERTOZZI, Rodrigo. *A reinvenção da advocacia*. Rio de Janeiro: Forense, 2005.

SILVA, Clóvis do Couto e. O Direito Civil brasileiro em perspectiva histórica e visão de futuro. *Revista de Informação Legislativa*, v. 25, n. 97, p. 163-180, jan./mar. 1988.

SILVA, José Afonso da. *Curso de Direito Constitucional Positivo*. 23. ed. São Paulo: Malheiros, 2004.

SILVA, Wilson Mello da. *Responsabilidade sem culpa*. 2. ed. São Paulo: Saraiva, 1974.

SMITH, Adam. *Os pensadores*. 2. ed. São Paulo: Abril Cultural, 1979.

SOUZA FILHO, Carlos Frederico Marés de. Os direitos invisíveis. In: OLIVEIRA, Francisco; PAOLI, Maria Célia. *Os sentidos da democracia*. São Paulo: Vozes, 1999.

SZANIAWSKI, Elimar. *Direitos de personalidade e sua tutela*. São Paulo: RT, 1993.

TEPEDINO, Gustavo (Coord.). *A parte geral do novo Código Civil*: estudos na perspectiva civil-constitucional. Rio de Janeiro: Renovar, 2002.

TEPEDINO, Gustavo (Coord.). *Temas de Direito Civil*. 4. ed. Rio de Janeiro: Renovar, 2008.

TESSLER, Luciane Gonçalves. *Tutelas jurisdicionais do meio ambiente*. 9 v. São Paulo: RT, 2004.

VENOSA, Sílvio de Salvo. *Direito Civil*: responsabilidade civil. 5. ed. São Paulo: Atlas, 2005.

VENOSA, Sílvio de Salvo. *Direito Civil*: teoria das obrigações e teoria geral dos contratos. 4. ed. São Paulo: Atlas, 2004.

VIANNA, José Ricardo Alvarez. *Responsabilidade civil por danos ao meio ambiente*. Curitiba: Juruá, 2005.

WATANABE, Kazuo. *Da cognição no processo civil*. São Paulo: RT, 1987.

WESTREICHER, Carlos Andaluz. *Manual de Derecho Ambiental*. 4. ed. Lima: *Editorial Iustitia* S.A.C., 2013.